삼매^{三昧} 체로 거른^麓

'깨달음의 노래,

三昧 籠
삼매 체로 거른
'깨달음의 노래,

옛 조상님들의 금과 옥조의 법문이 불자님들의 신행에
햇불이 되어 주었으면 하는 바람입니다.

이계묵 역해

생각나눔

3부 승찬 대사 『신심명』(僧璨大師 『信心銘』)

4부 영가대사 「증도가」 (永嘉大師 「證道歌」)

『심우도(尋牛圖)』는 소(牛) 찾는 과정을 칠언절구(七言絶句), 노래(頌)로 찾는 과정을 말합니다. 소(牛)는 우리 마음에 비유한 것입니다. 수행자가 마음을 닦는 과정을 열 단계로 소 찾는 데 비유해서 시(詩)로 노래하였고, 시각적(視覺的)으로 소를 찾는 단계마다 그림을 그려서 수행에 시각적 도움이 되도록 사찰에 벽화(壁畵)로 그려져서 남아있습니다. 그림으로 그려졌다고 해서『심우도(尋牛圖)』이고, 시(詩)로 표현하고 있어서『심우송(尋牛頌)』이라고 합니다.

심우도는 중국 송(宋)나라 때 보명 선사(普明禪師)의『심우송(尋牛頌)』과 곽암 선사(廓庵禪師)의『심우송(尋牛頌)』이 있는데, 여여법당에서는 곽암 선사님의 심우송을 현대인들이 쉽게 이해할 수 있도록 번역문과『심우송(尋牛頌)』원문(原文)과 해설을 붙여서 불교 포교 차원에서 이렇게 출판을 하게 되었습니다. 곽암 선사『심우송』은 열 단계로 1.「심우(尋牛)」, 2.「견적(見跡)」, 3.「견우(見牛)」, 4.「득우(得牛)」, 5.「목우(牧牛)」, 6.「기우귀가(歸牛歸家)」, 7.「망우존인(忘牛存人)」, 8.「인우구망(人牛俱忘)」, 9.「반본환원(返本還源)」, 10. 「입전수수(入廛垂手)」 열 단계로 구성되어 있습니다.

「심우(尋牛)」는, 벽화에 보면 소 찾는 동자가 고삐를 들고 산속으로 들어가는 그림이 나옵니다. 소가 외양간에서 들로, 산으로 도망을 갔기 때문에 찾는 과정으로, 이것은 수행자가 처음으로 발심(發心)하여 참선(參禪)하는 것에 비유를 들게 된 것입니다. 처음 마음을 찾아 참선하다 보면 집 나간 소 찾는 것처럼 어디서 찾아야 할지를 모르겠고, 망막하기만 합니다.

소를 찾다 보니 소 발자국이 눈에 보입니다. 이것이 두 번째 단계인 「견적(見跡)」입니다. 참선 수행을 하다 보면 처음에는 산속에서 소 찾는 것 같이 망막한 심정이었는데, 앉아서 화두(話頭)를 챙기다 보니 화두가 잠깐잠깐씩 들리기 시작하는 것이 산속에서 소 발자국 보는 것과 같은 것에 비유한 것입니다.

세 번째 단계는 소꼬리 엉덩이가 살짝 보인 대목입니다. 화두 참선에 비유한다면 본래 마음자리가 다 드러나지는 않았어도 꼬리 일부분이 보이듯, 한 경지를 비유로 들어 놓은 것입니다.

네 번째는 「득우(得牛)」입니다. 득우는 소를 잡는 단계입니다. 소를 잡았다는 것은 참선으로 말하면 본 성품(本性品)을 본 것을 말합니다. 본 성품을 보았다는 것은 견성(見性)을 말합니다.

다섯 번째는 「목우(牧牛)」입니다. 목우는 소를 길들인다는 뜻입니다. 소가 고삐 없이 살다가 고삐가 채워지니, 이리 뛰고 저리 뛰고 설쳐댑니다. 화두 참선에 비유하면 어제까지 익혀왔던 업력(業力), 업습(業習)이 발동하지만, 화두 고삐로 길들이는 것에 비유한 것입니다.

여섯 번째는 소를 타고 집으로 돌아오는 것을 말합니다. 원문 송에서는 「기우환가(騎牛還家)」라고 합니다. 처음 소는 붉은 소였는데, 목우(牧牛)에서 완전히 길들어져서 마음이 완전히 조복을 받아서 하얀 소가 되었습니다. 소 치는 목동은 소를 타고 피리를 불고, 소는 고삐도 없이 집으로 돌아오는 모습입니다. 수행자도 마음의 번뇌가 다 소멸하여서 마음이 본래 청정심으로 돌아갔음을 상징한 것입니다.

일곱 번째는 소는 없고, 사람만 있는 단계입니다. 소의 경계는 없어졌으나 소 치는 목동은 아직 남아 있는 단계입니다(「忘牛存人」).

여덟 번째는 소 치는 사람, 목동도 없고, 길들여야 할 소도 없는 단계입니다. 심우도로 보면 둥그런 일원상이 그려져 있습니다. 나와 남이라는 주객(主客)이 끊어진 자리입니다. 우주와 내가 하나로 돌아가는 경지, 인무아(人無我)와 법무아(法無我)를 체득한 경지를 말합니다. 불교 교리로 말하면 진공(眞空)상태를 완전히 체득한 수행의 경지입니다.

아홉 번째는 「반본환원(返本還源)」이라 합니다. 물은 흐르고 꽃은 피고 새는 노래를 하는 그림이 그려져 있습니다. 아공(我空), 법공(法空)의 이치를 완전히 체득하고 나면 삼라만상 그대로가 삼신불(三身佛)의 묘체(妙體)가 됩니다. 산은 산이고, 물은 물 그대로 연기법의 실상을 드러내고 있다는 진공묘유(眞空妙有)를 말합니다. 현상 이대로가 우주 만법의 연기 실상임을 말한 것입니다.

마지막 열 번째는 동자승이 지팡이를 짚고 마을로 걸어가는 그림 「입전수수(入塵垂手)」입니다. 우주 만법의 실상인 진리의 깨달음을 얻었으니, 그 깨달음을 마을 중생들을 위해서 제도하기 위해서 가는 하화중생(下化衆生)의 단계입니다. 부처님 가르침은 혼자만 깨쳐서 열반 해탈을 하기 위한 것이 아니라 나도 해탈하고, 모든 중생도 다 해탈의 길을 가도록 하는 것입니다. 부처님 자비 사상의 궁극적인 뜻이 중생제도에 있는 것을 『심우도(尋牛圖)』에서도 말하고 있습니다.

　이 글들은 포교용으로 페이스북 여여법당에 올려진 글들입니다. 그리고 의상 대사(義湘大師)의 「법성게(法性偈)」와 3조(祖) 승찬 대사(僧璨大師)의 『신심명(信心銘)』과 영가 대사(永嘉大師)의 「증도가(證道歌)」를 하나로 묶어서 일반 불자님들이 쉽게 접할 수 있도록 원문(原文)은 번역하고, 번역문 아래 따로 낱낱이 해설을 붙여 놓았습니다. 옛 조사님들의 금과옥조의 법문이 불자님들의 신행에 횃불이 되어 주었으면 하는 바람입니다.

노고산방(老姑山房), 여여법당(如如法堂)에서
화옹거사(和翁居士), 이계묵(李啓默) 합장

1부

廓庵　禪師

곽암 선사 ──── 尋牛圖 『심우도』

소(牛)를 찾아 나서다

망망한 풀을
헤치고 가서 찾는데

물은
넓고 산은 멀어
길은 다시 깊구나!

힘은 다하고
마음도 피로한데

다만
들리는 것은 늦가을

단풍나무에
매미 우는 소리뿐이네.

茫茫撥草去追尋 水闊山遙路更深
力盡神疲無處覓 但聞楓樹晩蟬吟

一.「尋牛頌」

이 게송(偈頌)은 『십우도(十牛圖)』 또는 『심우도(尋牛圖)』에 나오는 첫 번째(第一頌) 「심우송(尋牛頌)」입니다. 『십우도(十牛圖)』는 북송말(北宋末) 정주(鼎州) 양산사(梁山寺)에 살았던 곽암사원 선사(廓庵師遠禪師)가 각 단(各段)마다 그림과 함께 칠언절구(七言絶句)로 수행(修行)의 단계를 시(詩)

로 읊어 놓은 작품입니다. 보통 '십우도(十牛圖)'라고 하지 않고 '심우도(尋牛圖)'라고 합니다. 소를 찾는다는 것입니다. 소는 우리 불성(佛性)에 비유한 것입니다. 이는 『법화경』에 나온 말로, 『법화경』에 보면 장자가 밖에 나갔다가 집에 와보니 집에 불이 난 것입니다. 불난 것도 모르고 어린 세 아들은 불타는 집 속에서 노는 데 정신 팔려서 깜깜소식이니 어쩌겠습니까?

그래서 장자는 소리를 내어 세 아들을 부릅니다. "불났다 불! 어서 나오라!" 그러나 아이들은 나오지를 않습니다. 그래서 방편으로 애들이 좋아하는 수레가 있다고 부릅니다. 그게 바로 우거(牛車), 녹거(鹿車), 양거(羊車)입니다. 부처님은 우리가 사는 세상을 "삼계(三界)가 화택(火宅)"이라 하지 않습니까? 우리가 사는 이 세상이 꼭 불난 집 같다는 말입니다. 오욕(五慾)의 불입니다. 집에 불이 났는데, 불난 줄도 모르고 집 안에서 노는 데 팔린 아이들 같다는 말입니다. 오욕 락(五慾樂)에 빠져서 꼼짝도 안 하는, 불난 집에 어린아이같다는 말입니다. 여기서 우거(牛車)는 소수레입니다. 소는 백우(白牛)를 말합니다. 백우는 흰 소를 말합니다. 불교에서 백우(白牛)는 일승법(一乘法)을 말합니다. 일승은 최상승의 진리법이라는 뜻입니다.

그래서 곽암사원 선사가 깨달음에 이르는 열 가지 단계로 『심우도(尋牛圖)』를 지은 것입니다. 『심우도』는 마음을 닦아 깨달음에 이르는 노래입니다. 곽암 선사는 임제종(臨濟宗) 양기파(楊岐派)에 속하는 스님입니다. 양기방회(楊岐方會)-백운수단(白雲守端)-오조법연(五祖法演)-대수원정의 법을 이은 스님입니다. 『벽암록(碧巖錄)』을 쓴 원오극근(圓悟克勤) 선사도 오조법연 문하(五祖法演 門下)이니까 원오극근 선사가 법계로는 백부(白父)가 됩니다. 또 간화선(看話禪)을 창안한 대혜종고(大慧宗杲) 선사는 법계로 보면 종형이 됩니다. 당시로 보면 정말 쟁쟁한 거장(巨匠)들입니다. 『심우도』는 벽암록이 출판된 직후 나온 거로 되어있습니다. 각 단마다 그림과 함께 소를 찾는 대목부터 「입전수수(入鄽垂手)」까지 칠언절구(七言絕句) 선시(禪詩)로 자세하게 읊어 놓았습니다. 『심우도(尋牛圖)』는 서(序), 송(頌), 화(和), 우(又)로 엮어져 있어 이해하기 쉽고 마음공부에 많은 도움이 되는 가르침입니다.

선문(禪門)에서는 예부터 애송(愛頌)하는 게송(偈頌)입니다. 서(序), 화(和), 우(又)는 생략하고 송(頌)만 들어서 소개할까 합니다. 그러면 송(頌)을 한번 볼까요? 여기서 망망(茫茫)은 번뇌, 망상(煩惱, 妄想)으로 보면 됩니다. 처음 우리가 마음공부를 할 때 그렇지 않습니까? 앉아있어 보면 별의별 잡념과 망상이 다 떠오릅니다. 소 찾는 목동(牧童)이 산속으로 들어가 소를 찾는 데, 소는(佛性) 보이지 않고 눈에 들어오는 것은 망망한 잡초(번뇌)뿐이니.

마음에 대비하여 읊은 것입니다. 소 찾는다고 종일 온 산천을 다 헤맸으니 물은 넓고, 산은 멀 수밖에 없습니다. 숲속으로 소가 도망을 갔으니 찾자니 망망할 게 아닙니까? 여기서 "물은 넓고, 산은 멀다."라고 하는 것은 애욕(愛慾)과 인, 아상(人, 我相)을 말한 것입니다.

물은 애욕입니다. 산은 아상(我相), 인상(人相), 사상(四相)을 말한 것입니다. 소를 찾으려면 산 넘고 물을 건너야 찾을 것 아닙니까? 마음공부도 마찬가지입니다. 애욕(愛慾)과 사상(四相)이 끊어져야 합니다. 겹겹이 산이고 물이듯이 마음공부도 안으로 반조하면 번뇌, 망상과 사상뿐입니다. 통 방향을 잡을 수 없듯이 잡념과 망상이 쉴 새 없이 괴롭습니다. 소 찾는 목동과 똑같습니다. 소는 보이지 않고 보이는 것은 산이요, 물 뿐이니 지칠 대로 지쳐서 퍽 주저앉고 보니, 쌓인 피로가 밀려온 것입니다.

찾을 힘도 없어진 것입니다. 그래서 힘이 다하고 피로하여 찾을 곳이 없다고 했습니다.

　마음공부도 마찬가지입니다. 앉아있어 보면 망상 아니면 잠입니다. 화두는 어디 갔는지 흔적도 없고, 짓고 부수고, 짓고 부수고. 별의별 온갖 잡념과 망상을 하다 보면 피곤하니까? 생리적으로 또 잠이 오죠? 잠자면서도 잠 속에서 꿈을 꿉니다. 그것을 혼침 속의 도거라고 합니다. 잠자면서도 망상 핀다는 말입니다. 그러니 언제 화두(牛)가 보입니까? 지쳐서 앉고 보니, 다만 들리는 것은 나뭇가지에 매미 우는 소리뿐입니다. 소 찾은 사람은 소를 찾아야지, 매미 소리만 들어서 되겠습니까? 목적 달성(目的達成)이 안 된 것입니다. 마음공부 하는 사람은 불성(佛性)을 깨쳐야지, 망상과 잡념 속에서 살아간다면 별 볼 일 없는 일생이 되고 맙니다. 이 게송은 곽암 선사의 『심우송(尋牛頌)』 중(中) 첫 번째 단계인 소 찾는 「심우(尋牛)」 대목이었습니다. 송구(頌句)를 마음공부에 반조(反照)하십시오. 마음공부에 진척이 있을 것입니다.

소(牛) 발자국을 보다

물가
숲 아래도 발자취
꽤 많으니

풀이
우거져 있으니

풀 헤치고
찾아보았는가?

설사 산이
깊고 또 깊더라도

아득한
하늘 아래 비공(牛)을
어찌
다른데 감추겠는가?

水邊林下跡偏多　芳草離披見也麼
縱是深山更深處　遼天鼻孔怎藏他

二.「見跡頌」

　　소 외양간 우리를 벗어난 소를 찾아 나선 목동은 망막할 수밖에 없습
니다. 동쪽으로 갔는지? 서쪽으로 갔는지? 온 산천을 다 찾아 헤매다가
지칠 대로 지쳐서 나무 아래 앉았는데, 매미 소리만 늦가을 단풍나무에

서 맴맴맴 울어대고, 소는 보이지 않았습니다. 그것이 첫 번째 소 찾는 대목이었습니다. 그런데 찾다 보니 소는 보이지 않고 소 발자국이 물가 나무 아래 듬성듬성 보인 것입니다. 얼마나 반갑겠습니까? 그 마음을 읊어 놓는 것이 「견적송(見跡頌)」(소 발자국 노래)입니다. 물가 나무숲 아래 발자국이 보인 것입니다. 그 발자국을 따라가다 보니 숲이 우거져 발자국이 끊겨서 보이지를 않는 것입니다. 그래서 숲을 헤치고 보았느냐는 것입니다. 발자국 따라가면 소는 찾을 수 있는 것 아닙니까?

산이 깊고 또 깊어도 찾아보면 반드시 찾는다는 것이 마지막 절구입니다. 선문(禪門)에서 비공(鼻孔)은 본분(本分) 자리를 말한 것입니다. 즉 불성(佛性)을 말한 것입니다. 그래서 요천(遼天)의 하늘 아래 비공(鼻孔)을 어디에다 감출 수 있겠느냐? 묻는 것입니다. 소 찾은 목동이 소 발자국 따라 찾다 보면 소는 반드시 찾는다는 것 아닙니까? 여기서 소(牛)나 콧구멍(鼻孔)은 우리 마음 불성(佛性)을 말한 것입니다. 청정 본래심이 마음 부처입니다. 부처는 마음에서 찾아야 하는데 자꾸 밖으로 헤매는 것이, 그것이 탈입니다. 그 점을 일깨우기 위해서 곽암 선사가 『심우도』를 말한 것입니다. 마음공부는 죽자 살자 해야 합니다. 소 찾는 사람이 소 찾는 것이 목적 아닙니까? 매미 소리나 듣는 것이 소 찾는 사람 할 일은 아닙니다. 마음공부도 소 찾는 것과 똑같습니다.

화두 공부를 하다 보면 처음에는 망막합니다. 앉아있어 봐도 망상 아니면 잠이니 말입니다. 그래서 잠자는 것도 공부라 했습니다. 망상도 공부죠? 왜냐구요? 그러다가 화두가 들리게 됩니다. 그러니까 망상도 공부인 셈입니다. 처음부터 잘할 수는 없습니다. 잠자는 것도 공부인 셈입니다. 그런 과정을 겪다 보면 화두가 들리게 됩니다. 계속 들리는 것이 아니라 가끔 들립니다. 소 발자국과 같습니다. 띄엄띄엄 있는 소 발자국같이, 화두도 들리게 됩니다. 마음공부나 소 찾는 것과 같습니다. 문제는 쉬지 않고 찾아야 합니다. 소를 찾아 집으로 와야 하지 않습니까? 마음공부도 마찬가지입니다. 견성성불(見性成佛)을 해야 합니다. 오늘은 소 발자국을 보았습니다. 마음공부도 화두(話頭)가 가끔씩 일여(一如)한 것을 말합니다. 그래야 심우도(尋牛圖)를 마음공부로 돌릴 수가 있습니다. 오늘은 여기까지입니다. 마음에 반조(返照)하십시오.

소(牛)를 보았다

꾀꼬리는
나뭇가지에서 울어대고

날은
따스하고
바람은 살랑살랑 불어

언덕 위
버드나무 푸르네!

다만
다시 이곳에서
회피할 수 없으니

삼삼한
두각은 그림으로
그릴 수 없네.

黃鸎枝上一聲聲　日暖和風岸柳靑
只此更無廻避處　森森頭角畵難成

三.「見牛頌」

소 찾아나선 지 한해가 지난 대목입니다. 처음 소 찾으려 나설 때가 늦가을 아니었습니까? 매미가 울었으니까 늦가을이었죠. 꽤 찾아 헤맸습니다. 찾아 헤맨 보람이 나타났습니다. 견우(見牛), 소를 봤으니까요. 소를 바로 눈앞에서 본 것이 아니라 발자국 따라가다 보니 저만치 숲속에서 소가 보인 것입니다. 때가 때인지라 나뭇가지에서는 꾀꼬리가 "꾀꼴~ 꾀꼴~" 하고 울어댑니다. 날은 따뜻한 봄이라 바람은 살랑살랑 불어대고, 언덕에 버드나무는 잎을 틔워서 파릇파릇하고, 그대로가 호시절 아닙니까? 소 찾는 사람이 소를 봤으니 얼마나 반갑겠습니까? 그 심적(心的) 기쁨을 첫 구(句)와 이구(二句)로 표현한 것입니다.

삼구(三句)는 목동(牧童)의 의지(意志)를 표현(表現)한 것입니다. 소를 봤으니 여기에서 소 찾는 것을 그만(회피)둘 수 없다는 것입니다. 그런데 그 소가 내가 찾는 소인지 남의 집 소인지 확인해본 것이 사구, 말구송(四句 末句頌)입니다. 삼삼(森森)한 두각(頭角)을 그려보는데, 그릴 수가 없다는 것입니다. 여기서 삼삼(森森)은 숲이 울창한 것을 말합니다. 두각(頭角)은 소머리 뿔 아닙니까? 「견우송(見牛頌)」그림을 보면 꼬리와 몸통은 보이는데, 머리는 숲에 가려져 있습니다. 그러니 이 소가 내 소인지 남의 집 소인지 잘 모르겠다는 것입니다. 마음에 비유하면 망상인지 본심인지 잘 모르겠다는 것입니다. 그래서 소머리 뿔을 그리려고 해도 그릴 수가 없다는 말입니다. 소뿔을 봐야 내 소인지 알 것 아닙니까?

확실히 봐야 그릴 터인데 꼬리만 봤으니 긴가민가합니다. 왜 곽암 선사가 이런 말을 했느냐 하면 핵심은 바로 여기에 있습니다. 마음공부를 하다 보면 천 생각, 만 생각이 일어납니다. 그런데 생각을 조금 쉬었다고 그 마음이 본심(本心) 견우(見牛)인가 아닌가 하고 의문(疑問)을 제기(提起)한 대목입니다. 망상(妄想)이 조금 쉰다고 본성(本性)을 본 것은 아닙니다. 소꼬리만 본 사람은 소를 본 것이 아니잖습니까? 어떤 분은 "'견우(見牛)'가 '견성(見性)'이다."라고 말을 합니다. 천만의 말씀입니다. 마음공부 안 해본 사람 이야기입니다. 그런 말 따라가면 죽습니다. 사견(邪見)입니다. 잘못 본 것입니다. 곽암 선사는 실참실구(實參實究)한 선지식(善知識)입니다. 종장(宗匠) 아닙니까? 한 시대(時代)를 풍미했던 대선지식(大善知識)입니다. 『심우도』는 체험에서 나온 가르침입니다. 소를 본 것은 마음공부가 조금 되어가는 것을 말한 것입니다. 화두가 조금 들린 것뿐입니다. 화두가 일여(一如)해야 하는데 하다 보면 끊기거든요, 망상(妄想)이 조금 쉰 정도입니다. 망상(妄想)이 조금 쉰 것이 본심(本心)은 아닙니다. 아직 멀었습니다. 오늘은 곽암 선사 「견우송(見牛頌)」을 들었습니다. 소 찾는 것이 마음 찾는 공부입니다. 그러니 소 찾는 것을 마음 찾는 공부로 돌리십시오. 수행 덕담(德談) 한마디 할까요? 당처투과 철오자성(當坐透過 徹悟自性)입니다. 앉은 자리에서 자성(自性)을 확철대오(廓徹大悟)하자는 것입니다. 부지런히 마음들 닦아서 모두 다 함께 부처됩시다.

소(牛)를 잡았다

온 정신
다하여 소를 잡았으나

심통 사납고
힘이 세어 다루기가 힘드네

어느 때는
높은 산으로 올라가고

또 어느 때엔
안개 짙은 계곡으로 달아나네.

竭盡精神獲得渠　心强力壯卒難除
有時纔到高原上　又入煙雲深處居

四.「得牛頌」

　　고생고생 끝에 소를 잡았습니다. 그런데 어찌나 사납게 날뛰는지 힘
이 달려서 다루기가 아주 힘이 듭니다. 습성(習性)이 남아서 그렇습니
다. 제멋대로 살다가 코에 고삐를 채웠으니, 날뛸 수밖에 없죠. 옛날에
는 소를 다 길러 봤습니다. 우리는 어릴 때 농촌에서 살아서 소 많이 길
러 봤습니다. 농우(農牛)로 길들이기가 보통 쉽지 않았습니다. 한 삼 년
(三年) 길들여야 밭도 갈고, 논도 갈았습니다. 그래야 소 몫을 다하지 않
습니까? 곽암 선사도 소를 길러본 것 같습니다. 소의 습성을 너무도 잘

알고 있지 않습니까? 소를 길들이기 위해서는 코뚜레라는 것이 있습니다. 물푸레나무를 엄지손가락 두 배 정도 크기의 가지로 만듭니다. 나무를 베어다가 삶습니다. 둥그렇게 코뚜레를 만들기 위해서죠. 삶으면 잘 휘어져 동그랗게 만들기가 쉽게 하기 위해서입니다. 소 코와 소 머리 크기에 맞추어서 소코뚜레를 한 1년 정도 그늘에서 말리면 됩니다.

처음에 코를 뚫고 코뚜레를 해놓으면 이리 뛰고 저리 뛰고 난리를 칩니다. 하도 울고 설치니까 마을 당산나무에 매놓습니다. 그러면 한 3일 정도면 적응을 합니다. 뛰어 봤자 코만 아픈 것을 알게 됩니다. 그러고 나면 코뚜레에 적응합니다. 그러면 아무리 힘이 센 수놈도 꼼짝을 못합니다. 그렇게 해서 길을 들이죠. 왜 이런 말을 하느냐면 우리 마음이 꼭 소와 같습니다. 소도 길이 안 든 소를 닮았거든요. "심강역제(心强力壯) 졸난제(卒難除)"라 했지 않습니까? 심강(心强)은 심통, 고집이 세다는 말입니다. 우리 마음으로 말하면 아집(我執), 고집(固執)을 말합니다. 무시겁을 오면서 쌓아온 무명 업식(無明 業識)입니다. 역장(力壯)은 업습(業習)입니다. 그러니 하루아침에 다룰 수 있겠습니까? 길들여야 합니다. 득우(得牛)는 견성(見性)을 말합니다. 소를 잡았으니까 마음을 본 것 아닙니까? 마음을 보면 견성(見性)입니다.

곽암 선사의『심우도(尋牛圖)』는 오후(悟後) 보림(保任)을 말하고 있습니다. 견성(見性)한 후에도 닦아야 한다는 것입니다. 돈오돈수(頓悟頓修) 하면 닦을 것도, 보림할 것도 없이 업장(業障)이 다 녹겠지만, 돈오점수(頓悟漸修)의 입장을 취하고 있는 것이『심우도(尋牛圖)』입니다. 그러니 득우(得牛)는 견성(見性)만 했지, 성불(成佛)은 못 한 것입니다. 왜 부처가 못 됐느냐 하면 업습(業習)이 남았기 때문입니다. 업식(業識)과 번뇌가 다 소멸되어야 부처가 됩니다. 그래서『심우도(尋牛圖)』를 보면 득우(得牛)의 소가 누런 황소입니다. 잡기는 잡았는데 이리 뛰고 저리 뛰는 길 안 든 소라는 것입니다. 누런 황소가 흰 소(白牛)가 되어야 성불(成佛)입니다. 하얀 소는 길이 다 든 소입니다. 번뇌, 망식, 업식(煩惱, 妄想, 業識)이 다 떨어진 부처란 것입니다.

그래서 삼구(三句)에 보면 높은 산으로 올라가기도 한다고 했습니다. 소도 잡고 보니 옛날 같지를 않고 귀찮겠죠. 그래서 잡힌 고삐를 끌고 죽자 살자 올라간 것입니다. 소치는 목동 고삐 놓으면 안 됩니다. 죽을힘을 다해 따라갑니다.

마음을 본(見性) 수좌 스님 화두(話頭) 놓으면 안 됩니다. 고삐 쥔 목동과 똑같습니다. 높이 오른다는 것은 상구보리(上求菩提)를 뜻합니다. 그런데 이번에는 안개 낀 계곡으로 달아납니다. 산이든 계곡이든 고삐를 놓으면 허사(虛事)가 됩니다. 죽을힘을 다해 쫓아가야 합니다. 산꼭대기든 계곡이든 따라가야 합니다. 화두, 참선, 마음공부도 소 길들이는 것과 같습니다. 고삐가 화두(話頭)입니다. 잠속에서도 화두가 들려야 합니다. 화두를 놓아 버리면 고삐 놓은 목동과 같습니다. 고삐를 놓으면 헛일이 됩니다. 고생해서 소 잡은 보람이 없지 않겠습니까? 그러니 소고삐를 꽉 잡고 소 따라가야 합니다. 화두도 마찬가지로 놓지 말고 자나 깨나 성성 적적하게 일여(一如)해야 합니다. 네 번째는 소 잡는(得牛頌) 노래였습니다.

마음에 返照하십시오.

소(牛)를 길들이다

채찍 고삐를
몸에서 잠시도 놓지 마라.

저 소가
곡식밭에 들어갈까 두렵다.

서로 당기고
길들여서 순화됨을 얻으면

굴레 사슬
없어도
스스로 사람을 따른다.

鞭索時時不離身 恐伊縱步入埃塵
相將牧得純和也 羈鎖無拘自逐人

五. 「牧牛頌」

　이 게송은 소를 길들이는 대목입니다. 소를 잡고 보니 이리 뛰고 저리
뛰어 말을 통 듣지를 않는 것입니다. 그러니 어쩔 수 없이 길들려야 하겠
죠. 쉽게 길들면 좋겠지만 그리 쉬운 것이 아니잖습니까? 그래서 고삐를
꽉 잡고 따라다녀야 합니다. 놓치면 안 됩니다. 마음공부도 똑같습니다.
화두를 놓으면 안 됩니다. 고삐를 잡듯이 화두를 놓치지 말아야 합니다.
풀밭에만 있으면 좋은데, 남의 보리나 채소밭에 막 들어가면 큰일 아닙
니까? 잡아당겨야 하니까요. 여기서 편(鞭)은 회초리를 말합니다. 버드나

무 가지로 살짝살짝 때려야 말을 잘 듣습니다. 색(索)은 새끼줄 고삐입니다. 시시(時時)는 때때로입니다. 잠깐이라도 고삐를 놓치면 안 됩니다. 고삐가 몸에서 떨어지면 큰일납니다.

길이 들기 전에는 늘 잡고 끌고 당겨야 하니까요. 남의 곡식밭에 들어가면 망치면 안 되지 않습니까? 피해를 주면 안 됩니다. 이자(伊字)는 소를 가리키는 것입니다. 진애(埃塵)는 채소밭과 곡식밭을 말합니다. 마음으로 말하면 삼독 번뇌(三毒 煩惱)입니다. 참선하는 사람은 화두만 들어야 합니다. 탐, 진, 치, 번뇌에 빠져서야 되겠습니까? 화두와 하나가 되어야 합니다. 소치는 목동이 소 길들이는 것과 똑같습니다. 삼구 상장(三句 相將)은 서로 당기고 길들이는 것입니다. 서로 잡고, 잡혀 있는 것을 말합니다. 그래서 길들어(牧得) 익숙해짐(純和)을 얻으면 굴레(羈)나 쇠사슬(鎖)이 없어도 사람을 따른다는 것입니다. 길든 소는 고삐가 필요 없습니다. 말만 해도 따르니까요. 자축인(自逐人)이 그것입니다. 동쪽으로 가면 동쪽으로 따라오고, 서쪽으로 가면 서쪽으로 따라옵니다. 화두 공부도 처음이 어렵지 길든 소가 되면 쉽습니다. 화두를 챙기지 않아도 화두가 챙겨집니다.

옛날 소 길들이는 얘기 중에 아주 재미난 일화가 있습니다. 농촌에서는 소가 논밭을 다 갈았습니다. 그러니 소가 없으면 농사도 못 짓습니다. 그래서 집집마다 소를 사다가 길을 들렸습니다. 그런데 아우는 쟁기질을 잘하는데, 형님은 쟁기질을 못 했습니다. 그래서 형님이 소고삐를 앞에서 끌고 길을 들이고 있었습니다. 동생이 쟁기를 잡고 "이랴!", "저리!" 하고 길을 들여야 하는데, 형님이 소 앞에서 끄니 "형님, 이랴!", "형님, 저리!", "형님, 와!", "형님, 좌측으로 이랴!", "형님, 우측으로 이랴!" 하고 삼 년을 길들였습니다. '이제는 끌지 않아도 길이 들었겠지?' 하고 쟁기질을 하는데 소가 통 움직이지를 않는 것입니다. 분통이 터질 것 아닙니까? 삼 년을 걸려 길을 들렸는데 꼼짝도 안 하니 기가 막힐 일 아닙니까? 그래서 말을 듣지 않는 원인을 찾아보니, 소가 잘못이 아니라 쟁기질하는 동생이 잘못 한 것입니다. 소 위주로 길을 들렸으면 소가 말을 잘 들을 텐데, 형님 위주로 쟁기질한 것 아닙니까?

소가 삼 년간 길들인 말은 "형님, 이랴! 형님, 저리!"였습니다. '형님' 소리가 들어가야 소가 말을 듣는 겁니다. 그래서 동생 농부는 밭을 갈려면 소를 보고 형님이라고 했다는 것입니다. 왜 이런 말을 하냐면 사람이나 짐승이나 익힌 업습(業習)이 무섭다는 말입니다. 처음 길들일 때 형님은 무시하고 소 위주로 "이랴!", "저리!", "와!" 했으면 될 것을 형님, 형님 했으니 소가 형님 소리에 익숙해진 것입니다.

익숙해지는 것은 업습(業習)아닙니까? 업식(業識), 업습(業習)이라는 것이 이렇습니다. 우리 업식(業識)은 하루아침에 익힌 것이 아닙니다. 마음공부도 소 길들이는 것과 똑같습니다. 처음에 잘 익혀야 합니다. 동생이 소 길들이듯 하면 안 됩니다. 다섯 번째는 소 길들이는 「목우송(牧牛頌)」이었습니다. 각자 마음을 잘 길들여 보십시오. 참선 수행은 업장 소멸에 있습니다. 업장이 소멸이 되어야 본래 청정한 마음을 깨칠 수가 있습니다.

소(牛) 타고 집으로 돌아오다

소 타고
여유롭게 집으로 돌아가네!

오랑캐 피리 소리
저녁노을에 실어 보내고,

한 박자
한 곡조 한량없는 뜻이로다.

곡조 아는 것을 어찌

입술과
이 두드림이 필요하랴!

騎牛迤邐欲還家　羌笛聲聲送晚霞
一拍一歌無限意　知音何必鼓脣牙

六.「騎牛歸家頌」

　　이 게송은 길든 소를 타고 집에 가는 노래입니다. 첫 구의 이리(迤邐)
는 여유롭게 소가 가는 것을 말한 겁니다. 우린 어릴 때 소를 많이 타
봤습니다. 시골 농촌이었거든요. 길든 소는 참 순합니다. 어린애가 타도
잘 갑니다. 집으로 가는 길은 논두렁길도 있을 것이고, 밭두렁도 있겠지
만, 그런 길을 소가 말을 안 해도 척척 알아 가는 것을 묘사한 말이 이

리입니다. '말'이라는 것이 뭡니까? 말이란 생각을 담는 그릇입니다. 쉽게 말하면 생각이 말이죠. 그럼 생각은 뭡니까? 생각은 욕구(欲求)입니다. 그럼 욕구(欲求)는 뭡니까? 그건 인간의 의지(意志)입니다. 곽암 스님이 길든 소가 여유롭게 가는 모습을 이리라고 말한 것입니다. 말을 안 해도 척척 알아서 돌밭 길은 돌밭 따라가고, 논두렁 길은 논두렁 길 따라 잘 가는 것을 말한 것입니다.

소 탄 목동이 말 안 해도 스스로 알아서 집으로 가는 모습을 곽암 스님이 시적(詩的)으로 표현한 말입니다. 이구(二句)에서는 소를 탄 목동이 피리를 멋들어지게 불어댑니다. 여기서 강적(羌笛)은 오랑캐 피리를 말합니다. 중국 한족(漢族)들은 중화사상(中華思想)이 매우 강합니다. 그래서 동서남북(東西南北) 사방(四方) 민족을 낮추어서 오랑캐라고 했습니다. 곽암 스님은 그런 뜻에서 차용한 말은 아닙니다. 서쪽 지방은 목축업을 주업으로 하니까 서쪽 지방이 서융(西戎)이라 해서 강적(羌笛)이란 말을 쓴 것입니다. 목동이 피리를 멋들어지게 부는 때가 저녁노을이 붉게 물든 집으로 가는 시간 아닙니까? 그래서 피리 소리를 저녁노을에 실어 보낸다고 한 것입니다. 삼구(三句)는 피리 불고 난 후 흥에 겨워 손뼉 치고, 노래 부른 것을 말한 것입니다. 춤추고 노래 부르는 것은 즐거워야 합니다.

그 흥이! 오죽하겠습니까? 그래서 한량없다고 했습니다. 목동이 왜 이렇게 좋겠습니까? 소를 다 길들여서 그렇습니다. 끌고 당길 일이 없지 않습니까? 길이 들기까지는 소도 힘들었겠죠. 목동도 마찬가지구요. 쉴 새 없이 늘 고삐를 쥐고 끌고 당겼으니까 오죽했겠습니까? 그런데 이제는 그럴 필요가 없으니 얼마나 흥이 나겠습니까? 거기다 소까지 타고 가니, 목동과 소가 둘은 둘이지만 하나가 된 것입니다. 마음공부도 이렇습니다. 처음에는 어렵지만, 고비를 넘기면 소 탄 목동마냥 화두가 쉽게 쭉 들립니다. 화두를 챙겨도 망상에 끌려서 통 못했습니다. 그런데 챙기지 않아도 화두가 되니 얼마나 좋겠습니까?

　그 심정을 목동이 소 타고 손뼉 치고, 노래 부른 걸로 표현한 겁니다. 그래서 곽암 스님이 기우귀가(騎牛歸家)의 장르를 만든 것입니다. 지음(知音)은 중국고사(中國 故事)에 나온 말입니다. 옛날 진(晉)나라에 백아(伯牙)라는 거문고 잘 타는 달인(達人)이 있었습니다. 그런데 백아의 거문고 소리를 들을 줄 아는 사람이 하나도 없었다는 것입니다. 그래서 백아(伯牙)는 고국(故國)인 초(楚)나라에 돌아와서 심금을 달랠 겸 거문고 줄에 마음을 실어 탔는데, 그 거문고 소리를 듣고 백아의 마음을 꿰뚫어 보는 자가 있었습니다. 그게 바로 나무꾼 종자기(鍾子期)였습니다. 형색은 나무꾼이지만, 소리만 듣고도 백아의 의중을 알아맞추니 백아가 탄복하여 지음지우(知音之友) 지기지우(知己之友)를 맺고 일 년 후에 다시 만나기로 하고 헤어졌습니다. 그 후 백아가 약속한 날짜에 종자기를 찾아갔으나 그는 이미 죽고 없었다고 합니다.

　그래서 백아는 종자기 묘에서 마지막 거문고를 타고 거문고 줄을 끊어(伯牙絕絃) 깨버린(破琴) 후 다시는 거문고를 타지 않았다는 고사(故事)입니다. 곽암 스님이 이 고사를 차용한 뜻이 있습니다. 불교 선문사(禪門事)와 세속사(世俗事)는 다름을 말하기 위해섭니다. 이 사구송(四句頌)을 대부분 그냥 은근슬쩍 엉터리로 본 사람이 많습니다. 세속에서는 거문고 탄 자와 듣는 자 둘이 나오지 않습니까? 백아의 곡조를 종자기가 알아들었으니, 둘은 둘이되, 하나가 된 것입니다. 백아의 마음을 종자기가 알아들었으니, 백아 마음이 종자기 마음과 하나로 된 것입니다.
　이 경지까지 가는 것이 달인의 경지입니다. 탄 자와 문 자(彈者 聞者)가 하나가 된 것입니다. 세속사로 보면 명인과 달인은 대단한 것이지만 선문(禪門)에서는 그것도 아직 덜된 경지로 본 것입니다.

　선문에서는 이심전심(以心傳心) 아닙니까? 말이 필요 없죠. 목격전도
(目擊傳道)이니까요. 눈으로 척 보면 압니다. 척하면 척해지! 말할 필요
없다는 것이 하필고순아(何必鼓脣牙)입니다. 어찌 입술과 이를 두드릴 필
요가 있겠습니까? 말할 필요가 없다는 것입니다. 그래서 마음공부는 자
내증(自內證)입니다. 스스로 깨달아 아는 것입니다. 말로 전해줄 수 없는
것이 도(道) 아닙니까? 이렇게 선사(禪師)들의 언어(言語)는 뜻이 깊습니
다. 삼매(三昧)의 체(籬)로 걸러진 언어(言語)라 그렇습니다.
　선어(禪語)는 농축된 언어고, 삼매는 자성(自性) 반조(返照)입니다. 길든
소를 타고 가는 목동이 되어보십시오.

말 나누고자하나 나와 함께 어울릴 이 없네!
　잔 들어 외로운 그림자에게 권하노니, 취중에 아취를 혼자 얻으면 그만이지
　굳이 깨어 있는 자에게 전하지 말게 나! 종자기 이미 가고 말았으니 이
젠 세상에 음악 아는 이 하나 없구나! 나를 아는 자 하나 없지만, 그러
나 그뿐인 걸 어찌할꼬 이 슬픔을!

　　＊
　　欲言無予和 揮盃勸孤影
　　但得醉中趣 勿爲醒者傳

　　鍾期久已沒 世上無知音
　　知音何不存 已矣何所悲

　지음지우(知音知友)를 잃고 난 후 백아(伯牙)의 마음이 녹아있는 시(詩)
라 옮겨봤습니다. 사람이 살면서 지심지우(知心之友)를 만난 것도 복중의
복이 아닐까요? 애틋함이 묻어나는 시(詩)라 좋습니다.

사람만 있고, 소(牛)는 없다

소 타고
이미 집에 돌아오니

소는 없고
사람만 한가롭네!

해는
석 자나 떠 있는데

아직도
꿈꾸는가?

초당엔
고삐만 덩그러니 있네, 그려!

騎牛已得到家山 牛也空兮人也閑
紅日三竿猶作夢 鞭繩空頓草堂間

七.「忘牛存人」

　이 게송은 길든 소를 타고 집에 돌아와서 늘어지게 자는 대목입니다.
소는 이제 잊어버리고, 해가 중천(中天)에 뜨도록 자는 것입니다. 왜 그럴
까요? 소는 경계(境界) 아닙니까? 그 경계(境界)의 소가 바로 우리 마음
의 심식(心識)을 비유한 것입니다. 육진경계(六塵境界)를 말한 것입니다.
마음공부를 하다 보면 심식과 경계(識心, 境界)가 파도를 칩니다. 꼭 고삐
풀린 망아지 소 같습니다. 이리 뛰고 저리 뛰고 설쳐댑니다. 그 설쳐대던

심식(識心)도 이젠 푹 쉰 것입니다. 그래서 소는 없고 사람만 있다고 했습니다. 이것이 사람의 본래 마음입니다. 자성 청정심(自性 淸淨心)입니다. 옛날 임제(臨濟) 스님의 '사료간(四料揀)'에 보면 탈경불탈인(奪境不奪人)이라는 것이 있습니다. 경계는 빼앗고 사람은 빼앗지 않는다고 했습니다.

이 말이 무슨 말이냐 하면 여기서 탈(奪)은 뺏는다는 뜻입니다. 뺏는 것은 부정(否定)입니다. 불탈(不奪)은 긍정(肯定)을 말한 것이고요, 즉 법공(法空)을 말한 것입니다. 우리 인식(認識)은 있다(有)는 것 아닙니까? 눈앞에 삼라만상(森羅萬象)이 있다고 합니다. 그런데, 있다는 것은 착각(錯覺)입니다. 그 점을 알아야 합니다.

착각(錯覺)을 착각(錯覺)인 줄 모르는 것이 중생(衆生)입니다. 있는 것이 아닌데, 있다고 고집(固執)하니까 부처님이 법공(法空)을 말한 것입니다. 선사(禪師) 스님들도 똑같은 말씀이죠. 여기서 망우존인(忘牛存人)은 법공(法空)을 깨달은 것을 말한 것입니다. 임제(臨濟) 스님은 '사료간(四料揀)'에 어느 때는 탈인(奪人不奪境)을 말하기도 합니다. 탈인(奪人)은 아공(我空)을 말한 것입니다. 선지식(善知識)이 후학(後學)을 제접(提接)하는 방법입니다.

경계에 집착한 사람은 탈경불탈인(奪境不奪人)으로 제접(提接)합니다. 아집(我執)에 빠진 사람은 탈인불탈경(奪人不奪境)으로 제법(提接)을 합니다. 근기(根機)따라 법(法)을 펴는 방법(方法)입니다. 곽암 선사의 일곱 번째인 「망우존인忘牛存人」은 겨우 법공(法空)을 깨달은 대목입니다. 공부하다 아공(我空), 법공(法空)만 되어도 큰 공부입니다. 그러나 『심우도(尋牛圖)』에서는 아공(我空)과 법공(法空)만으로는 안 된다는 겁니다.

앞으로 세 단계를 더 거쳐야 완전한 깨달음이고, 부처의 회향(廻向)이라는 겁니다. 오늘은 「망우존인(忘牛存人)」이었습니다.

마음에 돌이켜 보십시오.

사람도, 소도 다 공(空)이다

고삐, 사람,
소, 다 공(空)하니

푸른 하늘
멀고 넓어 밝히(信)기
어렵네!

펄펄
끓은 화로 위에
어찌 눈을 용납하랴!

이에
이르러야 바로 (方)
조종(祖宗)에 계합한다 하리!

鞭索人牛盡屬空 碧天遼闊信難通
紅爐焰上爭容雪 到此方能合祖宗

八.「人牛俱忘」

이 게송은 「인우구망(人牛俱忘)」입니다. 사람도 소도 모두 공하다는 것입니다. 주관(主觀)과 객관(客觀)이 모두 공(空)한 상태를 말한 것입니다. 인공(人空)은 아공(我空)을 말한 것이며, 우공(牛空)은 법공(法空)을 말한 것입니다. 아공(我空), 법공(法空)이 다 된 것입니다. 나도 없고, 법도 없다는 것을 깨달은 대목입니다. 여기가 바로 견성성불(見性成佛)입니다. 찾는 소도 없고, 소 찾는 자기도 없음을 확실하게 깨달은 대목입니다. 옛말에 "범정탈락(凡情脫落) 하니 성의개공(聖意皆空)"이라는 말이 있습니다. 범부의 마음이 없어지면 그대로 부처님 마음자리인데, 그 자리는 텅텅 비었다는 말입니다.

달마 스님이 말씀하신 확연무성(廓然無聖)과 상통(相通)하는 말입니다. 『심우도(尋牛圖)』에서는 동그라미 하나만 그려 놓았습니다. 나와 우주가 하나가 된 것을 상징한 것입니다. 그것이 일원상(一圓相)입니다. 삼라만상(森羅萬象) 우주법계(宇宙法界)가 하나로 통한 것이고, 그런 이치를 확연히 깨친 것을 말한 것입니다. 게송에서는 사람과 고삐, 소가 다 공(空)하니, 그 공한 것이 저 푸른 하늘과 같이 넓고 멀어 헤아릴 수가 없다고 했습니다. 허허탕탕(虛虛蕩蕩)한 그 경지를 말로는 말할 수가 없다는 것입니다. 그것을 비유한 것이 삼구송(三句頌)입니다. 펄펄 끓은 화로 위에 눈을 어찌 올릴 수가 있겠느냐는 거죠. 사량지식(思量 知識)으로는 안 되는, 인식(認識)의 범주(範疇)를 벗어난 것을 말한 것입니다.

임제(臨濟) 스님은 '사료간(四料揀)'에서 "인경양구탈(人境兩俱奪)"이라 했습니다. 사람과 경계를 다 뺏는다는 것입니다. 여기서 탈(奪)은 부정(否定)을 뜻합니다. 사람과 경계를 뺏는 것이니까 뺏는 것은 공(空)한 이치를 말한 것입니다. 왜 공(空)하느냐? 연기법(緣起法)이기 때문에 공(空)한 것입니다. 사람도 무 자성(無自性) 공(空)한 것이고, 경계(法)도 무 자성(無自性) 공(空)한 것을 말합니다. 부처님 말씀과 똑같습니다. 곽암 스님이나 임제 스님이나 똑같지 않습니까? 표현하는 방법만 다르지 뜻은 같습니다. 아공(我空), 법공(法空)을 말한 것입니다. 공부는 이렇게 옛 불조(佛祖)의 뜻과 통해야 합니다. 통하지 않으면 바른 진리(眞理)가 아닙니다.

사통팔달(四通八達), 통(通)해야 불조(佛祖)의 뜻에 계합한 것입니다.

그래서 육조 혜능(六祖慧能) 스님은 "본래무일물(本來無一物)"이라고 했잖습니까? 본래무일물(本來無一物)은 자성(自性) 자리이고, 법성(法性) 자리를 말한 것입니다. 있다 해도 중생이고, 없다 해도 중생입니다. 있고 없는 것을 초월하여 본래 한 물건도 없는 그 자리를 자각(自覺)해서 깨쳐야 부처(成佛)가 되었다고 합니다. 우아일여(宇我一如) 자리입니다. 우주와 내가 하나가 된 것을 말한 것입니다. 늘 말했잖습니까? 불교 공부는 쪼개고 나누면 공부가 아니라고 했습니다. 쪼개면 쪼갤수록 칸을 막습니다. 칸이 막히면 칸 밖을 볼 수가 없습니다. 여기서 칸은 식(識)작용을 말한 것입니다. 식(識)은 분별(分別)하는 것 아닙니까? 쪼개고 나누면 안 됩니다. 우주와 나를 하나로 만들어야 합니다. 불교 수행은 전식득지(轉識得智)에 있습니다. 식(識)을 버리고 지혜(智慧)를 얻어야 합니다.

이 말은 내 말이 아니라 부처님 말씀입니다. 조사(祖師)의 말씀이고요, 틀림없는 말입니다. 소 찾는 목동도 없고, 소도 없는 법(法)의 이치를 깨닫는 것이 여덟 번째 게송 「인우구망(人牛俱忘)」입니다. 『심우송(尋牛頌)』을 자기(自己) 수행에 반조(返照)하여 깨달음을 얻어야 합니다. 부처님 경전이나 조사님 어록을 보기만 하고 자기 살림살이로 만들지 않으면 아무 소용이 없습니다.

본래 근본 자리로 돌아오다

본래로
돌아오고 보니

이미
힘(功)깨나 허비했네

어찌할꼬?
바로 당장에 눈먼 자, 귀머거리와
같이 되려면,

암자
가운데서 암자 앞 물건을
찾지 않네그려!

물은
스스로 흐르고

꽃은
스스로 붉구나!

返本還源已費功　爭如直下若盲聾
庵中不見庵前物　水自茫茫花自紅

九.「返本還源頌」

이 게송은 본원(本源) 자리로 돌아왔다는 노래입니다. 본원은 무엇이 본원입니까? 우리 자성청정심(自性淸淨心)을 말한 것입니다. 그 자리는 범부(凡夫)도 없고, 성인(聖人)도 없는 자리입니다.

차별망상(差別妄想)이 다 떨어진 청정무구(淸淨無垢)한 본래(本來) 자리를 말합니다. 그 근원 자리로 다시 한 번 돌이켜 본다는 것입니다. 불교 공부는 벙어리 3년, 귀머거리 3년, 장님 3년을 해야 공부가 된다고 옛 스님들이 말했습니다. 왜 그러느냐면, 분별하지 말고 쪼개지 말라는 것입니다. 쪼개고 분별하다 보면 식(識) 작란에 속고 맙니다. 식(識)은 중생심(衆生心) 아닙니까? 식(識)이 바뀌어야 지혜(智慧)가 납니다. 그래서 이구(二句)에 "어찌할꼬? 바로 당장에 맹농(盲聾)과 같으려면" 한 것입니다. 깨달은 경계가 그렇다는 것은 아닙니다. 분별(分別)하지 않는 것이 장님과 같고 벙어리와 같다는 것입니다. 그러니 암자 가운데서 암자를 찾지 않는다는 것입니다. 암자에 있는 것은 전체가 암자 아닙니까? 하나로 통하는 것을 뜻합니다. 그렇다고 하나에도 매이지 말라는 말이 사구(四句)의 "물은 흐르고, 꽃은 붉다" 입니다.

이런 대목을 불교에서는 "진공묘유(眞空妙有)"라고 합니다. 「인우구망(人牛俱忘)」이 아공(我空), 법공(法空), 진공도리(眞空道理)이고, 「반본환원(返本還源)」의 수망만(水茫茫), 화자홍(花自紅)은 묘유(妙有)를 말한 것입니다. 임제(臨濟) 스님은 '사료간(四料揀)'에서 "인경구불탈(人境俱不奪)"이라 했습니다. 사람과 경계를 빼앗지 않는다는 것입니다. 여기서 불탈(不奪)은 긍정(肯定)입니다. 사람은 사람대로, 경계는 경계대로 놔둔다는 것입니다. 인정한다는 거죠. 왜 그렇게 하느냐면, 범부(凡夫)들은 경계(境界)를 취(取)하여 집착(執着)하기 때문에 경계를 뺏(奪)습니다. 수행자(修行者)는 마음에 집착합니다. 그래서 인(人)을 뺏(奪)은 것입니다. 이렇게 집착(執着)을 타파(打破)하고 나면 확철대오(廓徹大悟) 아닙니까? 깨닫고 나면 무심(無心)하기 때문에 무심(無心) 자리에서는 산(山)은 산(山)대로, 물(水)은 물(水)대로 살아난 것입니다. 이것을 일러 놓는 것이 「반본환원(返本還源頌)」입니다.

근본(根本) 자리인 청정심(淸淨無心)에서 보면 삼라만상(森羅萬象) 우주만물(宇宙萬物)이 둘(二)이면서 하나(一)이고, 하나(一)이면서 둘(二)인 것을 말한 것입니다. 이것이 불교(佛敎)의 진공묘유(眞空妙有)입니다. 이것을 곽암 스님은 "수망망(水茫茫) 화자홍(花自紅)"이라고 한 것입니다. 옛날 송(宋)나라 때 청원유신 선사(靑原惟信禪師)가 말한 "산시산(山是山) 수시수(水是水)이다."는 산은 산이요, 물은 물이란 것입니다. 그렇지 않습니까? 산은 산이고, 물은 물이죠. 그런데 그게 그렇게 간단한 문제가 아닙니다. 열반하신 해인사 성철 스님께서 "산은 산이요, 물은 물이다."라고 했잖습니까? 청원 선사의 말씀을 끌어다 쓰신 것입니다. 그런데 세상이 온통 이 말로 시끄럽게 했잖습니까? 뜻도 모르면서 세상 사람들은 입방아를 찧습니다. 지금도 마찬가지입니다. 청원 선사가 말씀한 뜻은 이렇습니다. 하루는 법문했습니다.

*

"老僧三十年前未參禪時 見山是山 見水是水 乃至後來親見知識有入處 見山不是山 見水不是水 而今得箇休歇處 依前見山祗是山 見水祗是水 大衆這三般見解 是同是別 有人緇素得出 卽是親見老僧"

이라는 한문으로 된 법문입니다. 내용은 이렇습니다.

"내가 삼십 년 전 참선을 하기 전에는 산(山)은 산(山)이고, 물(水)은 물

(水)이었다. 그러다가 나중에 선지식을 친견하고 견처(見處)가 생겨서 봤더니 산(山)이 산(山)이 아니고, 물(水)이 물(水)이 아니었다. 그런데 지금 편안히 휴식처(見性成佛)를 얻고 나니 산(山)은 산(山)이요, 물(水)은 물(水)이었다. 그러니 그대들은 이 세 가지 견해가 같(同)은가? 다른(別)가? 여기 모인 승속(僧俗)을 막론하고 얻는 자가 있는가? 있다고 하면 이렇게 말한 이 노승(靑原)을 친견(親見)했다고 할 것이다."

라는 법문입니다. 청원 스님은 뭘 말한 겁니까? 처음에는 산(山)은 산(山)이요, 물(水)은 물(水)라고 했습니다. 참선하기 전 중생의 눈으로 보니 현상계가 산(山)은 산(山)대로, 물(水)은 물(水)로 차별(差別)로 보였다는 것이죠. 그렇지 않습니까? 산은 산대로, 물은 물대로 따로따로 있죠, 산(山)과 물(水)은 다르게 있죠? 다르게 따로따로 인식(認識)합니다.

그런데 견처(見處)가 생겨 공(空)도리로 보니까? 산(山)이 산(山)이 아니라는 것입니다. 모든 것이 공(空)으로 돌아가니, 어찌 산(山)이 산(山)이겠습니까? 산(山)이 물(水)이 됩니다. 중생이 부처 아닙니까? 둘이 아니잖습니까? 아공(我空), 법공(法空)이 된 것입니다 그렇다고 공공(空空)에 매여서야 되겠습니까? 공(空)에 빠져있으면 안 됩니다. 그래서 묘유(妙有)로 나온 겁니다. 물은 물대로 흐르고, 꽃은 꽃대로 붉게 핀 것입니다. 청원 선사가 쉬고 나니 산(山)은 산(山)이요, 물(水)은 물(水)이란 말은 묘유(妙有)를 말한 것입니다. 이렇게 중국 선사(禪師) 스님들은 불교(佛敎)를 중국(中國) 생활 언어(言語)로 바꿔서 쓴 것입니다. 진공묘유(眞空妙有)를 임제(臨濟) 스님은 인경구불탈(人境俱不奪)로 쓰셨고, 곽암 스님은 반본환원(返本還源)의 수망망(水茫茫) 화자홍(花自紅)으로 쓰셨으며, 청원(靑原) 스님은 산시산(山是山) 수시수(水是水)로 쓴 것입니다. 말은 달라도 내용은 똑같습니다.

좀 쉽게 표현하면 이렇습니다. 어렵게 생각지 마십시오. 우리가 왼쪽(左), 오른쪽(右) 하지 않습니까? 위에 말을 똑같은 논법으로 바꿔보면 이렇습니다. 우시우(右是右) 좌시좌(左是左)란 말입니다. "오른쪽은 오른쪽이고, 왼쪽은 왼쪽이다."라는 말입니다. 여기 두 사람이 마주 보고 논쟁을 합니다. "오른쪽은 어디가 오른쪽인가?" 하고 논쟁을 합니다. 두 사람 서로 마주 보고 있으니까 서로 오른쪽을 주장합니다. 서로 주장하는 오른쪽은 오른쪽이 아니죠? 왜냐하면 서로 반대잖습니까? 상대의 오른쪽은 내가 본 왼쪽이죠. 그런데 오른쪽이라고 고집을 부려봤자, 그건 오른쪽이 아닙니다. 오른쪽이 왼쪽이 될 수가 있습니다. 보는 관점(觀點)만 바꾸면 간단하지 않습니까? 보는 관점을 바꾸는 것이 뭡니까? 오른쪽이 오른쪽이 아니라는 것을 인식시키기 위해서입니다. 그렇다고 오른쪽이 없는 것은 아닙니다. 오른쪽 아닌 곳이 없습니다. 보는 관점만 바꾸면 우주 전체가 다 오른쪽이 됩니다. 왼쪽도 마찬가지입니다. 다 왼쪽이죠, 다 왼쪽. 오른쪽이라는 것은 보는 관점을 바꿔본 견해입니다. 세상사 만사가 다 그렇습니다. 우리가 인식(認識)하는 세계가 이와 똑같습니다.

자기(自己) 주관 인식(主觀認識)으로 세상(世上)을 논(論)합니다. 고집을 부렸을 때는 오른쪽이 오른쪽입니다. 그러나 고집을 버렸을 때는 오른쪽이 오른쪽이 아닌 것을 깨달았습니다. 이렇게 곽암 스님이 『심우도』를 수행의 단계로 설하는 것은 우리 범부 중생의 고집(固執), 집착(執着)을 깨부수기 위해서입니다. 집착과 편견(偏見)을 버리게 하여 무심(無心), 자성(自性)을 깨닫게 하기 위해서입니다. 주의, 주장, 편견, 집착을 버려야 대도(大道)를 깨닫게 됩니다. 물은 흐르고 꽃은 붉다는 조사선(祖師禪)의 말입니다. 아홉 번째는 「반본환원송(返本還源頌)」이었습니다. 그것이 바로 회광반조(廻光返照)입니다. 각자 자기 마음자리로 돌이켜 마음에 깊이 새겨 보십시오. 제불조사님들의 깨달은 안목을 깨달아야 견성성불이라고 합니다.

중생과 함께 살아간다

가슴
헤치고 맨발로

네거리에
돌아다니네!

흙먼지
재 뒤집어쓰고도,

볼에
웃음이 가득하네

신선의
참 비결 쓰지 않고

바로
가르쳐 마른 나무에 꽃을
피게 한다네.

胸露跣足入廛來 抹土塗灰笑滿面
不用神仙眞秘訣 直敎枯木放開花

十.「入廛垂手」

곽암 선사『심우도』(廓庵禪師『尋牛圖』) **45**

열 번째 「입전수수(入廛垂手)」는 중생 교화(衆生 敎化)입니다. 아홉 번째까지는 자신의 내적 수행(內的 修行)인 상구보리(上求菩提)라면 「입전수수(入廛垂手)」는 하화중생(下化衆生)입니다. 안으로 자신의 불성을 깨닫고 밖으로 사람들을 제도한다는 것입니다. 자신을 깨달아야 남을 도울 수가 있다는 것입니다. 자신을 깨닫는다는 것은 지혜의 눈을 뜬 것을 말합니다. 눈이 열려야 보지 않습니까? 그것이 오안(五眼)입니다. 오안(五眼)는 불안(佛眼), 법안(法眼), 혜안(慧眼), 천안(天眼), 육안(肉眼)입니다. 부처의 눈이 열려야 남을 도울 수가 있다는 말입니다. 그래서 부처님을 삼계도사(三界導師)라고 하며, 이는 길을 인도하는 스승이라는 뜻입니다. 길을 인도하려면 가는 길을 잘 알아야 한다는 말입니다. 진리의 눈이 열려야 남을 인도할 수가 있습니다. 오안 중(五眼 中)에 육안(肉眼)은 중생안(衆生眼)을 말합니다.

　　육안(肉眼)으로는 남을 제도할 수가 없다는 말입니다. 눈뜬장님을 육안(肉眼)이라고 합니다. 그러니 도(道)를 깨달아서 불안(佛眼), 법안(法眼), 혜안(慧眼), 천안(天眼)을 가지고 삼계중생(三界衆生)을 제도(濟度)한다 해서 삼계도사(三界導師)라고 합니다. 그 모습을 그려놓는 것이 『심우도』의 「입전수수(入廛垂手)」입니다. 중생을 제도하는 부처님 모습입니다. 그러니 그 모습이 맨발로 가슴을 헤치고 중생 속으로 들어가니 흙먼지, 재 다 뒤집어쓴 모습 아닙니까? 진흙탕에 빠진 중생을 건지는데 가사나 장삼 차림으로는 안 되겠죠. 흙먼지 뒤집어쓰고 중생들과 함께 동고동락해야 하니까요. 이렇게 사는 것을 동사섭(同事攝)이라고 합니다. 산적(山賊)을 제도(濟度)하려면 산적(山賊) 속으로 들어가듯이, 중생(衆生)을 제도(濟度)하려면 중생(衆生) 속으로 들어가야 합니다.

　　중생이 사는 곳이 어디입니까? 시장(市場) 속 아닙니까? 산(山)속이 아닙니다. 시장 속엔 별것이 다 있습니다. 사기꾼, 도적놈, 노름꾼 등 별별 중생이 다 있습니다. 그 중생을 제도하는 것이 부처입니다. 가만히 산속에 앉아 있는 것이 부처가 아닙니다. 중생의 고통을 내 고통으로 공감하는 것이 부처님 마음입니다. 석가모니 부처님도 그랬잖습니까? 6년 수행 후 45년간 중생 속에서 입이 쓰도록 법을 설하신 분입니다. 깨달음을 중생에게 회향(廻向)한 것입니다. 혼자만 깨치고 회향(廻向)이 없었다면 소승불교(小乘佛敎) 아라한에 그치고 맙니다. 일생을 중생을 위해 사는 것을 곽암 스님은 입전수수(入廛垂手)라고 말하고 있습니다.

중생제도(衆生濟度)는 자비심(慈悲心)의 발로(發露)입니다. 그래서 옛 조사(祖師)님들도 깨닫고 나서 회향(廻向)을 멋들어지게 했습니다. 어떤 스님은 평생 머슴살이로 살다 가셨고, 어떤 스님은 뱃사공으로 살다 가셨고, 평생을 짚신만 삼아서 가는 길손들에게 나눠준 스님도 있습니다. 그 회향의 삶이 이타(利他)에 있습니다. 이타심(利他心)은 자비심(慈悲心)입니다. 남을 돕는 마음, 그것이 불교(佛敎)입니다. 부처님도 그랬잖습니까? 그러니 불자(佛子)는 부처님 가르침을 따라야 합니다. 고목(枯木)에서 꽃을 피우는 것이 불교(佛敎)입니다. 불교는 무슨 비법(秘法)이 있는 것이 아닙니다. 중생을 부처 되게 하는 것이 불교입니다. 고목(枯木)에서 꽃을 피운다는 것은 중생(衆生)이 부처(佛) 되는 것을 말합니다. 『심우도』는 이 것으로 다 마쳤습니다. 부처님 회향처(廻向處)는 입전수수(入廛垂手)였습니다. 부처는 좌불(坐佛)이 아니라 행불(行佛)입니다. 행(行)이 없는 부처는 죽은 사불(死佛)입니다. 행불(行佛)은 활불(活佛)을 말합니다. 오늘날 한국 불교는 좌불(坐佛)이 아닌 행불(行佛)을 필요로 하는 시대(時代)입니다. 모두 다 살아 있는 부처가 됩시다.

2부

義湘 大師
의상 대사 ──

法性偈
「법성게」

법성은 원융해서 둘이 아니다

법성은 원융해서 두 가지 모양이 아니다.
모든 법은 움직이지 않고 본래부터 고요하다.
이름도 없고, 모양도 없고, 온갖 경계가 끊겼다.
깨달은 자의 경계지 못 깨친 자의 경계는 아니다.

法性圓融無二相 諸法不動本來寂
無名無相絶一切 證智所知非餘境

「법성게(法性偈)」는 의상 대사(義湘大師)가 지은 것입니다. 화엄일승법
계도(華嚴一乘法偈圖)라고도 합니다. 의상 대사(義湘大師)는 신라 때 스님
으로서 우리나라 화엄종 개조(華嚴宗 開祖)가 됩니다. 644년(선덕여왕 13
년) 황복사에서 스님이 되어서 661년(문무왕 1년) 바닷길로 당(唐)나라에
들어가서 지엄(智儼) 스님의 문하에 들어가 화엄학(華嚴學)을 연구하고,
671년 귀국하여 676년(문무왕 16년) 왕명에 따라 부석사(浮石寺)를 짓고,
화엄경을 강론하여 해동 화엄종(海東 華嚴宗) 창시자가 됩니다. 이 「법성
게(法性偈)」는 칠언 삼십구(七言 三十句), 261 字로 되어 있습니다. 「법성게
(法性偈)」는 방대한 『화엄경(華嚴經)』을 축약(縮略)한 게송(偈頌)이다. 의상
대사의 화엄 사상이 이 「법성게」에 녹아 있습니다. 게송(偈頌)도 명문이
지만, 화엄 사상을 잘 농축 요약한 게송(偈頌)이라 「법성게」만 잘 이해하
면 『화엄경』 80권을 다 본 것과 같습니다.

「법성게」는 『화엄경』, 십지론(十地論)에 의한 일승원교(一乘圓敎)의 종요
(宗要)를 제시한 사상입니다. 삼승별교(三乘別敎)적 차별(差別)로 인식되

는 제법상(諸法相)을, 일승 원교적(一乘圓敎的) 증지(證智)로 본 것이 이 「법성게」 사상입니다. 그래서 스승인 지엄(智嚴) 스님도 이 「법성게」를 보고 감탄하여 의상 대사에게 법을 전했습니다. 우리나라 불교 의식 집에 「법성게」가 들어가 있습니다. 「가지향연(加持向筵)」 다음에 꼭 이 「법성게」를 읽고 염송합니다. 부처님께서 깨달으신 화엄 세계의 도리를 찬탄한 것이 이 「법성게」입니다. 「법성게(法性偈)」는 일승원교적(一乘圓敎的) 사상임을 전제로 보아야 합니다. 삼승별교적(三乘漸敎的) 견해로는 봐서는 이해가 되지를 않습니다. 이점을 염두에 두시고 보면 됩니다. 첫 게송부터 법성(法性)이 나옵니다. 법성(法性)은 원융(圓融)하다고 했습니다.

『화엄경』은 법계연기(法界緣起)를 설해놓은 경전입니다. 여기서 법계(法界)란 우주 만법(宇宙 萬法)을 말한 것입니다. 삼라만상(森羅萬像), 우주 만법(宇宙萬法)의 법성(法性)이 원융(圓融)하다는 말입니다. 원융(圓融)은 하나라는 뜻을 가지고 있습니다. 세계를 하나의 꽃으로 본 겁니다. 나누고 쪼개는 것이 아니라 통(一)으로 본다는 뜻입니다. 예를 든다면 물(水)을 파도(波)로 보기도 하고, 이슬(露)로 보기도 하고, 구름(雲)으로 보기도 하고, 비로(雨) 보기도 하지 않습니까? 그런데 물의 성품(法性) 자리에서 보면 똑같은 물(水)이라는 것입니다. 쪼개보지 않고, 통(性)으로 본 것이 원융(圓融)의 뜻입니다. 그러니 그 성품(性品) 자리는 두상(二相)이 없다는 것입니다. 법성(法性)의 자리는 이름도 없고, 모양도 없고, 일체가 끊긴 자리라는 뜻입니다. 이슬, 비, 구름이라고 한 것은 사람이 붙여놓은 이름입니다. 원래 법성(法性)은 그런 것이 아니라는 말입니다.

그러니 그 법성(法性)은 깨친 자(證智者)의 경계라는 것입니다. 남 어지의 경계가 아니라고 한 것은 삼승(三乘)을 말한 것이고, 삼승(三乘)은 보살, 성문 연각을 말한 것입니다. 이 삼승(三乘)의 안목(眼目)으로는 법성이 원융한 이치를 모른다는 말입니다. 그것이 비여경(非餘境)입니다. 화엄경에서는 삼 세간(三世間)을 말합니다. 첫째는 기세간(器世間)이고, 두 번째는 유정세간(有情世間)이고, 세 번째는 지정각 세간(智正覺世間)입니다. 기세간은 이 우주를 통째로 말한 것입니다. 유정세간은 성문, 연각, 보살, 일체중생이 사는 세간을 말합니다. 지 정각 세간은 깨달은 지혜의 세계, 부처님 세계를 말한 것입니다. 이 「법성게(法性偈)」는 지정각(智正覺) 세계의 안목(眼目)으로 본 세계입니다. 차별, 분별 세계가 아니라 원융무이(圓融 無二)한 정각(正覺) 세계를 말해놓은 것입니다.

그래서 법의 성품은 원융해서 두 모양이 아닙니다. 그러니 모든 법은 움직이지 않고 본래부터 고요합니다. 본래부터 고요한 그 법의 성품 자리는 이름도 없고, 모양도 없고, 일체 모든 차별을 떠나있습니다. 이런 경계는 깨달은 자의 경계 세계지, 깨치지 못한 중생의 세계는 아니라는 말입니다. 그러면 그 유명한 의상 대사 「법성게」를 공부해보겠습니다. 이 글을 읽는 여러분께서는 불교 화엄의 세계에 들어오셨습니다. 앞으로 칠언 삼십구(七言 三十句)를 하나하나씩 소개하겠습니다. 「법성게」를 마음에 반조(返照)하여 보십시오.

하나 가운데 일체가 있다

참된 성품은 깊고 깊어 지극히 미묘하여
자기 성품 고집하지 않고, 인연 따라 나타난다.
하나 안에 일체가 있고 일체 안에 하나가 있다.
하나가 곧 일체요, 일체가 곧 하나다.

眞性甚深極微妙 不守自性隨緣性
一中一切多中一 一卽一切多卽一

여기서 참된 성품은 불성, 법성을 말합니다. 제법으로 말하면 법성(法性)이고, 유정(有情)으로 말하면 불성(佛性)입니다. 삼라만상 두두 물물 근본 자리가 법성이 됩니다. 법의 근본 바탕이라는 말입니다. 그래서 진성(眞性)이라고 했습니다. 진성은 본래 가지고 있는 참된 성품을 말합니다. 참된 성품 자리는 연기(緣起)의 공성(空性)을 말합니다. 이렇게 말해도 쉽게 이해가 안 됩니다. 처음은 다 그렇습니다.

자꾸 불교와 접하다 보면 불교 용어에 익숙하게 됩니다. 참된 성품은 자성(自性)을 지키지 아니하고, 인연을 따라 이룬다고 했습니다. 왜 그러느냐면 연기(緣起)이기 때문입니다. 「법성게」는 『화엄경』을 농축해놓은 시(詩)입니다. 그러니 당연히 그 시구(詩句)도 연기법(緣起法)을 떠날 수가 없습니다. 『화엄경』은 법계연기(法界緣起)를 설해놓은 경전입니다. 삼라만상 우주 만법이 다 연기(緣起)로 이루어졌다는 것이 화엄경 사상입니다.

그래서 의상 대사께서 그 연기를 설명한 것이 이 시구입니다. 참된 성품은 깊고 깊어 지극히 미묘하나 자기 성품을 지키지 않고 인연 따라 이룬다고 했습니다. 이 말이 무슨 말이냐면 비유를 들면 이렇습니다. 여기 금덩어리가 있습니다.

그런데 그 금덩어리로 반지도 만들고, 목걸이도 만들고, 귀걸이도 만들고, 팔찌도 만듭니다. 팔찌를 만들면 팔찌가 되고, 목걸이를 만들면 목걸이가 되지 않습니까? 귀걸이를 만들면 귀걸이가 되고, 반지를 만들면 반지가 됩니다. 만드는 인연(因緣) 따라 모양새(相), 쓰임새(用)가 달라집니다. 그러나 금덩어리(體)가 변한 것은 아닙니다. 그것을 말한 것입니다. 금덩어리 본바탕(體)은 쓰임새, 모양새는 바뀌어도 금이라는 본체는 바뀌지를 않는다는 말입니다. 그러니 하나(金) 가운데 일체가(귀걸이, 목걸이, 팔찌, 반지) 있고, 일체 가운데 하나(金)가 있다는 말입니다. 우주 만법이 다 이 인연법으로 이루어졌다는 말입니다.

그렇지 않습니까? 금은 하나(一) 아닙니까? 그런데 그 금이 팔찌도 되고, 목걸이도 되고, 귀걸이, 반지도 되지 않습니까? 그래서 하나 가운데 일체고, 일체 가운데 하나라는 것입니다. 그러니 하나가 곧 일체요, 일체가 곧 하나라는 말입니다.

이렇게 설명하면 쉽지 않습니까? 『화엄경』은 "일승원교(一乘圓敎)"라고 했습니다. 깨친 안목으로 보면 나누고 쪼개보는 게 아니라 하나로, 통째로 본 것입니다. 『화엄경』은 "십현연기(十玄緣起)와 육상연기(六相緣起)"를 설하고 있습니다. 80권의 방대한 사상이라 다 논할 수는 없습니다. 「법성게」 시구에 준하여 설할까 합니다.

이번 「법성게」는 "참된 성품은 깊고 깊어 지극히 미묘하다. 그러나 자기 성품을 고집하지 않고, 인연 따라 나타난다."라고 하였습니다. 「법성게」를 마음에 반조하여 보십시오. 그냥 글귀로 읽고 보지 말고, 마음에 새겨 돌이켜 보면 됩니다.

한 생각이 무량겁이다

한 티끌 속에 시방세계가 머금었고
온갖 티끌도 또한 그러하다
한량없는 세월이 한 생각이고,
한 생각이 한량없는 세월이다.

一微塵中含十方 一切塵中亦如是
無量遠劫卽一念 一念卽是無量劫

아주 미세한 작은 티끌 속에 시방세계 우주가 있다는 것입니다. 일체 티끌 속에도 똑같이 시방세계가 들어가 있다는 것입니다. 그리고 한 생각 속에 무량한 세월이 있고, 무량한 세월이 한 생각이라는 겁니다. 이 말이 무슨 말이냐 하면 우주 법계가 그렇다는 말입니다. 『화엄경』은 우주 법계 도리를 설해놓은 법문입니다. 그것을 의상 대사가 七言(칠언) 詩句(시구)로 말한 것입니다. 천상(天上) 세계인 제석궁(帝釋宮)에는 인드라 망이 있는데, 그것을 보석(寶石) 그물망(網)이라 합니다. 그 망(網) 낱낱 그물코마다 보주(寶珠)가 달려 있고, 그 보주 한 개마다 각각 다른 보주의 영상(影像)이 나타납니다. 그 보주 안에 나타나는 일체 보주의 영상마다 또 다른 일체 보주의 영상이 나타나서 중중무진(重重無盡)하게 되는 걸 표현한 것입니다.

중중무진은 거듭거듭 중첩된 것을 말한 것입니다. 이것이 『화엄경 십현문(十玄門)』 중 하나인 「인드라 망 경계 문(因陀羅網境界門)」에 나오는 내용입니다. 쉽게 말하면 이렇습니다. 한 티끌 속에 시방세계가 들어가 있다는 말은 이렇게 비유를 들면 쉽습니다. 여기 천 원이 있다고 봅시다. 천원은 화폐 단위 아닙니까? 천 원(1,000원)은 백 원(100원)이 열 개(10개) 모인 것을 말합니다. 천 원(1,000)이란 단위 속엔 백 원(100원)이 열개(10개) 들어가 있다는 말입니다. 백 원(100원)을 빼버리면 천 원(1,000원)이 되지 않습니다. 900원이 됩니다. 그러니 1,000원 속에 100원이 함축되어 있다는 말 아닙니까? 100원 쌓여 1,000원이 되었다는 말입니다. 이렇게 우주 법계는 인드라 망 구슬처럼 서로 상입(相入)하고 상즉(相卽)하는 걸 표현한 말입니다.

서로 연결되어 있다는 말입니다. 그래도 모르겠습니까? 그럼 다른 비유를 들어 볼까요? 여기 사람(人)이란 말이(言) 있습니다. 사람(人)이 무엇입니까? 다른 짐승과 구별하기 위한 명사 아닙니까? 돼지나 소, 말, 염소, 호랑이, 사자와 다른 것이 사람입니다. 뭣이 다릅니까? 모양이 다르고, 업이 다릅니다. 그리고 뭣이 같습니까? 같다는 것은 동물이란 '류(類)'가 같습니다. 다르다는 것은 「법성게」에서는 상즉(相卽)이라고 합니다. 소는 소대로, 말은 말대로란 말입니다. 같다는 것은 상입(相入)이라고 표현한 것입니다.

상즉(相卽)은 소, 말, 염소, 호랑이, 사자, 사람을 표현한 별상(別相)적 차별 세계를 말한 겁니다. 상입(相入)은 소나 사람이나 호랑이나 총상(總相)적 세계를 말한 것입니다. 앞에서 육상론(六相論)이 있다고 했지 않습니까? 육상론은 여섯 가지로 연기법을 설명한 것입니다. 총상은 우주를 한 덩어리로 뭉쳐서 본 것입니다. 사람이나 소나 돼지나 호랑이나 사자는 동물이란 말로 모아집니다. 동물 속에는 별의별 짐승이 다 있죠. 동물이란 말속에는 모든 짐승이 포함됩니다. 앞에서 1,000원의 비유와 같으니다. 1,000원이란 말속에는 100원이 10개라는 말이 있습니다. 이렇게 뭉쳐서 하나로 보면 우주 법계의 이치가 다 연기로 이루어졌다는 것입니다. 이것을 『화엄경』에서는 "총상(總相) 법계(法界)"라고 합니다. 말만 복잡하지 내용은 똑같습니다.

별상(別相)으로 보면 사과나무, 모과나무, 배나무 다 다르지 않습니까? 다른 것을 별상(別相) 법계(法界)라고 합니다. 다 다르죠? 사과나무 다르고, 배나무 다르고, 모과나무 다르지 않습니까? 그러나 다른 것이 하나로(一眞) 통하는 말이 있습니다. 그 말은 식물(植物)이란 말입니다. 식물이란 말속에 다 포함된 말 아닙니까? 그렇다면 식물과 동물을 하나로 표현한 말(一眞)은 무슨 말이 있습니까? 그것은 생물(生物)이란 말(단어)이 있습니다. 생물이란 말속에는 동물, 식물, 만물(萬物)이(宇宙法界) 다 포함되어 있습니다. 이렇게 「법성게(法性偈)」는 우주 만법을 쪼개(別相) 보기도 하고, 통째(總相)로 하나로 보기도 합니다. 쪼개보면 100원이 열 개이고, 통째로 보면 100원이 1,000원이 됩니다. 그것을 한 티끌 속에 우주가 포함되어 있고, 한 생각 속에 무량한 겁이 있으며, 무량한 겁이 한 생각 속에 있다고 표현한 것입니다. 이젠 이해하셨죠?

우리 몸을 비유를 들면 더 쉬울 겁니다. 내 몸이 지금 여기에 있게 된 것은 어머니와 아버지의 인연으로 있게 된 것입니다. 아버지와 어머니는 또 아버지와 어머니로 인연으로 있게 된 것입니다. 그 아버지와 어머니는 그의 아버지와 어머니로 또 연기한 것 아닙니까? 이렇게 거슬러 올라가면 뭇 인연이 얽히고설켜서 여기 내가 연기한 것입니다. 얼마나 신비스럽습니까? 한량없는 시간 속에 한량없는 인연으로 있게 된 것이 우리 몸 아닙니까? 이것이 생명의 신비입니다. 그것이 우주 법계, 연기, 화엄 세계입니다. 얽히고설켜서 중중무진의 세계가 화엄 법계 언기입니다. 화엄의 세계에서 보면 모든 것이 서로 관련되어 있다는 말입니다. 어느 것 하나도 동떨어져 존재할 수 없다는 것이 법계 연기론입니다. 제석천 인드라망의 구슬처럼 중중무진한 것이 화엄 법계 연기론입니다. 오늘은 한 티끌 속에 우주가 포함되어 있다는 것입니다. 마음에 반조하십시오.

생사 열반이 하나다

구세 십세가 서로 즉해 있어서 어지럽게
섞이지 않고 따로따로 분명하다.
처음 발심할 때가 정각을 이룬 자리이고
생사와 열반이 서로 같은 모양이다.

九世十世互相卽 仍不雜亂隔別成
初發心時便正覺 生死涅槃常共和

구세(九世)는 과거, 현재, 미래가 각각 三世를 포함하고 있으므로 三三
은 九, 구세(九世)가 됩니다. 십세(十世)는 당세(當世)의 일념(一念)을 더한
것이 십세(十世)가 됩니다. 『화엄경』에서도 일심(一心)을 말합니다. 따지고
보면 세상 모든 것이 한 생각에서 비롯된 것입니다. 그래서 "일념(一念)이
상(相)"이라 했습니다. 한 생각이 그대로 모양(現像界)이 됩니다. 주먹을
쥐려고 생각하면 주먹이 됩니다. 손을 펴려고 하면 손이 펴집니다. 한 생
각이 인(因)이고, 주먹이 과(果) 아닙니까? 손바닥도 마찬가지입니다 손
바닥을 펴려는 한 생각이 인(因)이고, 펴진 손바닥이 과(果)입니다. 이것
이 불교의 원인(原因)과 결과(結果)입니다. 극락세계도 한 생각 때문에 갑
니다. 지옥도 한 생각 때문에 갑니다. 모든 것이 한 생각에 달린 것입니
다. 이렇게 한 생각(一念)이 아주 중요합니다.

그러니 구세 십세(九世 十世)가 한 생각(一念)을 떠나지 않았습니다. 나
눠보면 구세 십세(九世 十世)지만, 통으로 보면 일심(一心), 일념(一念)에

달려있습니다. 그래서 어지럽게 섞이지 않고 따로따로 이루어졌다고 한 것입니다. 그리고 처음 마음을 발심할 때가 정각(부처님)을 이룬 자리입니다. 처음 참된 도를 구하고자 간절한 마음으로 마음을 낼 때가, 바로 그 자리가 부처님 자리라는 말입니다. 중생 따로 부처 따로가 아니라, 중생이 부처라는 겁니다. 『화엄경』은 일승원교(一乘 圓敎)입니다. 중생을 떠나서 따로 부처가 있는 것이 아니고, 중생 그대로가 부처라는 말입니다. 처음 발심(發心)한 그 마음이 그 자리가 부처라는 말입니다.

그래서 생사(生死)나 열반(涅槃)이 늘 함께 어울립니다. 생사 열반(生死卽涅槃)이란 말입니다. 생사를 떠나 열반이 있는 것이 아니라 나고 죽은 그 속에 열반이 있다는 것입니다. 나고 죽은 것 따로 별천지(別天地)에 열반이 있는 것이 아닙니다. 본무생사(本無生死)라는 말입니다. 본래 나고 죽는 것이 없음을 깨달은 것이 열반입니다. 나고 죽은 그 속에서 본래 나고 죽은 것이 없는 것을 확실하게 증득하는 것이 참 열반이라는 말입니다. 깨치고 나면 나고 죽은 것이 바로 열반이라는 말입니다. 생사(生死)가 바로 열반(涅槃)입니다.

생사(生死)는 차별 세계(差別世界)이고, 열반(涅槃)은 무차별(無差別) 세계(世界)입니다. 차별 세계는 중생 세계이고, 무차별 세계(無差別 世界)는 지정 각 세계(智正覺 世界)입니다. 『화엄경』은 깨달은 부처님 세계인 지정 각 세계(智正覺 世界)를 말씀하신 것입니다. 그 점을 염두에 두시고 보면 됩니다. 비유를 들어 볼까요? 허공을 비유를 들어 보면 허공은 모양이 있습니까? 냄새가 있습니까? 모양이 없기 때문에 비고 비었습니다. 『능엄경(楞嚴經)』에 허공을 이렇게 말하고 있습니다. "공무방원(空無方圓)하고 기유방원(器有方圓)이라."라고 했습니다. 허공은 네모도, 세모도, 원도 아니라는 말입니다. 다만 그릇 따라 네모도, 세모도, 원도 된다는 말입니다.

이 말이 무슨 말이냐면, 네모 나는 그릇 속에는 허공도 네모가 나고, 세모 그릇에는 허공도 세모가 되고, 둥그런 그릇 속에는 허공도 둥글다는 것입니다. 여기서 허공은 무차별 세계(無差別智 世界)를 말한 것입니다. 허공을 나누고 쪼개지 않고, 그대로 보는 세계를 말한 겁니다. '네모다', '세모다', '둥글다'는 그릇(器) 세계 차별 세계(差別世界)를 말한 것입니다. 그릇 모양 따라 달라지는 것이 허공입니다.

그러나 허공은 변한 적이 없습니다. 나고 죽는 것도 똑같습니다. 중생의 몸 따라 나고 죽지만 원래 나고 죽는 것입니까? 허공의 비유와 똑같습니다. 본래 생사가 없는 것입니다. 공성, 불성, 법성(空性, 佛性, 法性) 자리에서 보면 생사(生死)가 없습니다. 그 점을 생사와 열반이 함께 어우러졌다고 한 것입니다. 오늘은 처음 마음을 발심할 때가 정각을 이룬 것입니다. 마음에 깊이 반조 하십시오.

부사의 경계는 해인삼매이다

이(理)와 사(事)가 명합(冥合)하여 분별이 없으니
모든 부처님과 보현보살 대인의 경계일세.
부처님의 해인삼매 가운데엔 온갖 부 사의한
법이 다 나타난다네.

理事冥然無分別 十佛普賢大人境
能仁海印三昧中 繁出如意不思議

이(理)는 본체(本體), 진리(眞理), 이치를 말합니다. 사(事)는 현상계(現象界) 만법을 말합니다. 이(理)는 진리의 본체계가 이(理)가 되고, 사(事)는 나타난 현상계가 사(事)가 됩니다. 『화엄경』에서는 이렇게 사법계(四法界)를 말합니다. 첫째가 이 법계(理法界)입니다. 이법계(理法界)는 진리인 당체(當體)를 말합니다. 두 번째는 사법계(事法界)입니다. 사법계(事法界)는 삼라만상(森羅萬像)인 눈앞에 현상(現像界)를 말합니다. 세 번째는 이사무애법계(理事無碍法界)입니다. 이치의 세계와 현상계의 세계가 걸림 없이 통하는 세계입니다.

네 번째는 사사무애(事事無碍法界)입니다. 현상계인 사물과 사물이 걸림 없이 통하는 것을 말한 것입니다. 모든 것이 하나로 통하여 걸림이 없는 것이 화엄의 세계입니다. 부처님이나 보살이나 대인의 경계는 무분별(無分別) 세계입니다. 쪼개거나 나누지를 않습니다. 통으로 보기 때문입니다. 왜냐하면 분별식(分別識)이 다 떨어졌기 때문입니다. 그래서 이

(理)와 사(事)가 한 덩어리가 되었다고 해서 명연(冥然)이라고 합니다. 그 명연(冥然)은 명합(冥合)된 것을 말한 것입니다. 상입 상즉((相入 相卽)한 것을 말합니다. 서로 통해서 하나가 된 것입니다. 즉 일진법계(一眞法界)라는 말입니다. 그것을 의상 대사께서 명연이란 말로 표현한 것입니다.

온 우주가 하나의 참 덩어리 법계란 뜻이 함축된 말입니다. 우주와 내가 한 몸이 된 것을 말한 것입니다,

이렇게 일진법계(一眞法界)로 보는 안목(眼目)은 십불(十佛) 세계이고, 보현보살이나 대인들의 경계라는 말입니다. 여기서 십불(十佛)은 두 가지 뜻이 있습니다.

십불(十佛)을 해경십불(解境十佛)과 행경십불(行境十佛)로 나누어서 봅니다. 지엄(智儼) 스님의 『화엄경』 공목장 중에 나온 말입니다. 의상 스님이 지엄 스님의 제자 아닙니까? 해경십불(解境十佛)은 보살이 진지(眞智)로써 관할 때는 법계가 모두 다 부처님(佛)이니, 이를 나누면 중생신, 국토신, 업보신, 성문신, 벽지불신, 보살신, 여래신, 지신, 법신, 허공신이고, 수행이 완성된 뒤 얻는 부처님 경계를 열 가지로 나눈 것이 해경십불((解境十佛)입니다.

행경십불(行境十佛)은 정각불, 원불, 업보불, 주지불, 화불, 법계불, 심불, 삼매불, 성불, 여의불입니다. 여기서 정각불은 총(總)이고, 그 나머지 불은 별덕(別德)으로 나누어 표기한 것입니다. 능인(能仁)은 부처님을 능인이라고도 합니다. 해인삼매(海印三昧)는 해인정(海印定)이라고도 합니다. 『화엄경』을 설할 때 부처님이 든 선정의 이름이 해인삼매(海印三昧)입니다. 바다가 풍랑이 쉬면 삼라만상이 모두 바닷물에 비추는 것 같이 번뇌가 끊어진 부처님의 정심(定心) 가운데에 과거, 현재, 미래의 모든 법이 밝게 나타나므로 해인삼매(海印三昧)라고 한 것입니다. 바다에 풍랑이

쉬어 잔잔하면 우주 만상이 다 투영되어 나타나듯이 부처님이 해인삼매에 들면 부 사의한 모든 법의 이치가 확연히 드러난다는 말입니다.

즉 우주 만법의 이치가 다 드러난다는 말입니다. 그리고 번출(繁出)이라고 했지 않습니까? 하나도 빠짐없이 다 나타낸다는 말입니다. 아주 여실하게 말입니다. 그것이 번출이라는 말의 뜻이고, 그것이 해인삼매입니다. 이런 것을 지정각 세계(智正覺 世界)라고 말합니다. 깨친 안목의 세계를 말합니다. 그것이 위의 네 게송의 뜻입니다. 마음에 깊이 반조(返照)하십시오.

중생은 그릇 따라 이익을 얻는다

중생을 위한 보배 비 허공에 가득 한데
중생은 그릇 따라 이익을 얻는다.

이런 연고로 수행하는 사람들이 본래 자리에
가려고 하면 망상을 쉬지 않고는 갈 수가 없다.

雨寶益生滿虛空 衆生隨器得利益
是故行者還本際 叵息妄想必不得

보배 비가 허공에 가득하다고 했습니다. 산천초목 만물은 비를 만나
야 생육을 합니다. 비가 오지 않으면 만물이 말라 죽습니다. 그러니 비
는 생명이고, 보배입니다. 비는 만물이 생육하는 데 없어서는 안 되는
가장 중요한 물질입니다. 해마다 여름철에는 장마가 듭니다. 우리나라도
여름철에는 하늘에서 폭우가 200m~300m씩 쏟아져 내립니다. 그런데
그 많은 비가 하늘에서 쏟아져도 그릇에 따라 빗물이 담깁니다. 아무리
비가 많이 내려도 종지 그릇에는 종지 그릇 만큼만 비가 담깁니다. 동이
그릇에는 동이 그릇 만큼 비가 담기지 않습니까? 이렇게 중생의 그릇(根
機) 따라 담기는 것이 비(法)입니다. 비 탓은 아닙니다. 비가 그릇을 차별
하는 것이 아니라, 그릇이 작고 큰 것은 그릇 탓입니다.

부처님 법도 그렇습니다. 부처님은 항상 법을 설하고 계시는데, 그 법
문을 듣고 못 듣는 것은 중생의 근기 때문이라는 말입니다. 일진법계(一
眞法界) 화엄 세계에서 보면 법신불(法身佛)은 항상 상주 설법(常住說法)을

합니다. 허공의 구름이 비를 내리듯이 항상 법을 설하고 있다는 말입니다. 춘삼월(春 三月)에 꽃이 피고 새가 우는 것도 법문(法門)입니다. 추풍(秋風)에 낙엽이 지는 것도 법문(法門)입니다.

깨닫고 보면 우주(宇宙) 실상을 노래하는 법문 아닌 것이 없습니다. 그래서 소동파 거사는 폭포 소리에 깨닫지 않았습니까? 어떤 스님은 복숭아 꽃 피는 것을 보고 깨닫기도 했습니다. 어떤 거사님은 개구리 우는 소리에도 깨달았고, 부처님은 샛별을 보고 깨닫지 않았습니까? 그와 똑같습니다. 아는 만큼 본다고 하지 않습니까?

불교 용어로 바꿔보면 깨달은 만큼 본 겁니다. 그렇게 여실하게 보지 못하는 것은 뭣 때문인가? 그것은 번뇌와 망상 때문이라는 말입니다. 수행자가 근본 자리에 돌아가려면 반드시 망상을 쉬어야 한다고 했습니다. 여기서 근본은 불성, 법성(法性, 佛性)을 말한 것입니다.

망상이 쉬어야 근본 자리인 법성 자리에 간다고 했습니다. 허공에서는 구름이 걷히듯 하고, 바다에서는 풍랑이 쉬듯이, 그쳐야 법성을 깨닫는다는 말입니다. 번뇌와 망상은 뭡니까? 탐심, 진심, 치심(貪心, 瞋心, 痴心)입니다. 탐·진·치, 삼심은 근본 번뇌라고 합니다. 이 삼심(三心)이 쉬어야 법성(法性)을 깨닫는다는 말입니다. 그러니 말로만, 글로만 보고 듣지 말고, 각자 마음에 새겨 안으로 반조(返照) 해야 합니다. 안으로 반조하는 것이 수행입니다.

흔들리지 않는 것이 부처다

매임 없는 좋은 방편으로 여의주를 잡아서
고향 집에 갈 때 분수 따라
양식을 얻으리니,

암만 써도 다 함 없는 다라니 보배로써
온 법계 장엄하면 참다운 보배 궁전일세!

마침내 실다운 중도 자리 앉게 되면
예로부터 흔들림 없는
그를 일러 부처라고 한다네.

無緣善巧捉如意 歸家隨分得資糧
以陀羅尼無盡寶 莊嚴法界實寶殿
窮坐實際中道床 舊來不動名爲佛

무연(無緣)은 나와 상관없는 인연을 말합니다. 인연(因緣) 없는 중생도 구제(救濟)하는 것이 부처님의 자비심(慈悲心)입니다. 선교(善巧)는 좋은 방편(方便)을 말한 것입니다. 『팔만대장경(八萬大藏經)』이 부처님의 선교방편(善巧方便)입니다. 중생의 근기 따라 고구정녕 했지 않습니까? 그 설하신 법이 모이다 보니, 『팔만대장경(八萬藏經)』이 된 것입니다. 그것을 의상 대사께서 찬탄한 것입니다. "귀가(歸家)는 자기 본성(本性)에 돌아간다."라고 말한 것입니다. "분(分)을 따라 양식을 얻는다는 것은 중생의 근기(根機) 따라 법(法)을 얻는다."라는 것을 말한 것입니다. 보살은 보살의 근기에 맞은 법을 얻고, 성문승은 성문승의 그릇 따라 법을 얻는 것입니다.

"법무돈점(法無頓漸)이나 인유이둔(人有利鈍)"이라고 했습니다. 법의 자리에서는 돈점(頓漸)이 없습니다. 그러나 사람의 근기에서 보면 영리한 사람과 좀 둔한 사람이 있지 않습니까? 그것을 말한 것입니다.

다라니(陀羅尼)는 총지, 능지, 능차(總持, 能持, 能遮)라고 번역합니다. 뜻을 풀어 보면 '무량(無量)하다', '무변(無邊)하다'라는 뜻입니다. 악(惡)한 법(法)을 버리고 한량없는 좋은 법(法)을 가지는 것을 다라니라고 합니다. 지혜(智慧) 또는 삼매(三昧)를 뜻하기도 합니다. 우주의 실상에 계합한 법문이란 뜻으로 진언(眞言)이라고도 합니다. 그래서 뜻풀이를 하지 않고 음(音) 그대로 읽습니다. 부처님이 깨달으신 우주 실상인 일진법계(一眞法界) 화엄 세계를 이 신묘한 다라니로써 법계를 장엄한다는 말입니다. 그렇게 되면 그 자리가 바로 중도실상(中道實相)의 자리이고, 부처의 자리라는 것입니다. 처음에 삼세 간(三世間)을 말했지 않습니까? 중생세간, 기세간, 지정각세간(衆生世間, 器世間, 智正覺世間)을 말했습니다.

깨닫고 보면 그 깨달은 세계가 지정각(智正覺) 세계라는 것입니다. 그래서 의상 대사께서 첫 구절에 법(法)의 성품(性品)은 두(二) 상(相)이 아니라고 했습니다. 두 상은 중생 세계입니다. 일진법계(一眞法界)가 아닙니다. 그리고 마지막 구절에서는 예로부터 원래가 동(動)하지 않는 것이 부처라고 결론을 내린 것입니다. 어째서 그러느냐면 귀가(歸家)했기 때문입니다. 집으로 돌아간다는 것은, 마음자리인 본성으로 돌아간다는 것을 말하기 때문입니다. 마음의 본체는 본래 무형, 무체(無形, 無體)라서 그런 것입니다. 심무생사(心無生死)라고 했습니다. 마음은 본래 나고 죽은 것이 없습니다. 나고 죽은 것은 동(動)하는 것 아닙니까? 움직이면 마음에 생멸(生滅)합니다.

본무생멸(本無生滅)이 마음의 본체입니다. 그것을 의상 대사께서 「법성계」 말구(末句)로 결론을 지으신 것입니다. 「법성계」는 끝을 맺습니다. 말로 글로만 배우면 불교는 아무 소용이 없습니다. 마음에 반조하여 자기 살림살이로 만들어야 합니다. 반조가 수행입니다. 마음에 반조(返照)하여 이차 인연으로 금생에 다 함께 부처님 됩시다.

3부

僧璨 大師
승찬 대사
――――

信心銘
『신심명』

지도는 어렵지 않다

* 〈至道無難〉

지극한 도는 어렵지 않다.
오직
간택함을 꺼릴 뿐이다.
다만
미워하고 사랑하지 않으면
통연히 명백해진다.

至道無難 唯嫌揀擇 但莫憎愛 洞然明白

이 장에서부터 『신심명』을 해볼까 합니다. 『신심명(信心銘)』은 삼조 승찬 대사(三祖僧璨大師)가 지은 것입니다. 대사(大師)는 수(隋)나라 탕제 대비 (煬帝大悲) 2년 10월 5일 입적(入寂)했다고 문헌에 기록되어있습니다. 세 수(歲壽)는 알 수가 없습니다. 당(唐)나라 현종 황제가 감지선사(鑑智禪 師)라는 시호(諡號)를 올리고, 탑호(塔號)를 각적(覺寂)이라 했습니다. 스 님은 대풍질(大風疾, 오늘날의 병명으로는 문둥병)을 앓고 있었습니다. 스 님은 병으로 고생하다가 이조 혜가 대사(二祖 慧可大師)를 찾아가 "저는 문둥병을 앓고 있습니다. 화상께서 저의 죄(罪)를 참회(懺悔)케 하여 주 십시오."라고 하니, 혜가 대사가 "그대의 죄(罪)를 가져오너라. 참회시켜 주마!" 하시니, 승찬 대사는 "죄를 찾아도 찾을 수가 없습니다."라고 했 습니다.

그러자 혜가 대사는 "그렇다면 그대의 죄는 모두 참회되었다. 그대는 불법승(佛法僧) 삼보(三寶)에 의지하여 안주(安住)하라."라고 하셨습니다. 승찬 대사가 "화상을 뵙고 승보(僧寶)를 알았습니다만 어떤 것이 불보, 법보(佛寶, 法寶)입니까?" 하고 물으니, 혜가 대사가 말씀하시기를 "마음이 부처(佛)며, 마음이 법(法)이다. 법과 부처는 둘이 아니다. 승보(僧寶) 또한 그러하니 그대는 알겠는가?". 그러자 승찬 대사가 "오늘 비로소 제자는 죄(罪)의 성품(性品)은 마음 안에도, 마음 밖에도, 중간에도 있지 않음을 알았습니다."라고 하자 혜가 대사가 그가 법기(法器)임을 알고 머리를 깎아 주면서 "너는 나의 보배이니, 승찬(僧璨)이라고 하라." 하고 법명(法名)을 주셨습니다. 승찬 대사는 나중에 광복사(福光寺)에서 구족계(具足戒)를 받고 병이 다 나았다고 합니다.

『신심명(信心銘)』은 사언절구(四言絕句)로 146 句 584 字로 되어있습니다. 간단명료하지만 불법(佛法)의 도리(道理)를 다 함축(含蓄)하고 있습니다. 시(詩) 전체(全體)를 살펴보면 대대(對對)가 40對로 갖춰 설명합니다. 대대(對對)란 상대적(相對的)인 말입니다. 미워하고 사랑함, 거슬리고 따름, 옳고 그름 등등입니다. 이것은 대대(對對)를 떠난 중도(中道)를 말하고 있습니다. 지극한 도는 어렵지 않다고 했습니다. 이 『신심명(信心銘)』은 믿음의 신심(信心)이 아니라 확신(確信)의 신심(信心)을 말한 것입니다. 확철대오하여 깨친 안목(眼目)으로 말씀한 확신(確信)의 신(信)을 말한 것입니다. 확신(確信)에 찬 소리입니다. 승찬 대사(僧璨大師)가 보니 도(道)를 깨닫는 것은 어려울 것이 없다는 말입니다. 세수하다 코 만지는 것보다 쉬운 것이 도를 깨닫는 거란 말입니다. 이렇게 쉬운 도를 못 깨닫는 것은 다른 것이 아니라 간택(揀擇)이라는 것입니다. 간택(揀擇)이 뭡니까? 나누는 것 아닙니까? 미워하고 사랑한 마음이죠. 마음은 하나인데, 두 마음이 된 것 아닙니까? 사랑하는 마음, 미워하는 마음 둘이죠. 쪼개니까 두 마음이죠. 왜 쪼갭니까? 분별(分別)하니까 쪼개죠. 쪼개면 도(道)에 이를 수가 없다는 것이 승찬 대사의 말씀입니다. 도심(道心)은 무심(無心)이기 때문입니다. 무심(無心)인 도(道)를 자꾸 나누고 쪼개니까 도(道)를 깨달을 수가 없다는 말입니다. 그러니 미워하고 사랑하는 마음만 없어지면 그 자리가 바로 지도(至道)라는 것이죠.

통연(洞然) 명백(明白)이라 했잖습니까? 통연(洞然)은 우주(宇宙)와 내가 하나가 된 걸 말한 것입니다. 허허 탕탕 걸릴 것이 하나도 없는 하나가 된 것이 통연(洞然)입니다. 여기서 명백(明白)은 분명한 것을 말한 것입니다. 눈으로 본 것과 같이 확실한 것을 명백이라고 합니다. 승찬 스님이 도를 깨닫고 보니 쪼개고, 나누고, 차별하고, 분별하는 차별심만 없어지면 그 자리가 바로 지도(至道)라는 겁니다. 이 말은 그냥 하는 말이 아니라 도를 깨닫는 소리란 겁니다. 그래서 신심명(信心銘)이란 겁니다. 마음에 반조(返照)하십시오.

도는 쪼개지 않는 데 있다

> 털끝만큼 차이가 있으면
> 하늘과 땅 만큼 벌어진다.
>
> 도가 눈앞에 나타나길 바라거든
> 따름과 거스름을 두지 말라.
>
> 어긋남과
> 따름이 이것이 마음의 병이 된다.
>
> 毫釐有差 天地懸隔 欲得現前
> 莫存順逆 違順相爭 是爲心病

　생각이 다르면 똑같은 현상을 봐도, 다른 세계가 나타남을 말한 것입니다. 털끝만큼의 생각 차의 결과는 하늘과 땅만큼 벌어진다고 한 것입니다. 그래서 중생의 세계는 부사의(不思議)라고 한 것입니다. 보는 관점(觀點)이 다르면 보이는 세계도 달라지는 것을 말한 것입니다. 그러니 도(道)가 눈앞에 나타나기를 바란다면 순경계(順境界)나 역경계(逆境界)를 두지 말라는 것입니다. 순경계는 자기 마음과 딱 맞는 것입니다. 역경계는 자기 마음에 맞지 않는 것을 말합니다. 모든 것이 마음의 잣대로 잰 것이고, 마음에 맞으면 옳고, 마음에 맞지 않으면 그르다고 합니다. 이것이 중생의 마음입니다. 도무방소(道無方所)라 했지 않습니까? 도(道)의 분상(分上)에는 방소(方所)가 없습니다. 방소(方所)는 동서남북(東西南北)입니다. 사방팔방(四方八方)을 말한 것입니다. 『심우도(尋牛圖)』에서도 한

번 말했습니다만 도(道)는 방소(方所)가 없습니다. 방소(方所)를 논(論)하는 건 중생 견(衆生見)입니다. 중생이 뭡니까? 따지고 분별하는 것 아닙니까? 그것이 중생의 업습(業習)이니까요. 업습(業習)이 녹아 떨어져야 부처가 되는데, 자꾸 따지고 분별하니까 승찬 스님이 『신심명』에 입이 쓰도록 반복해서 말씀하신 것입니다. 중생과 부처의 차이는 뭡니까? 간단하지 않습니까? 중생은 따지고 쪼개고 나누죠.

그런데 부처는 따지는 마음도 없고, 쪼개고 나누는 마음도 없다는 것입니다. 이렇게 쪼개고 나누고 따지는 마음이 병(病)이라 했습니다. 마음의 병(病)이라고 했지 않습니까? 마음의 병만 떨어지면 그 자리가 바로 부처 마음이죠. 부처가 되는 것이 수행 아닙니까? 그것을 신심 명에서 승찬 스님이 말씀한 것입니다. 『신심명』은 지도무난(至道無難) 통연명백(洞然明白)에서 끝난 것입니다. 그다음은 지도무난(至道無難) 통연명백(洞然明白)을 주석(註釋)해놓은 것입니다. 『신심명』을 마음에 반조해야 합니다. 나누고 쪼개는 마음을 마음자리에서 완전히 걷어내서 마음을 무심(無心) 자리로 돌려놓아야 합니다.

우리 본래(本來) 마음(心)은 무심(無心)입니다. 무심(無心)이 불심(佛心)이라고 했습니다. 그 자리로 돌아가기 위해서는 분별(分別)하는 마음을 없애야 합니다. 무자화두(無字 話頭)를 들던지 관세음보살염불(觀世音菩薩念佛)을 하던지 분별, 차별심(分別, 差別心)이 일어나면 "무(無)! 관세음(觀世音)!" 하십시오. 쪼개고 나누는 마음에 끌려다니지 마십시오. 그냥 "무(無)! 그냥 관세음(觀世音)"만 하면 됩니다. 나누고 쪼개는 마음을 쫓아가면 안 됩니다. 화두(話頭)나 관세음(觀世音)만 챙기면 됩니다. 그러면 쪼개는 마음은 사라집니다.

마음은 허공 같아 모자람이 없다

현묘한 뜻 알지 못하고,
공연히 생각만 고요히 하려 한다.

둥글기가 큰 허공과 같아
모자람도 남음도 없다.

취하고 버림으로 말미암아
그 까닭이 여여하지 못하도다.

세간의 인연도 좇아가지 말고,
출세간(空忍) 법에도 머물지 말라.

不識玄旨 徒勞念靜 圓同太虛 無欠無餘
良由取捨 所以不如 莫逐有緣 勿住空忍

지도(至道)는 어려움이 없다고 했잖습니까? 도(道)를 통하는 것은 어려
울 것이 없다고 했습니다. 어렵게 된 것은 뭣 때문이냐면 취사심(取捨心)
때문이라는 것입니다. 취사심(取捨心)이 뭡니까? 마음에 맞으면 옳다고
한 것이 취(取)하는 마음이죠. 버리는 마음은 그 반대입니다. 마음에 맞
지 않으니까 버리는 것입니다. '옳다', '그르다'를 따지는 마음입니다. 『신심
명(信心銘)』은 40대대(對對)라고 했습니다. 대대(對對)는 상대(相對)를 말한
것입니다. 이 대대(對對)가 마흔 번 나옵니다. 승찬(僧璨) 스님이 왜 이렇
게 반복을 했을까요? 그만큼 중생심(衆生心)을 잘 알기 때문입니다. 버리
고 버리는 것이 수행(修行)입니다. 무시(無始), 겁(劫)부터 익혀온 업습(業

習)은 다 버려야 합니다.

　그런데 중생들은 집착하여 꽉 쥐고 놓지를 않습니다. '옳다', '그르다', '길다', '짧다', '둥글다', '모나다', '선이다', '악이다' 따지고, 분별하여 한시도 마음을 놓지를 못합니다. 그래서 취하고 버림으로 말미암아 여여(如如)하지 못한 까닭이라 했습니다. 그러니 현묘한 이치를 깨달으려면 차별, 분별심을 버리라는 것입니다. 세속 인연에 따라가 쫓지도 말고, 출세간법에도 머물지 말라 했습니다. 세간과 출세간도 상대 아닙니까? 상대(相對)는 쪼개는 마음입니다. 쪼개면 나뉘니까 도(道)가 아닙니다. 도(道)는 쪼개고 나누는 것이 아닙니다. 도(道)를 도(道)라고 하면 도(道)가 아니라고 했습니다. 마음을 마음이라 해도 마음이 아니라는 말입니다. 왜 그럴까요? 도나 마음은 머물러 있는 실체(實體)가 아니라서 그렇습니다. 실체(實體)가 있다고 하면 불법(佛法)이 아니고 외도(外道)입니다. 왜 그럴까요?

　연기법(緣起法)이라서 그렇습니다. 부처님이 깨달은 법이나 조사님이 깨달은 법이나 똑같은 무자성(無自性) 연기법입니다. 그 점을 승찬 스님이 말씀한 겁니다. 임제 스님은 세출세제법(世出世諸法)이 개무자성(皆無自性)이라 했습니다.
　"세간이다.", "출세간이다." 말하는 법이 다 자성(自性)이 없다는 것입니다. 똑같은 말씀입니다. 부처님 말씀과 조사님 말씀이 똑같은 무자성(無自性)을 말하지 않습니까? 그런데 중생들은 있다는 것입니다. 자기도 있고, 남도 있고, 만법이 다 있다는 것입니다. 있다고 본 것은 중생(衆生)의 견해(見解)입니다. 중생의 견(見)이 떨어져야 부처가 될 터인데, 자꾸 집착하고 놓지를 못하니까 놓아 버리라는 것입니다. 놓고, 놓고, 놓으라고 입이 쓰도록 승찬 스님이 말씀하신 것이 『신심명』입니다. 그 대대(對對)가 40대대(對對)나 말한 것입니다.

『신심명』을 공부하는 오늘부터 '놓는 공부'를 하면 됩니다. 어떻게 놓느냐면 쪼개고 나누지 않으면 됩니다. 도(道)는 허공(太虛)과 같다고 하지 않습니까? 둥글기가 허공과 같다고 했습니다. '둥글다', '네모다', '세모다' 하는 것도 분별 개념입니다. 허공이 무슨 색이 있습니까? 모양이 있습니까? 그렇다고 냄새가 있습니까? 『능엄경』에 보면 부처님은 허공을 "공무방원(空無方圓)하고 기유방원(器有方圓)이다."라고 말씀하셨습니다. 허공은 네모난 것도, 둥근 것도, 아니란 말입니다.

허공은 허허 탕탕합니다. 허공이 네모 난 것, 둥근 것은 그릇 탓이란 말입니다. 네모난 그릇을 보면 허공이 네모나게 보입니다. 둥근 그릇은 둥글게 보입니다. 둥글다 네모다 하는 것은 그릇 '탓'이지, 허공 탓은 아니라는 말입니다.

여기서 '탓'이란 그릇을 말한 것입니다. 네모 그릇이 보니까 네모이고, 둥근 그릇이 보니까 허공이 둥글다는 말입니다. 도(道)도, 마음도 그렇다는 것입니다. 그런데 우리는 "마음이다.", "도다." 말하지 않습니까? 그것이 다 분별심(分別心)에서 오는 착각(錯覺)이라는 말입니다. 그 착각(錯覺)을 버리게 하는 것이 『신심명』의 가르침입니다. 육조 혜능(六祖慧能) 스님도 "무상(無相), 무주(無住), 무심(無心)"을 말했습니다. 무상(無相)은 고정불변(固定不變)의 실체(實體)가 없는 것을 말한 것 아닙니까? 무주(無住)는 집착(執着)할 것이 없음을 말한 것이고, 무념(無念)은 본래 마음자리를 말한 것입니다. 다 상통(相通)하는 말씀입니다. 마음에 모양이 있습니까? 없습니다. 마음이 어디에 머물러 있습니까? 마음이라는 실체가 있습니까? 없습니다. 그것이 『신심명』의 핵심(核心)입니다. 대대(對對)를 끊어버리는 공부가 반조(返照)하는 수행입니다. 놓고, 놓아 버리십시오.

양변에 떨어지지 말라

한 가지를 바로 지니면
사라져 저절로 다하리라.

움직임을 그쳐, 그침으로 돌아가면
그치려 함이 다시 움직임이 되나니,

오직 양변에 머물러 있거니,
어찌 하나임을 알겠는가?

하나임을 통하지 못하면
양쪽 다 공덕을 잃게 된다.

一種平懷 泯然自盡 止動歸止 止更彌動
唯滯兩邊 寧知一種 一種不通 兩處失功

도(道)는 하나입니다. 도(道)는 둘이 아닙니다. 둘은 상대적(相對的) 개념(概念)입니다. 상대적 개념은 중생(衆生)의 세계(世界)입니다. 중생의 안목으론 도를 통할 수 없기 때문에 상대적 개념을 버리게 하는 것입니다. 『신심명』의 가르침은 철저하게 대대(對對)를 끊게 하는 것입니다. 대대(對對)는 '하늘' 하면 '땅'이고, '물' 하면 '불' 아닙니까? 그러니 '움직임' 하면 '그침'이고, '앞' 하면 '뒤'이기 때문에, 세상 만법을 이렇게 쪼개고 나눠도 결국은 도달하지 못하는 것이 도(道)이기 때문에 본래 무심(無心) 자리로 되돌리기 위해서는 상대적 개념(相對的 概念)을 끊으라는 것입니다.

　여기서 일종(一種)은 도(道)의 자리인 본래심(本來心)을 말한 것입니다.

하나 한 가지라고 하니까 무엇이 있는 것이 아닙니다.

  억지로 이름 붙여서 하나 또는 무심(無心), 본래심(本來心)이라고 한 것입니다. 그런 본래 자리인 불성(佛性)으로 가려면 마음을 비워야 하는데, 자꾸 나누고 쪼개니까 그러면 안 된다는 말입니다. 우리가 공부를 하다 보면 마음을 비우려고 하니까 비우려는 그 생각에 묶여 있습니다. 그 묶여 있는 생각도 문제라는 것입니다. 이렇게 왔다(止) 갔다(動) 하는 마음으로는 안된다는 것입니다. '지(止)이다.' 하면 지(止)에 묶여있고, '동(動)이다.' 하면 동(動)에 매여있으니, 안 된다는 말입니다. 그래서 한 가지(無心)를 지니면 자연히 저절로 다 한다는 것입니다. 저절로 다 한다는 건 쪼개고 나누지 않는다는 말입니다. 무심(無心)해진다는 겁니다. 요점은 "無心하라."라는 말입니다.

  승찬 스님이 스승을 찾아가서 나눈 대화가 있지 않습니까? "저의 죄를 참회케 하소서.", 그러자 스승이 "너의 죄를 가져오너라." 하자 승찬 스님은 "죄를 찾아도 죄를 찾을 수가 없습니다."라고 했습니다. 다시 스승이 "그러면 그대의 죄는 다 참회 되었느니라."라고 하자 승찬 스님이 본래 無心을 깨달았습니다. 본래심(本來心) 무심(無心)으로 가자는 것입니다. 각자 마음공부에 返照하십시오.

있다 하면 있는 데 빠진다

있다 함을 버리려 함은 있다 함에 빠지고,
공함을 따르면 공함을 등지게 된다.

말이 많고 생각이 많으면
더욱더 상응하지 못한다.

말이 끊어지고 생각이 끊어지면,
통하지 않는 곳이 없다.

근본으로 돌아가면 뜻을 얻고
비춤을 따르면 종지를 잃게 된다.

잠깐 동안 돌이켜 비춰 보면
앞의 공함보다 더 뛰어남이다.

遣有沒有 從空背空 多言多慮 轉不相應
絶言絶慮 無處不通 歸根得旨 隨照失宗
須臾返照 勝脚前空

　　부처님 말씀에 이런 말이 있습니다. "중생은 말에 체(滯)한다."라고 했습니다. 유(有)라 하면 유(有)에 빠지고, 무(無)라 하면 무(無)에 빠진다고 했습니다. 그래서 『선가(禪家)』에서는 이런 말이 있습니다. "한로 축괴(韓盧逐塊)하고 사자교인(獅子咬人)이라.", 쉽게 말하면 말 따라가지 말라는 말입니다. 또 주의, 주장(主義, 主張)도 따라가지 말라는 것입니다. 옛날 한나라 땅에 사냥개가 있었는데, 어찌나 사냥을 잘하던지 주인이 돌멩이를 던지고 물어오라고 하면 던지자마자 물어왔다는 것입니다. 던지는 속도와 같이 달려가서 물어오니, 사냥꾼 입장에는 사냥개가 보물 아닙니까? 그 보물은 세속적 보물이죠.

사냥꾼만 이로운 것 아닙니까? 그러나 사자(獅子)는 다르다는 것 아닙니까? 돌멩이를 던진 사냥꾼을 물(咬)어 버린다는 것입니다. 돌멩이 쫓아 가봐야 사냥개 면하기 힘들겠죠. 백날 천날 던진 돌멩이나 물어오고 해봤자, 그게 뻔한 것 아닙니까? 사자(獅子)는 수행자(修行者)를 말한 것입니다. 그래서 돌멩이를 던진 사람을 물어뜯는다는 것입니다. 왜 이런 말이 선문(禪門)에서 나왔느냐면 말 따라가면 죽는다는 것입니다. 그러니 말 따라가지 말라는 것입니다. 남의 말 따라가봤자 자기 공부에는 도움이 안 된다는 거죠. "설식기부(說食飢夫)"라고 하지 않습니까? 밥, 밥, 밥 아무리 말해도 배는 부르지 않는다는 것입니다. 부처님 말씀은 이렇고, 달마 대사 말씀은 이렇다고 아무리 떠들어 봐도, 그건 부처님 말이고, 달마 대사 말이지, 내 말은 아니라는 것입니다.

그래서 옛 조사 스님들은 『팔만대장경』이 똥 막대기라고 했잖습니까? 자기 공부 분상에서는 그림의 떡이라는 것입니다. 그래서 승찬 스님도 말하고 있습니다. 유(有)를 버리려 하면 유(有)에 빠진다고 말했습니다. 있다는 것은 세속적 소견(所見)입니다. 버리려는 한 생각에 매인 것입니다. 매인 것은 묶긴 것입니다. 묶긴 유(有)를 떨치려고 무(無)를 쫓는 것 아닙니까? 그래서 유(有)의 반대(反對)는 무(無)입니다. 여기서 무(無)는 공(空)과 같습니다. 공(空)은 출세간적(出世間的) 견해(見解)입니다.

그래서 有를 버리고, 空을 쫓아가나 쫓아간다고 空이 얻어집니까? 空을 쫓아간 것이 돌멩이 쫓는 개와 같다는 것입니다. 유(有)도 공(空)도 쫓아가지 말라는 것입니다. 수행자는, 사자와 같이 돌멩이를 던진 사람을 물듯이, 핵심 본체를 꿰뚫어 봐야 합니다. 남의 입만 쳐다보지 말라는 말입니다. 그렇게 해야 근본으로 돌아가면 뜻을 얻는다는 것입니다. 뜻은 종지(宗旨)를 말한 것 아닙니까? 종지(宗旨)는 불성(佛性), 마음 본체를 말한 겁니다. 그래서 밖으로 비춤을 따르면 종지를 잃은 다고 했습니다. 비춘다는 것이 무엇입니까? 경계(境界)입니다. 눈(眼)은 색(色)이 경계이고, 귀(耳)는 소리(聲)가 경계죠. 코(鼻)는 냄새(香)가 경계이고, 혀(舌)는 맛(味)이 경계 아닙니까? 몸(身)은 느낌(觸)이 경계이고, 마음(意)은 법(法)이 경계입니다. 이렇게 우리 마음이 한시도 쉬지 않고, 여섯 경계를 쫓아갑니다.

이렇게 밖으로 내달리는 마음을 안으로 비춰보라는 것입니다. 그것이 수유반조(須臾返照)입니다. 수유(須臾)는 잠깐 사이를 말한 것입니다. 눈 깜빡할 사이 잠깐만이라도 안으로 돌이켜보란 것입니다. 그러면 '유(有)다.', '공(空)이다.'에 쫓아가는 것보다 낫다는 것입니다. 불교 공부의 반조(返照)가 이렇게 중요합니다. 그래서 반조, 반조(返照, 返照)하는 것입니다. 보조 지눌 스님께서 말씀하시기를 "심외멱불(心外覓佛)은 외도(外道)"라고 했습니다. 마음 밖에서 부처를 찾는 건 외도라는 말입니다.

부처는 마음자리에서 찾아야지, 밖으로 헤매봐야 돌멩이 쫓는 한나라 사냥개와 다를 바가 없다는 말입니다. 『신심명(信心銘)』을 마음자리에 올려놓고 반조(返照)하십시오.

두 견해에 빠지지 말라

앞의 공함에 전변함은
모두가 망견 때문이니,

참됨을 구하지도 말고
오직 망견만 쉴지니라.

두 견해에 머물지 말고
쫓아가 찾는 것도 삼가라.

잠간이라도 옳다 그르다 하면
어지럽게 되어 본마음을 잃게 된다.

둘은 하나로 말미암아 있으니
하나 또한 갖지 말라.

前空轉變 皆有妄見 不用求眞 唯須息見
二見不住 愼莫追尋 纔有是非 紛然失心
二由一有 一亦莫守

　‘유(有)다.’, ‘무(無)다.’ 하는 것도 다 망견(妄見) 때문이라는 것입니다. 망견(妄見)이 뭡니까? 잘못된 견해를 말합니다. 눈앞에 손가락을 세운 것을 말합니다. 눈앞에 손가락을 세우고 보면 천하에 제일 높은 히말라야 산도 눈 밑에 있습니다.

　모든 것이 마음의 조작입니다. 보는 마음이 잣대가 되어서 ‘있다.’, ‘없다.’ 갖은 말을 다 만들어 냅니다. 한 마디로 식 작란(識 作亂)입니다. 인식(認識)의 척도(尺度)는 육식(六識)의 작용(作用)입니다. 눈으로 보고, 귀로 듣고, 코로 냄새를 맡고, 혀로 맛보고, 몸으로 촉감을 느끼고, 마음으로 따지고 분별을 합니다. 그렇게 따지고 분별하는 것이 다 허망한 견해(見解)라는 것입니다. 우리는 눈으로 봐야 보았다고 합니다. 그런데 그 본 것이 참이 아니라는 말입니다. 왜냐하면 참이라고 본 것이 진짜 참이냐는 말입니다. 예를 들어 봅시다. 저 파란 허공이 진짜 파란 겁니까?

파란 것도 산골 공기 좋은 곳에서나 파랗지, 요즘 서울 허공은 시커먼 회색빛이 나지 않습니까? 눈앞의 허공도 보는 각도와 처소에 따라 달리 보이죠. 그렇다면 눈에 보이는 허공은 어떤 것이 참입니까? 무색입니까? 회색입니까? 파란색입니까? 허공(虛空) 하나만 보아도 우리의 인식(認識)은 이렇게 천차만별(千差萬別)입니다. 이렇게 불완전한 인식이 우리의 인식입니다. 그래서 망견(妄見)이라고 한 것입니다.

안식(眼識) 하나만 그런 것이 아닙니다. 전오식(前五識), 육식(六識)이 다 그렇습니다. 그래서 부처님께서 "식즉망(識卽妄)"이라고 하셨습니다. 허망(虛妄)한 것을 허망(虛妄)한 줄 모르는 것이 중생(衆生)입니다. 허망(虛妄)한 것을 참(眞)으로 착각(錯覺)하고 사는 게 중생입니다. 그것을 부처님은 "무명(無明)"이라고 했습니다.

무명(無明)은 어둠, 즉 빛이 없는 것을 말합니다. 캄캄한 밤이죠. 그러니 보아도 본 것이 아닙니다. 눈뜬장님 아닙니까? 우리 인식이 이렇습니다. 그것을 승찬 스님이 『신심명』에서 이렇게 말한 것입니다. 요점은 분별하고 따지지 말라는 말입니다. 어두운 밤중에 본 것은 확실하게 본 것이 아니라는 말입니다. 보려면 밝은 낮에 보아야 확실하게 본 것이 된다는 말입니다. 밝은 낮은 밝음(明) 아닙니까? 명(明)은 지혜(智慧)를 말한 것입니다. 보려면 지혜의 눈으로 보아야지, 무명(無明)으로 보아서는 안 된다는 말입니다. 그래서 참(眞)도 구하지 말고, 망령된 견해를 쉬라는 것입니다.

　두 견해(二見)에 머물지 말라는 것은 나누고 쪼개지 말라는 것이고, 나누고 쪼개는 것은 분별심(分別心), 중생심(衆生心), 무명심(無明心)이라는 말입니다. '옳다, 그르다'의 상대적 개념은 중생심이 만든 허상이라는 말입니다. 중생심을 벗어나야 지혜광명(智慧光明) 아닙니까? 그래서 모순의 상대개념인 중생심을 쫓지 말고, 시비도 하지 말고, '옳다, 그르다' 쪼개지 말고, 하나도 갖지 말라는 것입니다. 둘은 하나에서 온 것입니다. '옳다, 그르다'는 생각에서 온 것 아닙니까? 그러니 '옳다, 그르다' 두 생각에 마음을 두지 말라는 말입니다. 하나인 옳다는 생각도 버리라는 말입니다. 『신심명(信心銘)』은 대대(對對)를 없애는 데 목적이 있습니다.
　그 점을 마음에 반조하십시오.

마음이 나지 않으면 허물도 없다

한 마음이 나지 않으면
만법이 허물이 없나니라.

허물이 없으면 법도 없고,
나지 않으면 마음도 없다.

주관(能)은 객관(境)을 따라 소멸하고,
객관(境)은 주관(能)을 따라 잠긴다.

객관(境)은 주관(能)으로 말미암아 객관이고,
주관(能)은 객관(境)으로 말미암아 주관이다.

양단(主, 客)을 알고자 하는가?
원래 하나의 공(空)이니라.

하나의 空은 양단과 같아서
삼라만상을 다 함께 포함한다.

一心不生 萬法無咎 無咎無法 不生不心
能隨境滅 境逐能沈 境由能境 能由境能
欲知兩段 元是一空 一空同兩 齊含萬象

　여기서도 역시 대대(對對)입니다. 주관과 객관도 대대(對對)입니다. 주관을 능(能)이라고 하고, 객관은 경(境)이라고 합니다. 이렇게 나누고, 쪼개는 마음을 철저하게 부정(否定)하는 것이 『신심명(信心銘)』입니다. 왜 그럴까요? 그것은 무심(無心)으로 가기 위해서입니다. 무심(無心)이 뭡니까? 본래청정(本來淸淨心)입니다. 본래청정심이 우리 불성(佛性)을 말한 것입니다. 그 자리를 깨치기 위해서 이렇게 고주알미주알 하는 것입니다. 한 마음이 나지 않으면 만법이 허물이 없다고 했습니다. 한 마음도 나지 않는데, 어찌 만법이라고 합니까? 좀 이상하지 않습니까? 이 말속에 아주 깊은 뜻이 있습니다.

『능엄경』에 있는 말입니다. 조사(祖師)의 말씀은 다 전거(典據)가 있습니다. 『능엄경』에 보면 "청정본연(淸淨本然)커늘 운하홀산하대지(云何忽生 山河大地)냐?"라는 부처님 말씀이 나옵니다.

본래 청정(淸淨)하다면 어찌하여 산하대지(山河大地)가 있느냐는 것입니다. 산하대지(山河大地)는 나타난 세계입니다. 나누어지고 쪼개진 세계 아닙니까? 산이니, 강이니, 땅이니 나누어진 세계입니다. 본래 청정(本來 淸淨)인데 왜 그 자리에 山河大地가 있느냐는 것입니다. 사명 대사(泗 溟大師)가 선과(禪科)에 급제(及第)한 대목입니다. "본래 청정(本來 淸淨)한데, 왜 산하대지(山河大地)냐?" 하고 서산 대사(西山大師)가 물었습니다. 그랬더니 사명 대사가 답(答)을 했습니다. 그 답(答)이 답(答)입니다. "청정 본연커늘 운하홀산하대지냐?"라고 고함을 쳐서 되돌려준 답(答)입니다.

깨친 자의 안목(眼目)으로 말해야 답(答)이 됩니다. 사명 대사 전기를 한번 읽어 보시고 마음에 반조(返照)하십시오. 답(答)은 일공동양 제함만 상(一空同兩 齊含萬象)에 있습니다. 하나의 공(空)은 양단(兩段)과 같아서 삼라만상을 다 포함하고 있습니다. 여기에 깊은 뜻이 있습니다. 우선 분별심(分別心), 차별심(差別心)부터 내려놓으십시오. 그래야 이 말이 무슨 말인지 압니다. 불교 공부(工夫)는 냉난자지(冷暖自知)입니다. 춥고 더운 것도 스스로 알아야 합니다. 말로 "덥다", "춥다" 해도 그건 말이지 않습니까? 말만 듣고는 '춥다, 덥다'를 모릅니다. 몸소 체험하고, 먹어봐야 압니다. 모든 것이 다 자내증(自內證)입니다. 직접 먹어봐야 "아하~!" 합니다. 오늘은 "본래 깨끗(佛)한데, 왜 山河大地(衆生)입니까?"가 화두(話頭)가 되었습니다. 모르면 화두(話頭)입니다. 알면 화두(話頭)가 아닙니다. 마음에 깊이 새겨 반조해볼 일입니다.

소견 좁은 여우는 의심만 많다

세밀(精)하고 거칠(麤)을 보지 않거니
어찌 치우침이 있으랴!

큰 도는 본체가 크고
넓어 쉬움도 어려움도 없다.

좁은 소견 여우 같은 의심을 내어
급할수록 더욱 더디어진다.

집착하면 법도를 잃고,
반드시 삿된 길로 들어간다.

놓아버리면 자연히 본래로 되고,
본체는 가거나 머무름이 없다.

자성에 맡기면 도에 합하여,
소요하는데 번뇌가 끊어진다.

不見精麤 寧有偏黨 大道體寬 無易無難
小見狐疑 轉急轉遲 執之失度 必入邪路
放之自然 體無去住 任性合道 逍遙絕惱

옛 조사님 말씀에 이런 말씀이 있습니다. "단진범정(但盡凡情)일지언정
별무성해(別無聖解)"라고 했습니다. 범부의 뜻을 다 할지언정 달리 성인

의 알음알이를 짓지 말라는 것입니다. 범정(凡情)은 중생의 마음입니다. 이러쿵, 저러쿵, 따지고 분별하는 마음을 말합니다. 그렇게 따지고 분별하는 마음을 쉬라는 것입니다. 중생의 마음이 쉰 자리가 바로 부처님 마음자리입니다. 부처 따로 중생 따로가 아니라 파도가 물이고, 물이 파도란 것입니다. 파도가 물을 떠난 적이 없지 않습니까? 그러니 물이 파도이고 파도가 물이듯이, 중생이 부처이고, 부처가 중생이란 것입니다. 그래서 특별히 쪼개고 나누지 말고, 중생의 번뇌만 놓아버리라는 말입니다. 중생은 집착이 병(病)입니다.

중생은 '물'이라 하면 물에 집착하고, '파도'라 하면 파도에 집착하죠. 그것이 분별심(分別心) 아닙니까? 분별(分別)은 집착(執着)에서 옵니다. 집착(執着)은 병(病)입니다. 『신심명(信心銘)』은 선종(禪宗)의 조사(祖師)님 말씀입니다. 선종(禪宗)은 성종(性宗)이라고도 합니다. 모든 걸 다 불성(佛性)으로 회통(會通)을 칩니다. 성종(性宗)은 일체(一切)가 개진(皆眞)입니다. 삼라만상 이대로가 다 불성(佛性), 법성(法性)이라는 것입니다. 그래서 평상심시도(平常心是道)라 하지 않습니까? 마조(馬祖) 스님이 그랬습니다. 촉목개진(觸目皆眞)이라고 했습니다.

눈에 보인 이대로가 다 참 진리라는 말이고, 다 부처라는 말입니다. 그런데 공종(空宗)에서는 일체개공(一切皆空)이라고 합니다. 공종(空宗)은 일체(一切)를 공(空)으로 본 겁니다. 자성이 본래 공하다는 것입니다. 그런데 상종(相宗)에서는 "일체개망(一切皆妄)"이라고 했습니다. 모든 것이 다 허망(虛妄)하다는 말입니다. 보는 관점이 망(妄)으로 본 거냐, 공(空)으로 본 거냐, 진(眞)으로 본 거냐 차이뿐이지, 결론은 같습니다. 부처님 말씀이나 조사님 말씀을 볼 때는 그 점을 간과해서는 안 됩니다. 상종(相宗)의 망(妄)은 파도 쪽에서 본 것입니다. 공종(空宗)은 파도 없는 물쪽에서 본 것 아닙니까? 성종(性宗)은 물의 성품 쪽에서 본 것입니다.

　이렇게 보는 관점에 따라 말은 다르나 결론은 같습니다. 승찬 스님은 선사(禪師)니까 성종(性宗)의 견지에서 말씀한 것입니다. 성품에 맡기면 도(道)에 계합(合)한다는 것이 그 말입니다. 도(道)인 불성(佛性) 자리에 맡기고, 배고프면 밥 먹고, 피곤하면 잠잔다는 겁니다. 소요(逍遙)하는데, 번뇌가 끊어졌다는 말이 그 말입니다. 소요는 일상생활을 말한 것입니다. 목마르면 물 마시고, 걷고 싶으면 걷고, 눕고 싶으면 눕는 것입니다. 여기에 분별심, 차별심, 집착심을 다 놓아버린 상태가 된 것입니다. 무심(無心)으로 산다는 말입니다. 무심(無心)이 불심(佛心)입니다. 그런 마음으로 신심명을 쓴 것입니다. 핵심(核心)은 무심(無心)에 있습니다. 마음을 무심(無心)에 두십시오. 반조(返照)하는 마음도 무심(無心)이어야 합니다.

어리석은 사람은 스스로 묶는다

생각에 매이면 참됨에 어긋난다.
혼 침은 좋지 않으니라.

좋지 않으면 신기를 괴롭힌다.
어찌 멀고 가까움을 쓸 건가?

일승에 나가고자 하거든
여섯 경계를 미워 말라.

여섯 경계를 미워하지 않으면
도리어 정각과 같다.

지혜로운 이는 함이 없다.
그러나 어리석은 사람은
스스로를 얽어맨다.

법은 다른 법이 없다.
망령되이 스스로 애착할 뿐이다.

繫念乖眞 昏沈不好 不好勞神 何用疎親
欲趣一乘 勿惡六塵 六塵不惡 還同正覺
智者無爲 愚者自縛 法無異法 妄自愛着

"지자무위(智者無爲)요, 우자자박(愚者自縛)"이라 했습니다. 지혜로운 사
람은 인위적으로 하는 일이 없다는 것입니다. 여기서 지자(智者)는 깨달

은 사람을 말한 것입니다. 우자(愚者)는 깨닫지 못한 중생을 말한 것입니다. 이렇게 자박(自縛)이냐, 해탈(解脫)이냐 차이(差異)입니다. 묶긴 것이 자박(自縛) 아닙니까? 누가 묶었습니까? 스스로 묶은 거죠. 왜 묶었습니까? 탐욕(貪慾)이 묶은 것 아닙니까? 탐욕은 어디서 옵니까? 어리석음에서 옵니다. 어리석음은 어디서 옵니까? 무지(無智)에서 옵니다. 지혜가 없어서 그렇습니다. 지혜(智慧)는 어디서 옵니까? 지혜는 깨달아야 옵니다. 깨닫기 전에는 無明 아닙니까? 달마 스님이 말씀하셨습니다.

"是是者我自是之物非是也요 非非者我自非之物非非也라. 옳다, 옳다 하는 것도 내가 스스로 옳다 하는 것이지, 물건이 옳은 것이 아니다. 그르다, 그르다 하는 것도 내가 스스로 그르다 하는 것이지, 물건이 그른 것이 아니다."라는 것입니다. 그렇지 않습니까? 여기 고려청자가 있다고 봅시다. 고려청자가 좋다, 좋다 하는 것은 사람이 좋다, 좋다고 하는 것이지, 고려청자가 원래 좋은 것이 아니라는 말입니다. 싫다, 싫다 하는 것도 사람이 싫다, 싫다고 하는 것이지, 고려청자가 원래 싫은 물건이 아니라는 것입니다. 좋다, 싫다고 하는 것도 사람이 만든 생각 아닙니까? 좋다, 싫다도 대대(對對)입니다. 상대적인 것 아닙니까? 옳다, 그르다 하는 것도 대대(對對)입니다. 대대(對對)도 결국은 한 생각(一念) 아닙니까? 한 생각이 만들어놓은 세계입니다.

이런 것을 모두 다 놓아버리라는 것입니다. 놓아버리면 어떻게 됩니까? 무심(無心)이 됩니다. 그래서 "일승(一乘)으로 가고자 하면은 여섯(六塵) 경계를 미워하지 말라."라고 한 것입니다. 미워하는 생각은 어디서 옵니까? 좋다는 생각 때문 아닙니까? '좋다', '싫다'는 생각을 놓아버리라는 것입니다. 왜 그런가? 법성(法性) 자체(自體)가 이법(異法)이 없다는 말입니다. 그래서 의상 대사 「법성도」에 보면 "법성원융무이상(法性圓融無二

相)"이라고 했지 않습니까? 법의 성품 자리에서 보면 둘이 아니라는 말입니다. 똑같지 않습니까? 승찬 스님이나 의상 스님이나 달마 스님이나 똑같은 말씀을 하고 있지 않습니까? 표현하는 말씀만 다르지, 뜻은 같습니다.

법에는 다른 법이 없습니다. 중생 스스로가 애착할 뿐이라는 것입니다. 그러니 『신심명』을 본 이상 철저하게 마음을 무심(無心)으로 반조(返照)하십시오. 차별심, 분별심, 애착심 다 내려놓으십시오. 그리고 마음을 무심(無心)으로 반조(返照)하십시오.

옳고 그름을 일시에 놓아라

마음을 가지고 마음을 쓰니
어찌 크게 그릇됨이 아니랴!

미혹하면
고요함과 어지러움이 생기고
깨치면 좋고 미움이 없다.

모든 상대적인 두 견해는
진실로 짐작하기 때문이다.

꿈속의 허깨비와 헛꽃을
어찌 애써 잡으려 하는가?

얻고 잃음과 옳고 그름을
일시에 놓아 버려라.

눈에 만약 졸음이 없으면
모든 꿈이 저절로 없어진다.

將心用心 豈非大錯 迷生寂亂 悟無好惡
一切二邊 良由斟酌 夢幻空華 何勞把捉
得失是非一時放却 眼若不睡 諸夢自除

　깨치고 나면 좋고, 싫은 것이 없다고 했습니다. 상대적 개념(相對的 概念)이 끊어져서 그렇습니다. 상대적 개념(相對的 概念)은 중생(衆生)의 속성(屬性)이라 그렇습니다. 나누고 쪼개니까 둘이 된 것 아닙니까? 둘은 차별 세계(差別 世界)입니다. 쪼개니까 둘입니다. 누차 말하지만 나누고, 쪼개지 마십시오. 나누고 쪼개다 보면 볼 장 다 본 것입니다. 불교 공부는 그렇게 해서는 안 된다고 하지 않습니까? 그래서 승찬 스님이 40 對 對를 입이 쓰도록 말한 것입니다. 중생(衆生)의 속성(屬性)이 녹아야 부처가 된다는 말입니다. 그런데 무슨 보물단지, 꿀단지라고 꽉 잡고 놓지 않고 있으니, 그것이 문제입니다. 그래서 이 장에서도 일시에 놓아버리라고 했습니다. 뭘 놓습니까? 분별심, 차별심을 놓아버려야 합니다. '옳다', '그르다', '좋다', '싫다' 그 쪼개는 마음을 놓아버리라는 말입니다. 그것도 일시에 확! 놓아버리라는 것입니다. 놓고 나면 그 자리가 바로 부처라는 말입니다.

중생 따로, 부처 따로가 아니라 바로 그 자리가 본래심 부처라는 말입니다. 한마디로 말하면 꿈 깨란 말입니다. 꿈속 사람은 꿈이 아닙니다. 그러나 깨어있는 사람은 꿈이 없습니다. 깨어있으니까 꿈속의 일이 없습니다. 그런데 꿈꾼 사람은 꿈속 일이 진짜로 있다고 고집을 합니다. 그래서 꿈꾸지 말라는 말입니다. 꿈은 꿈이니까요. 그래서 눈에 만약 잠이 없으면 모든 꿈이 저절로 사라진다고 했습니다. 한마디로 졸지 말라는 겁니다. 졸지 말라는 것은 분별하지 말라는 말입니다. 꿈 얘기하는 사람은 잠잔 사람 얘기란 말입니다.

꿈속 일이 참인 양 말하는 사람은 별 볼 일 없는 사람입니다. 꿈 얘기 아무리 많이 해봤자 그건 꿈속 얘기죠. 꿈속 얘기는 중생의 분별, 차별 소리입니다. 차별, 분별은 쪼개는 소리 아닙니까? 쪼개고, 나눠 봤자 장님이 코끼리 만진 소리 꼴입니다. 그래서 꿈 얘기 말고, 늘 깨어 있으라는 말입니다. 항상 늘 성성 적적(惺惺 寂寂)하게 깨어있으라는 말입니다. 성성 적적은 반조(返照)하는 마음입니다. 반조는 깨어있는 마음입니다. 깨어 있어야 공부에 진취(進趣)가 있습니다. 깨어서 무심(無心)으로 반조(返照)하십시오.

만법이 하나다 🪷

마음이 다르지 않으면
만법이 한결같다.

한결같음은 본체가 현묘하다.
올연히 인연을 잊어서

만법이 다 현전함에
돌아감이 자연스럽다.

그 까닭을 없이 하면
견주어 비할 바가 없다.

그치면서 움직이니
움직임이 없고,

움직이면서
그치니 그침이 없다.

둘이 이미 이뤄지지 못하거늘
하나인들 어찌 있겠는가?

구경의 궁극은
일정한 법칙이 있지 않다.

心若不異 萬法一如 一如體玄 兀爾忘緣
萬法齊觀 歸復自然 泯其所以 不可方比

止動無動 動止無止 兩其不成 一何有爾
究竟窮極 不存軌則

　마음이 다르지 않으면 만법이 한결같다고 했습니다. 마음이 다르지 않
다는 것은 뭘 말한 겁니까? 차별심이 없다는 것은 한결같다는 말입니다.
이 말이 무슨 말이냐면 마음이 거울 같다는 말입니다. 맑은 거울을 한번
보십시오. 거울은 오는 물건 따라 비춰주되, 좋다, 싫다 차별하지 않지
않습니다. 비춰주기는 비춰주되, 흔적이 남지 않습니다. 파란 것이 오면
파랗게, 노란 것이 오면 노랗게 비춰줄 뿐이지, 거울 바탕에 흔적이 남지
않는 것을 말한 것입니다. 마음도 그렇게 되어야 한다는 말입니다. 좋다,
싫다가 없으니까 무심(無心)한 마음 아닙니까? 마음 씀도 다르지 않다는
말입니다.

　노랗다, 파랗다 비춰주기는 비춰주되 흔적이 없는 거울과 같이, 마음
도 파랗다, 노랗다에 차별과 집착이 없어야 한다는 말입니다. 한마디로
말하면 무심(無心)하라는 말입니다. 차별도, 집착도 말고 무심(無心)하라
는 말입니다. 그렇게 되면 만법이 한결같다고 했습니다. 쪼개고 나누고
집착하는 마음이 없으면 마음도 거울과 같이 흔적이 없이 무심(無心)해
진다는 말입니다. 마음이 한결같음은 본체가 현묘해서 올연히 인연을 잊
는다고 하였습니다. 이렇게 되면 동정(動靜)이 일여(一如) 아닙니까? 움직
일 때나 고요할 때나 그 거울이 그 거울이듯이, 그 마음이 그 마음이라
는 말입니다. 이런 마음을 얻어야 참 마음을 얻는다고 합니다. 참 마음
은 우리 본심, 무심(本心, 無心)을 말한 것입니다. 변함이 없는 마음, 차
별과 분별이 없는 마음, 본래 마음, 무심(無心)을 말합니다.

그렇게만 되면 그치면서 움직이니 움직임이 없고, 움직이면서 그치니 그침이 없다고 했습니다. 동지(動止)가 둘이 아닌 것을 이렇게 표현한 것입니다. 말만 복잡하게 말했지, 그친 경계든지 움직인 경계이든지 항상 경계에 끌려다니지 않는 무심(無心)이라는 말입니다. 무심(無心)은 마음이 작용하되, 작용의 흔적이 없습니다. 무심(無心), 그 마음은 둘이 이뤄지지 않는 마음입니다.

하나도 없는데, 어찌 둘이 있겠습니까? 그래서 구경의 궁극 자리인 그 마음자리는 이렇다 할 법칙이 없다는 말입니다. 『금강경(金剛經)』에서는 이 대목을 "무유정법(無有定法)"이라고 했습니다. 이렇다 할 법이 없다는 말입니다. 이거다, 저거다 나누고 쪼개는 것은 중생의 업식(業識) 때문이지, 본래 불성(佛性)인 우리 마음자리는 고정된(定法) 법이 없습니다. 이 것을 승찬(僧璨) 스님이 『신심명(信心銘)』에서 이렇게 표현한 것입니다. 똑같지 않습니까? 말만 다르지, 내용은 똑같습니다. 우리 마음이 이렇게 될 때까지 반조(返照)하는 것이 수행(修行)입니다. 하루하루 닦다 보면 무심(無心)한 마음이 될 것입니다. 그때까지 쉬지 말고, 죽자 살자 반조(返照)해야 합니다.

깨친 경계는 나, 남이 없다

마음이 계합하여 평등해지면
짓고, 짓는 바가 함께 쉰다.

여우 같은 의심이 다해 맑아지면
바른 믿음이 고루 바르게 된다.

일체에 머물지 않게 되니
기억할 아무것도 없다.

텅텅 비어 밝아 스스로 비추나니
애써 마음 쓸 일이 아니로다.

생각으로 헤아릴 곳 아니고
의식과 망정으로 측량하기 어렵도다.

깨친 진여법계에는
남도 없고, 나도 없다.

契心平等 所作俱息 狐疑淨盡 正信調直
一切不留 無可記憶 虛明自照 不勞心力
非思量處 識情難測 眞如法界 無他無自

마음을 깨쳐서 평등심(平等心)이 되면 짓고, 짓는 바가 없다고 했습니다. 여기서 평등심은 무심(無心)을 말한 것입니다. 무심(無心)은 본래 마음인 불성(佛性)을 말한 것입니다. 불성 자리에는 '너다', '나다', '중생이

다', '부처다' 하는 일체 차별심이 떨어진 것을 말한 것입니다. 그러니 짓고, 짓는 바가 없다고 했습니다. 주객(主客)이 떨어진 자리입니다. 주객(主客)도 대대(對對)입니다. 무심(無心)인 불성(佛性) 자리에서는 대대(對對)가 끊어졌다는 말입니다. 『신심명』은 구구절절이 대대(對對)를 끊는 것을 강조하고 있습니다. 왜 그럴까요? 그것은 대대(對對)로는 무심(無心)인 불성(佛性)을 깨칠 수가 없기 때문입니다.

그래서 차별(差別), 분별심(分別心)을 끊게 하는 것입니다. "여우 같은 의심이 다하여 맑아지면" 이라고 했습니다. 여기서 호의(狐疑)는 '이것인가, 저것인가?' 의심하는 것을 말합니다. 옛날 선문(禪門)에 보면 전백장 후백장(前百丈 後百丈) 얘기가 나옵니다. 옛날 백장 선사가 백장산에서 법문했는데, 늘 법석 뒷자리에서 늙은 비구가 법문을 듣고 갔습니다. 그런데 하루는 법문이 끝났는데도 그 늙은 비구는 가지 않고 섰다가 백장 선사에게 물었습니다. "크게 수행한 사람도 인과에 떨어집니까? 떨어지지 않습니까?" 그러니 백장 선사가 "불매인과(不昧因果)"라고 했다는 것입니다. 이 얘기가 전백장 후백장(前百丈 後百丈) 얘기입니다. 내용은 이렇습니다.

이 늙은 비구는 전생에 이 백장산에서 방장으로 있을 때 어떤 비구가 "크게 수행 한 사람은 인과에 떨어집니까? 떨어지지 않습니까?" 하고 물으니, "불락인과(不落因果)"라고 대답을 하고 나서 '진짜 인과에 떨어지지 않는가?' 하고, 의심을 하다가 죽고 나서 500생의 여우 몸을 받았다는 것이다. "불락인과(不落因果)"라고 대답을 하고, 받는 것이 여우 몸이다. 의심은 확실하게 깨닫지 못한 데서 오는 것이다. 깨닫고 나면 의심할 것이 없는데, 모르니까 '이건가? 저건가?' 의심한 것이다. 의심하다 보면 이렇게 전백장(前百丈)과 같이 여우가 된다. 그런데 이 전백장(前百丈) 노인은 후백장(後百丈)의 불매인과(不昧因果) 법문을 듣고 깨쳐서 여우 몸을 벗는다는 얘기다.

불낙인과(不落因果)에 여우 몸을 받고, 불매인과(不昧因果)에 여우 몸을 벗는다는 백장선사(百丈禪師) 법문입니다. 알면 의심할 것이 없는데, 모르니까 의심한 것입니다. 법문 핵심은 깨달아야 한다는 말입니다. 모르고 선지식 노릇은 못한다는 말입니다. 모르고 대답을 한다고 해도, 그 답은 답이 아닙니다. 자기가 답한 것을 확신할 수 없으니까 의심한 것 아닙니까? 그 과보가 여우 몸으로 500생입니다. 이렇게 법의 당처에서 보면 인과가 분명합니다. 그러니 모르고 이러쿵, 저러쿵 할 수가 없다는 말입니다. 그래서 "식법자 구야(識法者 懼也)"라고 했습니다.

법을 아는 자는 두려워할 줄 안다는 말입니다. 모르면 빨갛게 달군 쇳덩어리도 겁 없이 잡습니다. 자은난도(自隱難逃)라고도 합니다. 도망가 숨을 곳이 없다는 말입니다. 숨을 곳도 없고, 숨길 것도 없다는 것입니다. 본래, 무심, 불성(本來, 無心, 佛性) 자리를 이렇다저렇다 생각으로 식정(識情)으로 따질 곳이 아니라는 말입니다. 그 자리는 말길이 끊긴 자리라서 그렇습니다. 그러니 쪼개고, 나누고, 분별하지 말라는 소리입니다. 그냥 무심(無心)인 마음자리에 돌려놓으십시오. 진여법계는 나도 없고, 남도 없습니다. 나다, 남이다 쪼개지 말고 그냥 본래, 무심(無心)한 마음자리로 돌아가십시오. 그곳이 본래, 무일물 불성 자리입니다.

크고 작은 경계가 끊어졌다

빠르게 상응코자 하거든
오직 둘 아님을 말할 뿐이다.

둘 아님은 모두가 같아서
포용 되지 않은 것이 없다.

시방의 지혜로운 이들은
모두 이 종취로 들어온다.

종취란
짧거나 긴 것이 아니다.
한 생각이 만년이다.

있거나 있지 않음이 없어서
시방이 바로 눈앞이다.

지극히 작은 것이 큰 것과 같아서
상대적 경계가 모두 끊어졌다.

지극히 큰 것은 작은 것과 같아서
그 끝과 곁을 볼 수가 없다.

要急相應 唯言不二 不二皆同 無不包容
十方智者 皆入此宗 宗非促延 一念萬年
無在不在 十方目前 極小同大 忘絶境界
極大同小 不見邊表

이 장에서도 똑같은 말을 하고 있지 않습니까? 빨리 본분(本分) 자리, 무심(無心)과 상응(相應)하고자 하면 둘이 아닌 이치를 알아야 한다고 했습니다. 둘이란 이것저것 아닙니까? '크다. 작다. 빠르다, 느리다, 안이다, 밖이다' 이런 생각들이 다 상대적인 개념입니다. 이런 생각을 놓아버리라는 것입니다. 어떻게 놓을 수 있을까요?

한 생각이 만년이 되도록 놓아버리라는 말입니다. 할 수 있겠습니까? 가만히 마음 내면(內面)을 반조(返照)해보면 한 생각 속에 천 생각, 만 생각이 일어나고, 사라집니다. 한 찰나도 쉬지를 않습니다. 그래서 수행이 필요합니다. 한 생각이 만년이 되려면 마음이 무심(無心)해야 합니다.

파도치는 마음으론 안됩니다. 마음이 무심(無心)해져야 일념(一念)이 만년(萬年)이 될 수가 있습니다. 그러니 요점은 무심(無心)으로 반조(返照)하는 것밖에는 묘책이 없습니다. 둘이 아닌 이치를 깨치는 것이 무심(無心)입니다. 크다, 작다 나누는 것이 둘 아닙니까? 그런데 크다, 작다 나누는 것도 알고 보면 다 식(識) 작란입니다.

크다는 것이 무엇입니까? 뭘 보고 크다고 합니까? 작다는 것은 또 뭘 보고 한 말입니까? 따지고 보면 상대적 개념이지, 절대적(絕對的) 개념은 아닙니다. 『반야심경(般若心經)』에 보면 마하(摩訶)가 나옵니다. 마하(摩訶)는 범어(梵語)아닙니까? 번역하면 "대, 다, 승(大, 多, 勝)"이라고 뜻풀이를 합니다. 그런데 여기서 큰 대(大) 자, 크다라는 말이 뭘 말한 것입니까? 여기서 대(大)는 상대적 대(大)가 아닙니다.

절대적(絕對的) 대(大)입니다. 상대적 대소(大小)는 늘 상대적 대소(大小)로 비교가 됩니다. 그러니 진리(眞理)가 될 수가 없습니다. 불이(不二), 둘이 아닌 이치는 우주(宇宙)와 내가 하나가 되는 것을 말합니다. 둘이 아닌 이치를 깨치려면 마음이 무심(無心)해야 합니다. 나누고, 쪼개는 마음이 없어야 무심(無心)이 됩니다.

　그러니 수행은 무심(無心)을 증득(證得)하기 위한 방편 아닙니까? 그래서 『신심명』에서 시방(十方)의 지자(智者)가 다 이 종취에 들어온다고 했습니다. 종(宗)이란 근본을 말한 것입니다. 근본(根本)은 마음 불성(佛性), 무심(無心)을 말한 것입니다.

　마음이 무심해져서 나와 우주가 하나로 돌아가면 그 자리에 속과 겉이 있겠습니까? 없습니다. 크다는 수미산도 티끌이 모여 큰 것 아닙니까? 티끌 빼고는 수미산은 없습니다. 그러니 티끌이(小) 수미산(大)과 같은 것 아닙니까? 큰 것이 작은 것과 같다는 말이 그 말입니다. 쪼개고 보면 대소(大小)지만, 무심(無心)해지면 수미산 한 덩어리입니다. 불교 마음공부는 무심(無心)을 체득하기 위한 수행(修行)입니다. 무심이 체득(體得)될 때까지 깊이 마음에 返照하십시오.

하나가 일체이고, 일체가 하나다

있음이 곧 없음이요,
없음이 곧 있음이다.

만약 이와 같지 않으면
반드시 지켜서는 안 된다.

하나가 곧 일체요,
일체가 곧 하나다.

다만 능히 이렇게 되면
마치지 못할까 뭘을 걱정하겠는가?

믿은 마음은 둘이 아니요,
둘 아닌 것이 믿는 마음이다.

언어의 길이 끊어져서
과거 미래 현재가 아니로다.

有卽是無 無卽是有 若不如此 不必須守
一卽一切 一切卽一 但能如是 何慮不畢
信心不二 不二信心 言語道斷 非去來今

　본래 마음자리는 말길이 끊긴 자리입니다. 왜 그러느냐면 마음은 본래
모양이 없기 때문입니다. 모양도, 형체도 없는 마음을 자꾸 있다고 하
는 게 병(病) 아닙니까? 있다, 없다하는 것은 모두가 식 작용(識 作用)입

니다. 부처님께서 "식(識)은 망(妄)이다."라고 했습니다. 망(妄)은 허망(虛妄)한 것 아닙니까? 허망(虛妄)한 것은 진리(眞理)가 아닙니다. 허망한 식(識)을 가지고, 자꾸 따지니까 입이 쓰도록 설(說)한 것이 『팔만대장경(八萬大藏經)』입니다. 중생의 근기 따라 고주알미주알 하다 보니, 그것이 부처님 말씀인 경전이 된 것입니다. 승찬 스님 말씀도 똑같습니다. 중생 견(衆生見)을 버리게 하려고 이토록 고주알미주알 하신 것입니다.

말길이 끊겼다는 것은 생각으론 안 된다는 것입니다. 말은 생각을 담는 그릇 아닙니까? 말이 먼저가 아니고, 생각이 먼저입니다. 생각, 느낌, 의지 작용을 말이라는 그릇에 담아 놓는 것이 언어(言語) 아닙니까? 그 언어의 길이 끊긴 자리가 우리 마음자리입니다. 그러니 이렇다고 해도 틀리고, 저렇다 해도 틀린 것입니다.

본래 마음은 무형, 무체(無形, 無體)라 그렇습니다. 승찬 스님이 『신심명』 첫 구에서 도(道)에 이르는 것은 어렵지 않다고 했습니다. 오직 간택을 꺼릴 뿐이라고 했습니다. 간택은 이것저것 따지는 것입니다. 따지고, 쪼개고, 분별만 않으면 그 자리가 바로 불성(佛性) 자리라는 것입니다. 상대적 개념을 갖지 말라는 것입니다. 상대적 개념은 쪼개는 마음 아닙니까? 쪼개고 나누는 것은 중생의 짓(行業)입니다. 그래서 『신심명』 끝구(末句)에 "언어도단(言語道斷)"이라고 결론(結論)을 내린 것입니다. 하다 보니 『신심명』은 끝이 났습니다. 불교는 아는 대로만 머물러 있으면 안 됩니다. 안 만큼 그것을 마음에 새겨서 실천으로 옮기는 것이 중요합니다. 부처님이 설해놓은 경전이나 조사님이 말씀해놓은 어록을 달달달 외운다고 해도, 그것은 그림의 떡입니다. 그래서 예부터 "설식기부(說食飢夫)"라 했습니다. 밥, 밥, 밥을 아무리 입으로 말해도 배는 부르지 않는다는 말입니다. 몸소 실천해서 깨달아야만 자기 살림살이가 된다는 말입니다.

그동안 익혔던 것을 마음에 반조(返照)하십시오. 마음에 반조하다 보면 좋은 결과가 있을 것입니다. 모두 함께 부처님됩시다.

4부

永嘉 大師
영가 대사
——

證道歌
「증도가」

진망(眞妄)을 제하거나 구할 것이 없다

그대는 보지 못했는가?
배움이
끊어진 할 일 없는 도인은

망상을 없애지도 않고,
참됨을 구하지도 않으니,

무명의 참 성품이 곧 불성이요,
허깨비 빈 몸이 그대로가 법신이다.

君不見
絶學無爲閑道人 不除妄想不求眞
無明實性卽佛性 幻化空身卽法身

　이 장부터는 영가 대사(永嘉大師)의 「증도가(證道歌)」입니다. 영가 대사
는 절강성 온주부 영가현 사람입니다. 휘(諱)는 현각(玄覺)이고, 자(字)는
도명(道明)이며, 성씨(姓氏)는 대씨(戴氏)입니다. 출가는 어려서 했으며, 삼
장을 두루 섭렵하고, 외전(外典)에도 능통(能通)하였다고 합니다. 외전은
유가(儒家), 도가(道家), 제자백가(諸子百家)를 말합니다. 영가 대사는 원래
천태종(天台宗) 스님으로서 천태지관 선법(天台止觀 禪法)을 수행했습니다.
대사는 출가 사문(出家 沙門)이지만, 효성(孝性)이 지극하여 속가 노모(俗
家 老母)와 누님과 함께 살았다고 합니다. 그래서 늘 대중들의 비난을 받
았으나 대사는 초연하였다고 합니다. 우리나라 진묵 대사께서도 속가 노
모를 모시고 살았습니다. 근년에는 대성 스님도 똑같이 노모를 모시고 절

에서 함께 살았습니다.

　그런데 하루는 현책(玄策)이라는 선사가 지나가는 것을 보고, 영가 대사 누님께서 "저 노숙(老宿)을 모셔서 법(法)을 청(請)하라."라고 했습니다. 그 누님의 안목(眼目)도 어지간하지 않습니까? 그 현책 선사와 영가 대사가 서로 법(法)을 논(論)하다 보니, 견처(見處)가 서로 같았습니다. 그래서 현책 선사 권유로 육조 혜능 대사(慧能大師)를 참견하게 됩니다. 현책 선사는 육조 대사의 제자입니다. 그리하여 영가 대사는 육조 혜능 대사를 찾아가게 됩니다. 그때 육조 혜능 대사는 설법(說法)을 하고 있었는데, 영가 대사는 절도 하지 않고, 선상을 세 번 돌고 나서 육환장을 짚고 섰으니, 육조 혜능 대사가 물었습니다.

　"대저 사문은 삼천위의(三千威儀)와 팔만세행(八萬細行)을 갖추어서 행동(行動)이 어긋남이 없어야 하거늘, 대덕(大德)은 어디서 왔기에 도도하게 아만(我慢)을 부리는가?" 한마디로 건방지다는 말입니다. 그러자 영가 대사가 대답합니다. "나고 죽은 것이 크고, 무상(無常)은 빠릅니다." 한마디로 겉만 보고 말하지 말라는 말이죠. 육조 스님이 또 묻습니다. "어찌하여 남(生)이 없음을 체달하여 얻었는데, 빠름이 없는 도리(道理)는 요달(了達) 하지 못했는가?" 이렇게 반문(反問)을 합니다. 이에 영가 스님이 대답합니다. "본체(本體)는 본래 남(生)이 없고, 본래 빠름이 없음을 요달(了達) 하였습니다." 본체가 원래 남이 없는데, 그것을 체득할 필요가 있느냐는 겁니다. 깨달은 선지식들의 선문답(禪問答)이 이렇습니다.

　한 치의 틈도 용납하지 않지 않습니까? 즉문즉답(卽問卽答)입니다. 묻자마자 바로 답(答)을 합니다. 전광석화(電光石火)와 같습니다. 이렇게 해도 이치에는 한 치의 오차(誤差)가 없습니다. 그것이 선문답(禪問答)입니다. 깨친 자의 살림살이가 이렇습니다. 또, 한번 볼까요? 그래서 육조 스님께서 영가 대사를 천여 명의 대중 앞에서 "네 말과 같다."라고 인가(認可)를 했습니다. 대중들은 깜짝 놀랐다고 합니다. 영가 대사께서 육조 스님의 인가를 받고, 정중히 예를 갖추고 하직 인사를 드렸는데, 육조 스님이 못내 아쉬워서 "왜, 그리 빨리 돌아가려 하는가?" 하고 물었습니다. 영가 스님이 말씀하시기를 "본래 스스로 움직이지 않거니 어찌 빠름이 있겠습니까?" 육조(六祖) 스님이 질문합니다. "누가 움직이지 않는 줄 아느냐?" 영가(永嘉) 스님이 답하기를 "스스로 분별을 내셨습니다."

육조(六祖) 스님이 말씀하시기를 "네가 참으로 남이 없는 도리를 깨달았구나!" 영가(永嘉) 스님, "남이 없음이 어찌 뜻이 있겠습니까?" 육조(六祖) 스님, "뜻이 없다면 누가 분별하느냐?" 영가(永嘉) 스님, "분별하는 것은 뜻이 아닙니다." 그때 육조 대사가 선상에서 내려와 말씀하시기를 "장하다. 옳은 말이다. 손에 방패와 창을 들었구나. 하룻밤만 쉬어 가거라." 그래서 영가 스님은 하룻밤을 쉬고 갔다고 해서 일숙각(一宿覺)이라고 합니다. 이렇게 불법은 철저하게 깨달아야 합니다. 자기가 깨달은 경지를 선지식을 찾아가서 점검받고, 인가(認可)를 받는 것이 선문(禪門)에 철칙입니다. 검증을 받지 않는 깨달음은 문제가 많습니다. 눈 밝은 선지식의 검증을 받아야 합니다.

영가 스님께서 조계산에서 내려오면서 읊은 것이 이 「증도가(證道歌)」라고 합니다. 제목이 '증도가(證道歌)' 아닙니까? 도(道)를 깨쳤다는 것입니다. 그 깨친 것을 이렇게 노래로 표현해놓은 것입니다. 배움이 끊긴 할일 없는 한가한 도인은 망상을 제할 것도 없고, 참 진리를 찾고 구할 것도 없다는 것입니다. 왜냐하면 도를 깨친 사람이기 때문입니다. 무명(無明) 따로, 실성(實性) 따로가 아니기 때문입니다. 환화 공신(幻化 空身) 따로 법신(法身) 따로가 아니기 때문입니다.

　깨친 분상에서는 쪼개고 나누지를 않습니다. 하나로 보기 때문입니다. 그것을 무분별지(無分別智)라고 합니다. 「증도가(證道歌)」는 게송(偈頌)으로 되었지만, 꽤 깁니다. 이제 『증도가』를 공부할까 합니다. 마음에 반조(返照)하십시오.

본래 성품이 천진불이다

법신을 알고 보니,
한 물건도 없고,

본원인 제 성품은
그대로 천진불일세!

오온의 뜬구름
공연히 오고 가고,

삼독의 물거품은
헛되이 출몰하네.

法身覺了無一物 本源自性天眞佛
五陰浮雲空去來 三毒水泡虛出沒

　법신을 깨닫고 보니 한 물건도 없다고 했습니다. 본래무일물(本來 無一物)이라는 말입니다. 본래 그 자리는 한 물건도 없다는 말입니다. 이 말이 무슨 말이냐면 삼라만상 우주 만법의 근본 자리는 원래가 이렇다 할 것이 없다는 말입니다. 무엇이 있다고 하면 정법(正法)이 아니기 때문입니다. 법신(法身)이라는 것도 억지로 이름 붙여서 법신(法身)이지, 본래 그 자리는 한 물건도 없는 그 자리를 이른 말입니다. 이런 것을 선문(禪門)에서는 차(遮)라고 합니다. 차(遮)는 모든 것을 부정(否定)하는 말이고, 차(遮)는 막는다는 말입니다. 막는다는 것은 부정하는 것을 말합니다. 왜 이렇게 부정하겠습니까? 주의(主義), 주장(主張)을 끊어버리기 위해서입니다.

이렇다고 하면 주의(主義)에 빠지고 맙니다. 그것을 철저하게 부정하는 것이 이 차(遮)입니다. 임제 스님은 이것을 탈(奪)로 썼습니다. 탈(奪)은 뺏는다는 것 아닙니까? 불교에서는 무자(無字)가 백개(百個)가 나옵니다. 부정(否定)에 부정(否定)이 끝없이 없습니다.

왜 그렇게 하겠습니까? 중생의 집착(執着)을 깨기 위해섭니다. 그래서 백불고(百不孤)라고 합니다. 무자(無字) 백번을 부정해도 끝이 아니라는 말입니다. 중생은 '이것이다.' 하면 이것에 빠지고 맙니다. 중생은 '저것이다.' 하면 저것에 빠지고 마니까 철저하게 아니라고 부정하는 것이 이 차문(遮門)입니다. 그런데 "본원 자성(本源 自性) 천진불(天眞佛)"이라고 했습니다. 앞에서는 한 물건도 없다고 부정(否定)해놓고, 여기서는 천진불이라고 했습니다. 이런 것을 선문(禪門)에서는 조(照)라고 합니다. 조(照)는 비치는 것을 말합니다. 비친다는 것은 긍정(肯定)하는 것을 말합니다. 앞에서는 부정(否定)해놓고, 여기서는 긍정(肯定)을 합니다. 왜 그럴까요? 중생을 깨우쳐 주기 위해섭니다. 아니라고 부정하는 것은 차(遮), 진공(眞空)을 말한 것이고, '이것이다.' 긍정하는 조(照)는 묘유(妙有)를 말한 것입니다.

불교는 진공묘유(眞空妙有) 아닙니까? 법(法)의 당처(當處)를 말해놓은 것입니다. 아니라고 부정만 하는 것이 법(法)이 아니기 때문입니다. 부정하는 것은 주의, 주장(主義, 主張)에 빠지지 말라는 말입니다. 긍정하는 것은 법(法)의 실체(實體)를 드러내기 위한 것입니다. 여기서 법(法)은 우주 만법(宇宙 萬法)입니다. 우주 만법은 다 연기법(緣起法)이기 때문입니다. 연기(緣起)의 실상(實相)을 드러내기 위한 것입니다. 그래서 부정과(遮) 긍정(肯定)(照)을 동시에 쓴 것입니다. 이것을 선문(禪門)에서는 차조 동시(遮照 同時)라고 합니다. 부정과 긍정을 같이 썼다는 말입니다. 선문(禪門)에는 이런 글이 많습니다. 법신을 깨닫고 보니 마치 허공에 뜬구름이 일어났다가 흩어지는 것 같이 우리 마음자리에도 삼독심(三毒心)이 일어났다 꺼졌다 한다는 것입니다.

마음을 반조(返照)해본 소리 아닙니까? 철저하게 반조해본 소리입니다. 우리 마음은 변덕스럽기가 장마철 구름과 같습니다. 장마는 여름에 들지 않습니까? 장마철에 허공의 하늘을 한번 보면 금방 먹구름이 꼈다가 멀쩡한 하늘이 됩니다. 우리 마음도 이렇다는 것입니다. 금방 성냈다가 금방 욕심을 부리지 않습니까? 이것은 무엇을 말해놓은 겁니까? 바로 중생(衆生)의 마음을 말해놓은 것입니다. 시시찰찰(時時刹刹) 변죽을 부리는 중생의 생멸심(生滅心)을 말해놓은 것입니다. 말씀해놓은 것을 보면 영가(永嘉) 스님은 철저하게 깨치신 분이죠? 마음자리를 반조(返照)해보지 않고는 이런 소리 못합니다. 그래서 「증도가(證道歌)」라고 한 것입니다. 증(證)은 증득(證得)했다는 말입니다. 즉 몸소 체험했다는 말입니다.

불교에는 해오(解悟)와 증오(證悟)가 있습니다. 해오(解悟)는 이해(理解)로 이치(理致)를 깨달은 것을 말한 것입니다. 그러나 증오(證悟)는 먹어봤다는 말입니다. 여름철에 수박을 많이 먹지 않습니까? 수박, 수박 하지만 말로만 수박이 아니라 수박을 직접 먹어봤다는 말입니다. 말로만 수박을 먹어본 것은 해오(解悟)라고 합니다. 수박은 달고 시원하다고 말로만 알고 이해하는 것이 해오(解悟)입니다.

그러나 증오(證悟)는 직접 먹어본 것을 말합니다. '수박' 하면 압니다. "아! 그것!" 하고 바로 압니다. 왜냐하면 먹어봤기 때문입니다. 이렇게 선사(禪師)들의 말씀은 자내증(自內證)한 소리입니다. 안으로 철저하게 증득한 깨친 소리라는 말입니다. 체험, 체득해보았다는 말입니다. 오늘은 여기까지입니다. 마음에 늘 반조(返照)하십시오.

실상을 깨닫고 나면 너와 내가 없다

실상을 증득하여 너와 내가 없으니
찰나에 지옥의 업이 사라지는구나.

만약 거짓말로 중생을 속인다면
영겁토록
발설지옥 보를 스스로 부를 것이다.

證實相無人法 刹那滅却阿鼻業
若將妄語誑衆生 自招拔舌塵沙劫

실상은 제법의 참모습을 말한 것입니다. 법성이니, 불성이니, 실상이니 하는 말은 다 진리의 참모습을 말한 것입니다. 표현만 다르지 내용은 똑같은 말입니다. 진리의 당체인 실상을 깨닫고 보니 인(人), 법(法)이 없다고 했습니다. 여기서 인과 법(人, 法)은 주관과 객관 세계를 말한 것입니다. 인(人)은 주관의 세계입니다. 법(法)은 객관의 세계를 말합니다. 진리를 깨닫고 보니 쪼개고 나누는 세계가 사라졌다는 말입니다. 쪼개고 나누는 것은 분별 세계(分別世界) 아닙니까? 분별하는 것은 중생(衆生)의 세계입니다. 즉 분별심이 끊어졌다는 말입니다. 그 분별심이 끊어진 세계는 아비지옥도 없다는 말입니다. 아비지옥은 무간지옥(無間地獄)을 말한 것입니다.

무간지옥은 지옥 중(地獄 中)에서도 가장 죄가 무겁게 진 사람이 가는 지옥을 말합니다. 경전에서 보면 무간지옥은 오역죄(五逆罪)를 지은 사람이 간다고 합니다. 오역죄는 소승 오역(小乘 五逆)과 대승 오역(大乘 五逆)이 다릅니다. 소승 오역(小乘 五逆)은 첫째가 살부(殺父)입니다. 자기 아버지를 죽인 사람이 갑니다. 두 번째는 살모(殺母)입니다. 자기 어머니를 죽인 사람도 갑니다. 세 번째는 살아라한(殺阿羅漢)입니다. 아라한과를 증득한 스님을 죽이면 갑니다. 네 번째는 파화합승(破和合僧)입니다. 스님들의 화합을 깬 사람이 갑니다. 다섯 번째는 출불신혈(出佛身血)입니다. 부처님 몸에 피를 낸 사람이 갑니다.

부처님의 사촌 동생인 제바달다가 그랬지 않습니까? 제바달다는 부처님을 여러 번 죽이려 하다 산채로 생함 지옥에 갔습니다. 이렇게 다섯 가지를 범하면 무간지옥에 빠집니다. 여기까지는 소승불교에서 말한 오역죄입니다. 무간(無間)은 고통받는 것이 쉴 틈이 없다는 뜻입니다. 대승오역죄(大乘五逆罪)는 좀 다릅니다. 첫 번째는 탑사(塔寺)를 파괴하고, 경상(經像)을 불 지르고, 삼보(三寶)의 재물(財物)을 훔친 자가 갑니다. 요새 그런 자가 많지 않습니까? 절에 불을 지르고, 불상을 파괴하는 자가 많습니다. 그런 사람들 다 무간지옥에 갑니다. 우상숭배라고 남의 종교의 믿음을 비방하는 자가 우리나라에도 많습니다. 온전한 정신이 아닙니다. 정신이 회까닥 돈 것 아닙니까? 이런 사람들 다 무간지옥에 갑니다. 참 한심한 노릇입니다. 하나만 알고 둘은 모르는 참 불쌍한 중생들입니다.

불자님들이 발 벗고 제도해야 합니다. 놔두면 안 됩니다. 두 번째는 삼승법(三乘法)을 비방하고, 성교(聖敎)를 가볍게 여긴 자가 갑니다. 삼승법(三乘法)은 성문, 연각, 보살법(聲聞, 緣覺, 菩薩法)을 말한 것입니다. 이 삼승법을 비방하여도 무간지옥에 간다는 말입니다. 성교(聖敎)는 부처님 법인 최상승법(最上乘法)을 말합니다. 부처님 법을 비방해도 무간지옥에 간다는 말입니다. 부처님 당시에도 그런 사람들 많았습니다. 요새 우리나라에도 종교적 신념 때문에 그런 사람 많습니다. 이런 사람도 우리 불자님들이 다 제도해야 합니다. 그러니 부처님 법 열심히 배우셔서 우매하고 불쌍한 그들이 부처님 법을 알게 해야 합니다.

세 번째는 스님들을 욕하고 부려도 갑니다. 역사를 보면 스님들의 수난 시대가 많았습니다. 부역에 동원되어 많은 고초를 겪었죠. 네 번째는 소승(小乘)의 오역죄(五逆罪)를 범한 자도 간다고 합니다. 소승 오역죄는 앞에서 말한 다섯 가지를 다 말한 것입니다. 대승 오역죄는 소승 오역죄에다가 폭이 넓어진 것입니다. 다섯 번째는 인과(因果)를 믿지 않고, 악구, 사음(惡口, 邪淫) 등 십불선업(十不善業)을 진 자입니다. 인과(因果)를 믿지 않는다는 것은 부처님 가르침을 제대로 배우지 못해서 그렇습니다. 인과는 분명합니다. 인과를 믿지 않는 자는 불자가 아닙니다.

불자 중에도 그런 분 많습니다. 절에를 다니면 다닐수록 마음 수행이 되어야 하는데 그러하지를 못해서 문제가 많습니다.

악담하고, 험담이나 일삼고, 남의 허물이나 입에 올리고 하는 것 다 인과를 믿지 않기 때문에 그렇습니다. 그러니 하는 짓마다 못된 짓은 다 하고 다니니까 죽으면 무간지옥에 간다는 말입니다. 대승의 오역죄는 소승의 오역죄에다가 범위를 좀 넓혀 넣은 것입니다. 이렇게 죄를 지으면 무간지옥에 가는 것이 확실하지 않습니까? 그런데 영가 스님이 법의 참모습을 깨닫고 보니, 무간지옥이 없다는 것입니다. 무간지옥이 없다는 말이 거짓말이라면 중생을 속인 말이 아닙니까? 이 말이 거짓말이라면 그 거짓말 하는 혓바닥을 빼서 밭을 가는 발설지옥(拔舌地獄)에 가겠다는 말입니다. 누가 갑니까? 영가 스님이 간다는 겁니다.

왜 갑니까? 참말이니까? 간다는 말입니다. 이 말이 무슨 말입니까? 갈 필요가 없다는 확신에 찬 말씀입니다. 이 「증도가(證道歌)」는 그냥 노래가 아닙니다. 도를 깨달은 확신에 찬 노래입니다. 그래서 이렇게 자신만만하게 말씀한 것입니다. 깨달은 사람은 무간지옥에 갈 필요가 없다는 확신에 찬 말씀입니다. 죄짓고, 깨닫지 못하면 갑니다. 깨친 세계는 쪼개진 세계가 아닙니다. 또 분별의 세계도 아닙니다. 하나로 통하는 일진법계(一眞法界)의 세계입니다.

그것을 영가 스님께서 확신에 찬 소리로 노래한 것입니다. 없다고 한 것은 영가 스님의 깨친 세계입니다. 중생의 세계는 아닙니다. 아닌 것은 있다는 것 아닙니까? 무간지옥이 없다는 영가 스님 말씀을 마음에 반조(返照)하십시오. 그래서 확신에 찬 소리로 깨쳐서 노래하십시오. 나는 반조게를 지어서 항상 이렇게 반조합니다. 들어 보십시오.

*
반조하고, 반조하고 돌이켜 반조하고,
가나, 서나, 누우나, 앉으나, 또 반조하고,

말할 때나, 침묵할 때나, 움직일 때나,
늘 반조하고, 생각 생각이 무념토록 항상
반조하라.

返照返照廻返照　行住坐臥亦返照
語默動靜行返照　念念無念常返照

반조가 화두입니다. 부처님 되십시오.

깨닫고 보면 육도만행이 분명하다

여래선을 단박에 깨달으니
육도만행이 본체 가운데 원만하다.

꿈속에선 육취가 분명하게 있고,
깨친 뒤엔 비고 비어대천 세계가 없다.

頓覺了如來禪 六度萬行體中圓
夢裏明明六趣 覺後空空無大千

여기서 여래선(如來禪)은 달마 대사가 전한 여래 청정선(淸淨禪)을 말합니다. 즉 최상승선(最上乘禪)을 말한 것입니다. 부처님께서 전한 여래 최상승선을 깨닫고 보니 육도만행(六度 萬行)이 본체 가운데 원만하게 갖춰져 있다는 것입니다. 육도(六度)는 육바라밀(六波羅蜜)을 말합니다. 육바라밀(六波羅蜜)은 보시, 지계, 인욕, 정진, 선정, 지혜(布施, 持戒, 忍辱, 精進, 禪定, 智慧)를 말합니다. 깨친 것은 여래청정선을 깨달았는데, 어째서 육바라밀이 원만 구족하게 갖춰졌느냐는 것입니다. 깨달았다는 것이 뭡니까? 우주 당체인 근본 자리 진리를 깨달은 것 아닙니까? 우주와 내가 한 몸인 것을 깨달은 말입니다. 그러니 네가 내이고, 내가 네가 된 것 아닙니까? 한마디로 "천지동근 만법일체(天地同根 萬法一體)"임을 깨달은 것입니다.

그러니 먹고 자고 일하고 행하는 모든 것이 그대로 대비 행(大悲行)이라는 것입니다. 별도로 닦고 행(行)할 것이 없다는 말입니다. 행(行)하는 모든 행(行)이 부처님 마음에서 나온 대자대비행(大慈大悲行)이라는 말입니다. 먹는 것도 그대로 베푸는 것이 되고, 행(行)하는 것 그대로 계(戒)가 되고, 잠자는 것 그대로 참는(忍辱) 것이 되고, 쉬는 것이 정진이 되고, 생각하는 것 그대로가 선정과 지혜(禪定, 智慧)가 된다는 것입니다. 깨친 사람을 부처라고 합니다. 부처님은 앉으나 서나 그대로가 육바라밀을 행하고 있다는 말입니다.

별도로 육바라밀을 닦을 필요가 없다는 말입니다. 왜 그럴까요? 깨달았기 때문입니다. 행행(行行)이 다 부처님 행(行)이라는 것입니다. 하는 것마다 다 각행(覺行)이라 그렇습니다. 꿈속에서는 육취가 있다고 했습니다. 육취(六趣)는 육도(六道)를 말합니다. 지옥, 아귀, 축생, 수라, 인간, 천상(地獄, 餓鬼, 畜生, 修羅, 人間, 天上)을 말합니다. 여기서 꿈속이라는 것은 깨닫지 못한 중생의 세계를 말한 것입니다. 진인(眞人)은 무몽(無夢)이라고 했습니다. 깨친 참다운 사람은 꿈이 없다는 것입니다. 깨치지 못한 사람이 가는 곳이 육도(六道) 아닙니까? 깨친 부처님은 육도(六道)에 갈 일이 없습니다. 부처님은 지옥에 가도 지옥이 아닙니다. 부처님은 아귀도에 가도 아귀도가 아닙니다.

업(業) 따라가는 곳이 육도(六道) 아닙니까? 부처님은 업장(業障)이 소멸되었기 때문입니다. 업보(業報)는 중생(衆生)이 받는 겁니다. 그러니 깨닫고 보니 대천세계가 허허 텅텅 없다는 것입니다. 텅텅 비었다는 것은 쪼개고 나누는 것이 없는 것을 말한 것입니다. 즉 우주와 내가 한 몸이 됐다는 말입니다. 그러니 사생, 육도, 대천세계(四生, 六道, 大千世界)라는 말은 깨치지 못한 중생 세계에서 말한 것이지, 부처님 눈으로 보면 다 부처의 한 몸이라는 것입니다. 「증도가(證道歌)」는 깨친 노래입니다. 오늘은 여기까지입니다. 마음에 반조하십시오.

적멸성 가운데서 묻고 찾지 말라

죄도 복도 없고 손해와 이익도 없다.
적멸한 성품 가운데선 묻고 찾지 말라.

예전엔 때 낀 거울 갈고 닦지 못했더니
오늘에야 비로소 닦을 거울 산산조각 내버렸네.

無罪福無損益 寂滅性中莫問覓
比來塵鏡未曾磨 今日分明須剖析

죄도, 복도, 손해도, 이익도 없다고 했습니다. 왜 그러느냐면 죄다 '복이다', '이익이다', '손해다' 하는 것은 상대적 개념 아닙니까? 상대적 개념은 중생 세계의 생각입니다. 중생 세계는 쪼개고 나누고 분별하지 않습니까? 그게 중생의 업식(業識)입니다. 중생의 업식(業識)이 다 떨어진 세계가 부처님 세계입니다. 그러니 적멸성(寂滅性) 가운데서는 묻지도 말고, 찾지도 말라고 한 것입니다. 없다(無), 없다(無)고 한 것은 쌍차 부정(雙遮 否定) 아닙니까? 중생의 업식을 털어내기 위한 방편법문(方便 法門)입니다. 깨닫지 못한 중생의 세계에서는 죄도, 복도 있습니다.

닦고 털어낼 업식도 있습니다. 그래서 예전엔 때 낀 거울 갈고 닦지 못했는데, 깨닫고 보니 거울이란 것 자체도 없다는 것입니다. 오늘에야 비로소 닦아야 할 거울도 산산조각을 내서 없애버렸다는 것입니다.

'깨끗한 거울이다', '때 낀 거울이다' 하는 것은 깨치기 전의 소리입니다. 깨치고 나면 닦아야 할 거울도 없다는 것입니다. 본래무일물(本來無

一物)이라서 그렇습니다. 닦아야 할 거울이 있다고 하면 덜된 소리입니다. 덜된 소리는 깨닫지 못했다는 소리입니다. 깨치기 전에는 닦아야 할 마음도 있고, 불성도 있지 않습니까? 그러나 깨닫고 보니 '마음이다', '불성이다' 하는 것은 다 방편의 소리라는 것입니다. 어디 마음이 따로 있습니까? 불성이 따로 존재합니까? 마음과 불성이 따로 존재한다고 하면 그건 외도(外道)입니다. 늘 하는 말이지만 불교는 존재론(存在論)이 아닙니다. 무엇이 존재한다 하면 부처님의 法에 어긋납니다.

부처님 법은 연기법(緣起法) 아닙니까? 존재의 실상은 연기법(緣起法)입니다. 제행무상(諸行無常)하고 제법무아(諸法無我)입니다. 부처님이 진리의 도장을 찍은 삼법인 법문(三法印 法門) 아닙니까? 그 점을 불자님들은 확실히 알고 깨쳐야 합니다. 그러니 깨닫지 못한 중생일 때는 죄도, 복도 있고, 때 낀 거울, 밝은 거울도 있지만, 깨닫고 보니 거울 바탕도 없애 버렸다는 것이 영가 스님의 「증도가(證道歌)」 노래입니다. 얼마나 철두철미(徹頭徹尾)하게 깨달은 소리입니까? 적멸성 가운데서는 아무것도 찾지 말라는 것이 영가 스님의 확신에 찬 소리입니다. 공부하는 마음자리에 반조(返照)하십시오.

누가 생각 없고 남이 없다 하는가?

누가 생각 없고 누가 남이 없다던가?
남이 없다면 나지 않음도 없을 것이니

나무로 된 사람에게 불러 물어보아라.
부처 되려고 공 베 품을 바로 이룰 것이다.

誰無念誰無生 若實無生無不生
喚取機關木人問 求佛施功早晚成

　무념무생은 본래 마음자리입니다. 그 본래 자성 자리를 확실하게 깨친 사람은 무생(無生)에도 빠지지 않고, 무불생(無不生)에도 흔들리지 않습니다. 중생은 말에 속고 삽니다. '있다(有)' 하면 있는 데(有) 떨어지고, '없다(無)' 하면 없는 데(無) 빠집니다. 그러나 自性을 확실하게 깨친 사람은 있다, 없다에 속지를 않습니다. 그것을 영가 대사께서 이 시구(詩句)에서 말해놓은 겁니다. 무생(無生)이면 무불생(無不生)입니다. 태어남이 없다, '차(遮, 否定)'를 말합니다. 무불생(無不生)은 긍정(照, 肯定)하는 말입니다. 부정(否定)은 중생의 생각을 부정(否定)하는 것 아닙니까?
　부정은 중생의 생각을 털어내기 위해서 말한 것입니다. 중생의 생각이 떨어지면 부정(否定)할 것이 없습니다.

　그래서 다시 긍정(肯定)으로 돌아온 것이 무불생(無不生)입니다. 태어나지 않는 것이 없다는 것은 태어남이 있다는 소리죠. 이것을 쌍차, 쌍조(雙遮, 雙照)라고 합니다. 모든 것을 부정하는 것이 쌍차(雙遮)이고, 모든 것을 긍정하는 것이 쌍조(雙照)입니다. 쌍차(雙遮)는 중생의 업식(業識)을 털어내는 방편(方便)입니다.

쌍조(雙照)는 중생이 부처가 된 세계를 말한 겁니다. 털어내고 닦을 것이 없는 세계, 부처의 세계입니다. 쌍차(雙遮)는 진공(眞空)이고, 쌍조(雙照)는 묘유(妙有)입니다. 무념, 무생(無念, 無生)을 깨친 사람은 무념무생(無念無生)에도 머무르지 않습니다. 머무를 자리가 아니라서 그렇습니다.

어디에 매인 것은 본래 마음자리가 아니다. 매여 있으면 중생입니다. 본래 마음은 어디에 매여 있는 것이 아닙니다. 머무르고 매여 있는 것은 중생의 마음입니다. 그것을 영가 대사께서 누가 무념(無念)이라고 하고, 무생(無生)라 했지요? 만약 확실히 깨친 사람은 남이(生) 없다면 나지 않음도(不生) 없을 것이라고, 확신에 찬 소리로 말한 것입니다. 내가 말한 것을 확인하는 방법은 나무로 된 사람(機關木人)에게 물어보라고 했습니다. 나무로 된 사람은 장승 아닙니까? 장승이 어디 춥다, 덥다 합니까? 춥고, 더운데 흔들리지 않습니다. 무심(無心)해서 그렇습니다. 수행은 무심(無心)에 있습니다. 『선가(禪家)』에서는 무심도인(無心道人)을 "목인(木人)이다.", "철우(鐵牛)다.", "니우(泥牛)다."라는 말로 씁니다. 나무로 된 사람이 분별심이 있습니까? 없습니다. 쇠로 된 소가 차별심이 있습니까? 없습니다.

이것은 무분별지(無分別智)에 든 무심도인(無心道人)의 마음을 일러놓은 것입니다. 흔들리지 않고, 확고부동(不動)한 마음을 깨친 도심(道心)을 말한 것입니다. 무심도인(無心 道人)이 되고 나면 그 자리가 바로 부처님 자리라는 말입니다. 부처를 구하고 공 베 품이 조만간(당장)에 이뤄진다고 했잖습니까? 선문(禪門)에서는 이런 것을 "차조동시(遮照同時)"라고 합니다. 부처가 중생이고, 중생이 바로 부처라는 말입니다. 중생을 떠나서 따로 부처가 없다는 것입니다. 부정과 긍정이 쌍존하는 것입니다. 파도를 떠나서 따로 물이 있는 것이 아니라는 말입니다. 파도가 물이고, 물이 바로 파도 아닙니까? 부정(否定)은 진공(眞空)이고, 긍정(肯定)은 묘유(妙有)입니다.

진공에만 머물러도 안 되고, 묘유에만 머물러도 안 됩니다. 어느 한쪽에 치우치면 그건 법(法)이 아닙니다. 없다, 없다 하는 것은 중생이 유(有)에 빠져 있으니까 없다고 한 것입니다. 그렇다고 없다고만 말할 수는 없는 것입니다. '없다' 하면 없다는데 빠지니까 있다고 한 것이죠. 다 방편(方便)으로 하는 말 아닙니까? '부처다', '중생이다'는 다 방편으로 한 말입니다. 이 점을 마음에 새겨 반조(返照)하십시오.

적멸의 성품 따라 먹고 마시라

사대를 놓아버려 붙잡지 말고
적멸한 성품 따라 먹고 마시라.

모든 행이 무상하여 일체가 공하니
이는 곧 여래의 대원각이로다.

放四大莫把捉 寂滅性中隨飮啄
諸行無常一切空 卽是如來大圓覺

　사대(四大)는 우리 몸뚱이입니다. 지수화풍(地水火風), 이 네 가지가 몸
의 원소입니다. 우주 만물은 모두가 다 사대 원소(四大 原素)로 되어 있
습니다. 사대(四大)가 모였다 흩어지는 것(離合集散)이 우리 몸 아닙니까?
인연이 모이면 생(生)이라고 하고, 인연이 흩어지면 사(死)라고 합니다. 생
사(生死)는 인연의 이합집산(離合集散)입니다. 그러니 잠깐 동안 있는 이
몸뚱이에 집착하지 말고 놓아버리라는 말입니다. 집착은 중생의 병(病)
입니다. 진시황(秦始皇)은 불로초약(不老草藥)을 구하지 않았습니까? 중
국을 통일하고 보니, 이 좋은 세상 두고 죽자니 너무 싫었던 것입니다.

　그래서 불사약(不死藥)을 구해서 먹으려고 한 것입니다. 이런 것은 다
무지(無知)의 소치(所致)입니다. 제행(諸行)이 무상(無常)함을 모른 것입니
다. 그래서 몸에 좋다는 것은 다 먹습니다. 진시황만 그런 것이 아닙니
다. 요새 사람들도 몸에 좋다는 건 다 먹습니다. 뭔 탕!, 뭔 탕! 별별 탕
을 다 먹지 않습니까? 다 이런 것은 불법을 모르기 때문에 그런 것입니

다. 그렇게 좋다는 것 다 먹고, 백 년, 이백 년 천 년을 살면 뭣 합니까? 천년만년을 산다고 해도 그것 또한 생사(生死)가 아닙니까? 그렇게 생사가 있는 몸뚱이에 집착하지 말고, 생멸(生滅)이 없는 성품을 깨쳐야 합니다. 불생불멸(不生不滅)인 성품(性品)을 깨달아 먹고 마시라는 말입니다. 수행(修行)은 깨치기 위함입니다.

생사(生死)가 없는 적멸성중(寂滅性中)에서 먹고 마시라는 말입니다. 여기서 적멸(寂滅)은 열반(涅槃)을 말한 것입니다. 열반은 모든 번뇌가 다 떨어진 것을 말합니다. 중생의 업(業)이 다 소멸(消滅)된 것입니다. 중생(衆生)의 업(業)이 생사(生死)입니다. 생사(生死)가 없는 것은 업(業)이 다한 것을 말합니다. 그러니 나고 죽는 것이 없으니, 그 자리가 적정 열반(寂靜 涅槃)입니다. 영가 스님이 왜 이런 말을 했겠습니까? 몸뚱이에 집착한 중생을 깨우쳐주기 위해서 아닙니까? 천년만년 살 것 같이 몸뚱이에 애착한 중생이 많기 때문입니다.

이런 것은 다 무상(無常)을 모르는 무지(無知)의 소치(所致)입니다. 이 세상 변치 않는 것이 뭣이 있습니까? 변하지 않는 것은 하나도 없습니다. 그러니 모든 것은 다 空한 겁니다. 일체가 다 공(空) 아닙니까? 그 공성(空性)이 연기법(緣起法)입니다. 동일성(同一性)을 가진 상일 주재자(常一 主宰者)가 없습니다. 그것이 공성(空性)이고, 그 공성(空性)을 깨달은 것이 부처님의 깨달음이고, 조사님들의 깨달음입니다. 일체가 다 공한 것을 깨달은 것이 부처님의 대원각(大圓覺)입니다. 공성(空性) 따로, 대원각(大圓覺) 따로가 아니다. 대원각(大圓覺)이 공성(空性) 연기법이라는 말입니다. 『유식삼십송(唯識三十頌)』에 보면 제성(諸聖)은 분증(分證)이고, 제불(諸佛)은 원증(圓證)이라는 말이 있습니다. 모든 성인은 깨달음이 부분적이고, 모든 부처님은 깨달음을 원만히 다 깨달았다는 것입니다.

원증(圓證)은 남김없이 몽땅 다 깨친 것을 말한 것입니다. 우주 만법의 이치를 다 몽땅 깨쳤다는 말입니다. 그래서 대원각(大圓覺)이라고 한 것입니다. 부처님 지혜(智慧)를 일체종지(一切種智)라고 합니다. 모르는 것이 없는 지혜가 일체 종지입니다. 그것을 여래대원각(如來大圓覺)이라고 한 것입니다.

잎 따고 가지 찾는 것 내 할 바 아니다

결정된 말씀 참됨을 나타낸 법을
어떤 사람은 긍정치 않고 뜻에 따라 따지네.

근원을 바로 끊음은 부처님이 인가하신 것이요,
잎 따고 가지 찾는 것은 내 할 일 아니로다.

決定說表眞乘 有人不肯任情徵
直截根源佛所印 摘葉尋枝我不能

　결정설은 참말을 말한 것입니다. 참된 말이 어떤 말입니까? 중생이
부처라는 말입니다. 깨치고 보면 바로 중생이 부처라는 소리입니다. 깨
닫고 보니 틀림없는 말이라 해서 결정설이라고 한 것입니다. 진승(眞乘)
은 일불승(一佛乘)을 말한 것입니다. 최상승(最上乘)인 일불승(一佛乘)
을 진실(眞實)한 승물(乘物)이라 해서 진승(眞乘)이라고 한 것입니다. 방
편(方便)으로 말한 삼승(三乘)과는 달리 진실(眞實)한 교법(敎法)이라 해
서 진승(眞乘)이라고 한 것입니다.

　그러니까 영가 대사께서 깨달은 법을 말한 것이 「증도가(證道歌)」인
데 이렇게 근본적(根本的)으로 확실(確實)한 정설(定說)을 말하고, 진
승(眞乘=眞理)을 설해도 중생(衆生)들은 믿지를 않고 따진다는 말입
니다. 중생(衆生)은 쪼개는 것이 병통(病痛)이고, 자기의 잣대로 쪼개
고 나누고 분별합니다. 마음을 깨달으면 부처가 된다고 해도 믿지를
않는 것이 중생입니다. 왜 그렇습니까? 업식(業識) 때문에 그렇습니

다. 사량계탁(思量計度)하는 것이 중생(衆生)의 속성(屬性)이라 그렇습니다. 그것을 놓아버려야 합니다. 그리고 직절(直截)은 바로 가는 것을 말합니다. 돈오돈수(頓悟頓修)를 말한 것입니다. 단박에 깨친 것을 말합니다. 깨치면 바로 그 자리가 부처 자리입니다. 닦을 것도 없이 바로 부처가 된다는 소리입니다. 일초직입여래지(一超直入如來地) 한 것을 말한 것입니다.

근원 자리가 뭡니까? 불성(佛性) 아닙니까? 한마디로 말하면 자질구레한 삼승법(三乘法)이 아니라 바로 일불승(一佛乘)을 말한 것입니다. 삼아승지법(三阿僧祇法)을 닦는 것이 아니라 바로 금생에, 지금 여기서 깨치면 부처라는 말입니다. 그것을 「증도가(證道歌)」로 노래를 했는데도 중생들은 믿지를 않고, 따지고 분별한다는 말씀입니다. 삼승교법(三乘敎法)은 다 방편설(方便說)입니다. 중생의 근기(根機)에 따라 설한 것이 삼승법(三乘法)입니다. 그러나 최상승(最上乘)의 근기(根機)는 바로 갑니다. 심즉시불(心卽是佛) 아닙니까? '마음이 바로 부처다.' 하면 바로 깨닫는 것이 상근기(上根機)입니다. 그래서 근원인 불성 자리로 바로 가는 것은 부처님이 인가(認可=認定)하신 것이라고 한 것입니다. 그러니 가지나 찾고 잎이나 따는 것은 내 알 바 아니라고 한 것입니다.

이렇게 바로 깨치는 법을 노래했는데도, 잎이나 따고, 가지나 찾는다면 안 된다는 말씀입니다. 잎 따고, 가지 찾는 것은 돌아가는 지엽적(枝葉的)인 것 아닙니까? 바로 가라 했으면 바로 가야지, 헤매지 말라는 소리입니다. 시간 낭비라는 소리입니다. 금쪽같은 시간 아껴서 쓰라는 소리입니다. 인불백년(人不百年)이라 했습니다. 사람 목숨이 얼마나 삽니까? 기껏해야 70~80년 아닙니까? 그러니 금생에 불법을 만났으니, 부처 되라는 소리입니다. 부처 되는 것이 바로 가는 것입니다. 근원 자리로 바로 가는 것이 수행입니다. 그것 말고는 다 가지나 찾고, 잎 따는 일이라는 말입니다. 오늘은 여기까지입니다. 마음에 반조(返照)하십시오.

마니보주 가진 것을 사람들이 모른다

마니보주를 사람들이 알지 못하니,
여래장 속에서 친히 거두어들임이라,

여섯 가지 신통 묘용은 공하면서 공하지 않고,
한 덩어리 뚜렷한 빛은 색이면서 색이 아니로다.

摩尼寶珠人不識 如來藏裏親收得
六般神用空不空 一顆圓光色非色

마니란 범어이고, 마니보주란 우리 불성을 말합니다. 우리 자성이 마니보주와 같아서 여의 자재(如意 自在)함을 말한 것입니다. 『법화경』비유 품에 나온 말로서 중생들은 자기자성(自己自性)이 불성(佛性)을 지니고 있는 것을 모른다는 말입니다. 자기 불성을 깨달으면 평생을 써도 다 못 쓰는 보배 구슬이 있는데도 자꾸 밖으로만 찾아다니는 것을 비유한 것입니다. 불성은 본래 구족(具足)한 것 아닙니까? 그런데 밖에서 찾고 있으니, 참 딱한 노릇이라는 말입니다. 쉽게 말하면 심즉시불(心卽是佛), 부처란 소리입니다.

그런데 마음(心)을 밖에서 부처를 (覓佛) 찾고 다니니, 영가 스님께서 안타까워서 이렇게 노래로 말한 것입니다. 마니보주(佛性)를 사람들(衆生)이 알지 못하니, 불성(佛性)은 여래장(如來藏) 마음속에서 깨쳐(親) 증득(證得))하라는 것입니다. 보조 국사(普照國師)의 『절요(節要)』에 보면 마니보주를 "색상(色相)은 자유차별(自有差別)이언정 명주(明珠)는 부증변역(不

曾變易)이다."라고 했습니다. 색상은 스스로 차별이 있을지언정 밝은 구슬은 변함이 없다는 말입니다. 여기서 명주(明珠)는 마니보주(摩尼寶珠)를 말한 것입니다. 밝고 맑은 구슬은 투명하여 붉은 것이 오면 붉게 보이고, 파란 것이 오면 구슬이 파랗게 보이나 구슬 자체는 파랗고 붉은 것이 아니라 말입니다.

그와 마찬가지로 우리 불성도 근본 자리에서 보면 생사(生死)가 없는 열반적정 처입니다. 즉 변하지 않는다는 말입니다. 그러니 마음을 깨쳐 부처가 되려면 마음에서 불성을 깨달아야지 다른 곳에서 찾으면 안 된다는 말입니다. 마음이 즉 부처라는 소리입니다. 육반신용(六般神用)은 육종신통(六種神通)을 말한 것입니다. 육신통(六神通)은 첫째가 천안통(天眼通)입니다. 육안(肉眼)으로 볼 수 없는 것을 보는 신통(神通)이고, 육안(肉眼)은 중생(衆生)의 눈입니다. 중생은 눈앞에 종이 한 장만 가려도 보지를 못합니다. 보는 것이 한계가 있는 눈입니다. 그런데 천안통(天眼通)을 하고 보면 천 리 밖에 있는 것도 다 보는 신통입니다.

두 번째는 천이통(天耳通)입니다. 천이통은 보통 귀로는 듣지 못하는 음성을 다 듣는 신통입니다. 근래 오대산 방한암 선사(方漢岩 禪師)께서도 천이통(天耳通)을 했다는 것 아닙니까? 마음을 깨치고 나면 천 리 밖에서 하는 소리도 다 듣는다는 이 말입니다. 세 번째는 타심통(他心通)입니다. 타심통은 다른 사람의 의사를 自在하게 아는 신통입니다. 남의 마음을 꿰뚫어 보는 겁니다. 남의 속마음을 다 안다는 것입니다. 네 번째는 숙명통(宿命通)입니다. 숙명통은 지나간 세상의 생사(生死)를 자재하게 아는 신통(神通)입니다. 이생뿐 아니라 과거 전생(前生)의 모든 것을 아는 신통이 숙명통입니다. 다섯 번째는 신족통(神足通)입니다. 신족통은 부사의(不思義)하게 경계를 변하여 나타내기도 하고, 마음대로 날아

다니기도 하는 신통입니다. 여섯 번째는 누진통(漏盡通)입니다. 누진통은 자재(自在)하게 번뇌(煩惱)를 끊는 신통(神通)입니다.

중생은 번뇌 속에 살지 않습니까? 그런데 누진통을 얻으면 번뇌를 마음대로 끊을 수가 있다는 것입니다. 이렇게 마음을 깨치고 나면 여섯 가지 신통이 자유 자재하게 부릴 수가 있다는 말입니다. 여섯 가지 신통묘용이 공(空)하면서 공(空)하지 않다고 했습니다. 공하다는 것은 쌍차(雙遮)(否定)를 말한 겁니다. 불공(不空)이라는 것은 쌍조(雙照)(肯定)를 말한 것이고요, 쌍차, 쌍조(雙遮, 雙照)는 마음을 깨쳐서 자유자재하게 마음을 쓰는 것을 말한 것입니다. 어떨 때는 本體로 돌아가 텅텅 비어 공(空)하고, 어떨 때는 작용(作用) 자리로 돌아와 수연(隨緣)(妙有)하는 것을 말한 것입니다. 그러니 마음 불성은 한 덩어리 둥근 구슬과 같아서 노란 것이 오면 노랗게 되고(色), 검은 것이 오면 검게(色) 되기도 하고, 노랗고, 검은색이 사라지면 원래 한 덩어리 구슬이라(無色) 비색(非色)이 된다는 것입니다.

우리 본래 마음이 그렇다 이겁니다. 우리 불성(佛性)의 마음자리가 불변(不變)(非色)하고, 수연(隨緣)(色)하는 것을 말한 것입니다. 이런 것이 자유자재(自有自在) 한 것 아닙니까? 이것을 신통묘용(神通妙用)이라고 한 것입니다. 본래 청청한 마음, 불성 자리를 깨치고 나면 이렇게 자유자재하게 마음을 쓸 수가 있다는 말입니다. 오늘은 여기까지입니다. 마음에 새겨 반조하십시오,

물속의 달은 참 달이 아니다

오안을 깨끗이 하여 오력을 얻는 것은
증득 해야만 알 뿐 헤아리기 어렵다.

거울 속의 형상은 보기가 어렵지 않으나
물속의 달을 건지려 하나 어떻게 건지겠는가?

淨五眼得五力 唯證乃知難可測
鏡裏看形見不難 水中捉月爭拈得

오안(五眼)은 다섯 가지 눈입니다. 개수(個數)가 다섯이 아닙니다. 종류 (種類)가 다섯이라는 것입니다. 모든 법의 사(事)와 이(理)를 관조(觀照)하는 오종(五種)의 눈입니다. 첫째는 육안(肉眼)입니다. 육안(肉眼)은 중생 (衆生)의 육신(肉身)에 갖추어진 눈을 말합니다. 보통 깨닫지 못한 중생의 눈이 육안(肉眼)입니다. 두 번째 천안(天眼)은 천취(天趣)에 나거나 선정(禪定)을 닦아 얻게 되는 눈을 말합니다. 천안은 미세한 사물까지도 멀리, 또는 널리 볼 수가 있어서 중생들의 미래에 나고, 죽는 모양을 알 수 있는 눈입니다. 세 번째는 혜안(慧眼)입니다. 혜안은 우주 진리를 밝히는 눈입니다. 만유(萬有)의 모든 현상은 '공(空)하다, 무상(無相)하다, 무작(無作)이다, 무생(無生)이다, 무멸(無滅)이다.'라고 보아, 모든 집착을 떠나서 차별 현상을 보지 않는 눈입니다.

네 번째는 육안(法眼)입니다. 법안(法眼)은 보살이 가지고 있는 눈입니다. 일체법(一切法)을 분명하게 비춰보는 눈입니다. 다섯 번째는 불안(佛

眼)입니다. 불안(佛眼)은 모든 법의 진성(眞性)을 비춰보는 부처님 눈입니다. 모든 법의 진성(眞性)을 꿰뚫어 보는 일체종지(一切種智)의 눈이 불안(佛眼)입니다. 이렇게 오안(五眼)을 얻는 것은 중생의 눈 따로 별도로 있는 것이 아닙니다. 깨치고 보면 중생의 육안(肉眼)이 불안(佛眼)이 되는 것입니다. 중생의 눈 밖에 불안(佛眼), 혜안(慧眼), 법안(法眼)이 있는 것이 아닙니다. 이렇게 오안(五眼)을 깨끗이 하여 오력을 얻는 경지를 중생은 알기가 어렵다는 것입니다. 깨친 경지라 그렇습니다. 깨달은 경지는 말길이 끊어진 자리라서 그렇습니다. 오력(五力)은 삼십칠 조도 품 중(三十七 助道 品 中) 하나입니다. 첫째가 신력(信力), 믿음의 힘입니다. 신력(信力)은 불법(佛法)은 믿고, 다른 것은 믿지 않습니다. 확신(確信)의 믿음이라 그렇습니다. 두 번째는 정진력(精進力)입니다. 정진력은 게으름을 피우지 않는 것을 말합니다.

세 번째는 염력(念力)입니다. 염력(念力)은 사상(思想)을 바르게 하고, 사특한 생각을 버리는 것을 말합니다. 네 번째는 정력(定力)입니다. 정력(定力)은 선정의 힘입니다. 선정을 닦아 어리석은 생각을 없애는 것이 정력(定力)입니다. 다섯 번째는 혜력(慧力)입니다. 혜력(慧力)은 지혜의 힘입니다. 불교(佛敎)의 진리(眞理)인 사제(四諦)를 깨달은 것이 혜력(慧力)입니다. 이렇게 깨치고 보면 오안(五眼)과 오력(五力)을 얻는데, 일반 중생들은 알 수가 없다는 것입니다. 여기서 증(證)은 증오(證悟)를 말한 것입니다. 몸소 닦아 깨달은 것을 증오(證悟)라고 합니다. 남의 말만 듣고 생각으로 말한 것이 아니라 직접 체험하는 것을 증오(證悟)라고 합니다 이론이나 개념, 또는 생각으로 아는 것은 해오(解悟)라고 합니다.

학문적으로 연구하여 아는 것이 해오(解悟)입니다. 학자들이 아는 것이 해오(解悟)입니다. 해오(解悟)와 증오(證悟)는 엄청난 차이가 있습니다.『선가(禪家)』에서는 증오(證悟)라야 통(通)합니다. 증오(證悟)는 자기(自己)의 깨친 소리입니다.『팔만대장경』부처님 말씀과 같습니다. 표현만 다르지 뜻은 같습니다. 영가 대사가 깨친 노래가「증도가(證道歌)」아닙니까? 임제 선사가 깨친 말이 '임제 어록(臨際錄)'입니다.

　조주(趙州)의 깨친 말이『조주 록(趙州錄)』이 된 것입니다. 이렇게 자기가 쓰는 언어(言語)로 깨친 것을 말해놓은 것이 조사 어록(祖師語錄)입니다. 부처님이 깨달은 것과 조사님들이 깨달은 것이 다른 것이 아닙니다. 똑같습니다. 모두 다 삼법인으로 귀결됩니다. 영가 대사께서 깨치고 보니, 중생들의 하는 짓이 물속의 달을 건지고 있다는 것입니다. 거울 속에 비치는 얼굴이 자기 얼굴인 것은 압니다. 그런데 물속의 달이 진짜 달인줄 알고 자꾸 잡으려고 한다는 겁니다. 부처님 경전에 나온 이야기입니다.

　히말라야 산속에 원숭이들이 달 밝은 밤중에 나무 열매를 따 먹다가 허공에 떠 있는 달이 물속에도 있는 것을 보고, 오백 마리 원숭이들이 나뭇가지에 매달려서 팔과 팔을 연하여 잡고 물속에 달을 건지려고 애쓰는 것을 말한 것입니다.

　물속의 달은 진짜 달이 아닙니다. 그런데 원숭이들은 진짜 달인줄 알고, 그 달을 건지려다가 오백 마리 원숭이들이 물에 다 빠져 죽었습니다. 여기서 원숭이들은 우치(愚痴)한 중생(衆生)을 비유로 말한 것입니다. 한마디로 말하면 헛고생하지 말라는 말입니다. 물속의 달은 진짜 달이 아닙니다. 허공의 달이 진짜 달 아닙니까? 수행도 마찬가지입니다. 수행을 한다고 하지만 수행의 본분을 떠난 수행을 꼬집는 말입니다. 수행(修行)의 본분(本分)을 떠나면 물속의 달 건지는 꼴이 됩니다. 헛고생, 헛수고 아닙니까? 마음에 새겨 반조(返照)할 일입니다.

홀로 걷고 홀로 다닌다

항상 홀로 다니고 항상 홀로 걷나니,
통달한 이 함께 열반의 길에 함께 논다.

옛 가락 신기 맑으며
풍채 스스로 드높음이여!

초췌한 모습 앙상한 뼈
사람들이 거들떠보지 않는구나.

常獨行常獨步 達者同遊涅槃路
調古神淸風自高 貌悴骨剛人不顧

항상 홀로 다니고, 항상 홀로 걷는다는 것은 깨친 자의 경계를 말한
것입니다. 대대(對待)가 끊어졌기 때문에 그렇습니다. 상대(相對)가 아닌
그 자리는 절대이기 때문에 그렇습니다. 부처님이 깨치고 나서 하신 말
씀이 "천상천하(天上天下)에 유아독존(唯我獨尊)"이라고 했습니다. 유아
독존(唯我獨尊)은 절대(絕對)인 불성(佛性)을 현창(顯唱)하신 말씀입니다.
우주 만상이 그대로 불성(佛性)을 지니고 있다는 깨침의 선언(宣言)입니
다. 그것을 영가 대사께서 "독행독보(獨行 獨步)"라고 하신 것입니다. 그
러니 자성(自性)을 깨친 자는 똑같이 열반의 길에서 노닌다고 했습니다.
과거 제불(諸佛) 보살님과 역대 조사(祖師)가 다 깨쳐서 열반을 성취한
것입니다. 깨쳐야만 열반을 얻고, 그 길을 가는 것입니다. 깨치지 못하면
생사윤회(生死輪廻)를 못 면합니다. 수행의 목적은 성불제중(成佛濟衆)에

있습니다.

성불(成佛)해야 중생(衆生)을 도울 것 아닙니까? 그 길은 삼세제불(三世諸佛)이 똑같이 간 길입니다. 그래서 오늘도 뼈를 깎는 각고로 수행 정진들을 하고 있는 것 아닙니까? 옛말에 "불불불상견(佛佛不相見)"이라고 했습니다. 또 "조조불상봉(祖祖不相逢)"이라고도 했습니다. "부처와 부처는 서로 볼 수가 없다, 조사와 조사는 서로 만날 수가 없다."라고 했습니다. 이 말이 무슨 말이냐면 깨친 경계에서는 부처와 부처가 상대적일 수 없다는 것입니다. 부처의 자리는 대대(對對)가 끊겼기 때문에 그렇습니다. 차별, 분별(差別, 分別)이 끊겼기 때문에 부처가 부처를 보지 않는다는 말입니다. 온 우주가 하나의 불성(佛性)이고, 법성(法性) 자리라 그렇습니다. 조사(祖師)도 마찬가지입니다. 조사가 깨친 자리도 똑같은 자리라서 그렇다는 것입니다.

조사(祖師)가 조사(祖師)를 만난다고 하면 둘로 쪼개진 것입니다. 쪼개지면 그(覺) 자리가 아니라는 것을 말한 것입니다. 그래서 영가 스님께서 깨친 자는 누구나 똑같이 열반의 길에서 노닌다고 한 것입니다. 그런데 그 깨침은 그냥 얻어지는 것이 아니라는 말입니다. 옛 가락 곡조에 맞춰서 마음을 맑게 하고, 풍채는 스스로 높여야 한다는 말입니다. 그리고 모습은 초췌하고 앙상한 뼈만 남은 각고가 있어야 한다는 말씀입니다. 철저(徹底)한 무소유, 수행가풍(無所有 修行家風)을 말한 것이죠. 먹고 자는 것도 잊은 채 오로지 화두 하나에 몰입하여 토굴에서 수행(修行)하는 수좌(首座) 스님들의 모습을 연상케 하는 시구(詩句) 아닙니까? 그런 수행자의 길을 사람들은 거들떠보지 않는다는 말씀입니다. 우리가 사는 현실과 똑같습니다.

요새 새로 스님이 되겠다고 출가한 행자 수가 작년 대비 반(半)이라고 합니다. 보고, 즐기면 되는 세상에 뭣 하려고 수행자가 되느냐는 것입니다. 그래서 앞으로는 수녀, 신부, 스님 모집 공고를 내야 할 판이라고 합니다. 도(道)니, 진리(眞理)니 하는 것이 귀찮다는 것 아닙니까? 그런데 영가 스님 당시에도 그랬던가봅니다. 그리고 앞으로는 더 그럴 거라 봅니다. 그래서 말입니다만 우리 불자님들이 앞으로 이런 세상 오지 않도록 열심히 마음에 새겨 수행 정진합시다.

도를 깨달으면 무가보를 얻는다

궁색한 부처님 제자 입으로는 가난하다고 하나
몸은 비록 가난 하나 도는 가난하지 않네그려.

가난해서 몸엔 항상 누더기를 걸쳤으나
도를 얻어서 마음엔 무가지보를 간직했도다.

窮釋子口稱貧 實是身貧道不貧
貧則身常被縷褐 道則心藏無價珍

이 시구(詩句)는 수행자의 행색(行色)을 말한 것입니다. 스님들은 삼의
일발(三衣 一鉢)이 전부 아닙니까? 옷 세 벌에 발우 하나로 평생을 삽니
다. 물자가 풍족한 오늘날에는 스님들도 좋은 옷감으로 옷을 해 입지만,
옛날에는 다 떨어진 누비옷이 전부였습니다. 차림 모양새로 보면 꾀죄죄
한 것이 누비옷 아닙니까? 볼품도 없고, 솜이 비실비실 튀어나오니, 천
상 차림새로 보면 얻어먹고 사는 거지꼴 아닙니까?

옛날 수행자는 다 그런 모습이었습니다. 왜 그렇게 했겠습니까? 옷 꿰
맬 시간이 어디 있습니까? 도 닦고, 마음공부하는데 일념하다 보니 그
렇게 된 것입니다. 영가 스님이 살던 중국에는 땅이 하도 넓어서 한번
산속으로 들어가면 몇 년씩 걸린지라, 나오기도 보통 문제가 아닐 것입
니다. 그래서 깁고 깁은 옷이 자연적으로 수좌 누비옷이 된 것입니다.
그 행색을 표현한 것이 이런 시구(詩句)가 된 것입니다. 깊은 산속에서
토굴 하나 잡아놓고, 일대사인연(一大事 因緣)을 해결하기 위해서 불철주

야 용맹하게 정진한 수행자의 모습이 확 드러나지 않습니까? 수행자의 참모습 말입니다. 차림새는 다 떨어져 누덕누덕한 걸레 옷을 입었지만, 그 속에는 삼천 대천 세계를 비출 지혜와 광명을 안고 있다는 말입니다.

그 광명이 불성(佛性) 광명(光明)입니다. 값으로 따질 수가 없는 무가지보(無價之寶)라는 말입니다. 가격을 매길 수가 없다는 말입니다. 그래서 무가(無價)라고 한 것입니다. 값으로 따질 수가 없다는 말씀입니다. 그것이 무엇이겠습니까? 도(道) 아닙니까? 도(道)가 뭡니까? 마음을 깨친 도(道)입니다. 마음을 깨친다는 것은 뭡니까? 성불(成佛) 아닙니까? 부처가 된 것입니다. 몇 해 전에도 해인사에는 이런 도인(道人)이 있었습니다. 그분이 바로 지월 선사(指月禪師)였습니다. 평생을 다 떨어져 누비고 누빈 누더기 옷 한 벌로 사셨습니다. 신도들이 승복을 새로 지어 바쳐도 입지를 않았습니다. 왜냐구요? 철저한 수행자의 길을 가기 위해 섭니다. 잘 입고, 잘 먹기 위해서 수행하는 것이 아니지 않습니까? 그래서 그 새 옷은 새로 사미가 된 스님들에게 보시하곤 했습니다. 당신 자신과의 약속입니다. 그것이 수좌의 수행관입니다.

지금도 지월 선사의 법문이 귀가에 늘 생생합니다. 선사께서는 법문을 가끔 하셨는데, 법문 할 때마다 똑같은 법문을 했습니다. 토씨 하나도 틀리지 않는 똑같은 법문을 했습니다. 그런데도 늘 새롭게 들렸습니다. 요지는 이렇습니다. 여러분이 출가 한 것은 생사 대사를 해결하기 위해섭니다. 여러분! 대궐 같은 집에, 유리알 같은 장판에, 삼시 세 때, 백옥 같은 쌀밥에 무엇이 부족합니까? 꽃은 열흘 못 피고, 사람은 백 년 살 수 없습니다. 그러니 금쪽같은 시간을 아끼고 아껴서 부지런히 화두를 챙기십시오. 금생(今生)을 놓치면 사람 몸 받기 어렵습니다. 백 번을 법문해도 똑같은 법문을 했습니다. 그런데 듣는 사람들에게는 늘 새로운 법문으로 들렸습니다. 지월 선사(指月禪師)님의 법력(法力) 때문입니다. 지행합일(知行合一)의 삶을 사셨기 때문입니다. 칠십 노구(七十 老軀)에도 늘 선방(禪房)에서 대중들과 함께 정진했습니다. 죽비를 손수 치고, 주장자를 안고, 정진했습니다. 왜 주장자를 안고 정진하신지 아십니까? 후학(後學)들을 경책(警策)하기 위해 섭니다. 이십 전(二十前)에 득력(得力)을 못 하면 이렇게 주장자라도 안고 정진을 해야 된다는 경책입니다.

나이가 들면 주장자를 안지 않으면 힘이 없어 앞으로 쓰러지니까, 주장자를 안고 수행한다는 말씀입니다. 지금도 노 선사(老禪師)님의 모습이 생생합니다. 후학(後學)들을 격려하고 경책(警策)하기 위해서 몸소 죽비를 치신 모습이 선합니다. 이런 선지식(善知識)을 요새는 절집에서도 눈 씻고 찾아보아도 없습니다. 참 안타까운 일입니다. 지월 선사님은 이렇게 평생을 열반에 드실 때까지 선방(禪房)에서 실참 실구(實參 實求)하셨습니다. 열반에 들기 직전 숨이 끊어지려는 순간에 노 선사님에게 물었습니다. "스님! 화두(話頭)가 들립니까?" 선사님 대답은 "내가 내 집을 두고 어디 갔겠는가?". "스님! 염라대왕이 보입니까?", "내 눈에는 안 보여!" 그랬다는 것 아닙니까? 수행자가 평생을 수행해서 나온 수행의 결과입니다. 여러분은 이 선문답(禪問答)을 어떻게 보십니까?

수행해서 눈빛이 떨어질 때 염라대왕이 보이면 안 됩니다. 염라대왕은 지옥 왕 아닙니까? 눈빛이 떨어질 때 마음이 혼비백산(魂飛魄散)하면 안 됩니다. 마음이 성성적적 삼매 속에 있어야 합니다. 그러기 위해서는 마음 따로 화두 따로가 아닙니다. 평생 챙겨온 화두삼매 속에서 하나가 되어야 합니다. 화두삼매는 선정삼매입니다. 오매일여, 숙면일여, 생사일여(生死一如)가 되어야 합니다. 화두가 내가 되어야 합니다. 지월 선사는 화두가 당신 집이라고 했습니다. 집착의 집이 아닙니다. 일여(一如)의 집,

삼매입니다. 수행은 이렇게 해야 합니다. 이렇게 일여삼매(一如三昧)에 살아야 죽어도 삼매선정(三昧禪定)에서 갑니다. 이런 선정을 얻어야 마음속에 감춰진 무가지보(無價之寶)를 얻는다고 합니다. 그것을 영가 선사께서 이렇게 표현한 깨달음의 노래, 『증도가』입니다. 한마디로 말하면 겉모습만 보고 사람 평가하지 말라는 것입니다. 다 떨어진 거지 옷 속에도 부처님이 있다는 것입니다. 차별 말라는 겁니다. 요새 세상에 딱 맞는 경구(警句)입니다.

사람을 평가할 때 그 사람이 타고 다니는 차를 보고 평가하지 않습니까? 그래서 셋방에 살아도 외제차 타고 허세 부립니다. 월세는 못 내도 외제 승용차에, 옷도 유명 브랜드에 휘황찬란합니다. 이런 것은 다 내실(內實)이 없다는 증거입니다. 속 안은 텅텅 비었는데, 밖으로 포장만 한 것입니다. 세태가 그렇습니다. 이런 때일수록 우리 불자님들이 세상을 밝혀야 합니다. 세상의 등불이 되어야 합니다.

마음의 부처를 찾아 세상의 등불이 되십시오. "금생에 이 몸 제도하지 않으면 어느 생에 이 몸을 제도 하겠는가?" 옛 조사님들의 경책 법문입니다. 금싸라기 같은 촌음을 아껴서 다함께 부처님 됩시다.

무가지보를 써서 중생을 이롭게 한다

무가지보를 써도 다함이 없으니
중생을
이익 되게 하여 때를 따라 아끼지 않네!

삼신, 사지는 본체 가운데 원만하고,
팔 해탈
육신통은 마음 땅에 도장(印)이로다.

無價珍用無盡 利物應時終不悋
三身四智體中圓 八解六通心地印

　무가지보(無價之寶)를 써도 다함이 없다고 했습니다. 우리 마음, 불성을 이른 말입니다. 마음의 참 성품은 가격으로 매길 수가 없다고 해서 무가지보(無價寶)라고 합니다. 보물 중에 최고의 보물이 불성(佛性)입니다. 이 불성은 평생을 써도 다 못 쓰고 간다는 말입니다. 부처님이 그랬고, 제불 보살님이 다 그랬지 않습니까? 이렇게 좋은 불성을 찾아 깨닫는 것이 수행의 목적입니다. 마음을 깨치고 보면 남의 말이 아니라 자기의 살림살이를 말하게 됩니다. 그것이 부처님 말씀은 경(經)이고, 조사님 말씀은 조사 어록(祖師語錄)이 됩니다. 그래서 오는 중생(衆生)의 근기(根機)에 맞춰서 중생을 이롭게 하고, 그때 그 상황에 맞는 법문을 아끼지 않고 하는 것입니다. 그것이 제불조사(諸佛祖師)님의 자비심(慈悲心)입니다. 시구(詩句)에 삼신(三身)이란 말이 나옵니다.

삼신(三身)은 법신, 보신, 화신(法身, 報身, 化身)입니다. 사지(四智)는 대원경지, 평등성지, 묘관찰지 성소작지(大圓鏡智, 平等性智, 妙觀察智, 成所作智)입니다.

삼신(三身)과 사지(四智)가 마음의 본체 가운데 원만하게 갖춰져 있다고 했습니다. 이 말이 무슨 말씀이냐면 법신, 보신, 화신도 마음을 떠나 있는 것이 아니라는 말입니다. 법신(法身)은 마음의 본체 법성 자리를 말한 것입니다. 그것을 체(體)라고 합니다. 마음의 본체, 법(法)의 본 체성(本體性)이란 뜻입니다. 마음을 깨치고 나면 그 마음의 본체 자리가 법신(法身)이라는 것입니다. 그것을 청정법신 비로자나불(淸淨法身 毘盧遮那佛)이라고 합니다. 맑고 깨끗한 법성(法性)이 불성(佛性)이라는 뜻입니다. 보신(報身)는 마음의 선 공덕(善功德)을 말합니다. 법신은 모양도 없고, 형상도 없는 자리입니다. 그런데 그 마음자리에서 남을 이롭게 하고, 착한 일을 많이 하다 보면 그 공덕(功德)이 쌓인 결과(結果)물이 있습니다.

그 공덕의 과(果)가 과보(果報)로 남습니다. 그것이 보신(報身)이 된 것입니다. 과보(果報)의 몸이라 해서 보신(報身)이라고 한 것입니다. 아미타불(阿彌陀佛)이 보신불(報身佛)입니다. 법장비구(法藏比丘)가 전생에 원(願)을 세운 것이 48願 아닙니까? 그 원(願)의 과(果)가 극락정토(極樂淨土)입니다. 이렇게 원(願)의 결과로서 받는 몸이라 해서 보신(報身)이라고 합니다. 마음에 선공덕(善功德)이 보신(報身)이 됩니다. 보신(報身)은 선덕(善德)의 상(相)입니다. 여러분의 원력(願力)이 보신(報身)이 됩니다. 그래서 원만보신 노사나불(圓滿報身盧舍那佛)이라고 했습니다.

화신불(化身佛)은 응신불(應身佛)이라고 합니다. 화신(化身)은 작용(作用)하는 것을 말한 것입니다. 그래서 용(用)이라고 합니다. 마음이 작용하지 않습니까? 슬프면 슬프다고 하고, 기쁘면 기쁘다고 작용을 합니다. 작용하는 것을 변화한다고 합니다. 그것이 변해서(化) 된 몸(身)이라고 합니다. 중생의 근기에 따라 변하는 몸이라는 말입니다. 부처님도 삼천 년 전에 이 땅에 오신 것 아닙니까?

중생을 제도하기 위해서 몸을 나투셨다고 해서 천백억화신석가모니불(千百億化身 釋迦牟尼佛)이라고 합니다. 삼신(三身)은 마음의 체성(體性)과 공덕상(功德相)과 작용(作用)을 말한 것입니다. 깨닫고 나면 마음의 본체가 법신불(法身佛)이고, 마음의 공덕(功德)이 보신불(報身佛)이고, 중생의 근기에 따라 몸을 변화하는 것이 화신불(化身佛)이 됩니다. 마음 떠나서는 삼신불(三身佛)이 없습니다. 마음이 바로 법신, 보신, 화신(法身, 報身, 化身)입니다. 마음의 체, 상, 용(體, 相, 用)은 삼대(三大)를 말한 것입니다. 그리고 사지(四智)는 대원경지, 평등성지 묘관찰지, 성소작지(大圓鏡智, 平等性智, 妙觀察智, 成所作智)입니다. 사지(四智)는 전식득지(轉識得智)를 말한 것입니다. 식(識)을 굴려서 지(智)를 얻는다고 말입니다. 이 말이 무슨 말입니까? 식(識)은 중생(衆生)의 분별식(分別識)입니다.

중생들의 쪼개고 나누고 분별하는 식(識)을 버린다(滅)는 것입니다. 분별식(識)을 버려야 지혜(智慧)를 얻는다는 말입니다. 대원경지는 팔식작용(八識作用)을 버려야(滅) 얻는 지혜(智慧)입니다. 제팔 아뢰야식(第八 阿賴耶識)도 미세망식(微細妄識)이라서 그렇습니다. 평등성지는 제칠 말나식(第七 末那識)을 소멸해야 얻는 지혜(智慧)입니다. 제칠식(第七識)은 차별·분별식(差別分, 別識分)입니다. '좋다, 나쁘다, 밉다, 곱다, 내 것이다, 네 것이다'는 따지고, 집착하는 마음입니다. 이렇게 나누고 쪼개는 마음이 멸해야 평등(平等)한 지혜(智慧)를 얻게 됩니다. 묘관찰지는 육식(六識)을 버려야 얻는 지혜입니다. 육식(六識)은 안식, 이식, 비식, 설식, 신식, 의식(眼識, 耳識, 鼻識, 舌識, 身識, 意識)을 말합니다. 눈으로는 보지 않습니까? 귀로는 소리를 듣습니다. 코로는 냄새를 맡죠. 혀로는 맛을 분별합니다. 몸으로는 감촉, 촉각을 느낍니다. 마음으로는 색깔, 소리, 냄새, 맛, 냉, 온을 분별을 합니다. 이런 것이 다 허망(虛妄)한 망식(妄識)이라는 것입니다.

이 육식을 버려야(無執着) 묘관찰지(妙觀察智)를 얻는다는 말입니다. 성소작지(成所作智)는 전오식(前五識)을 버려야 얻는 지혜(智慧)입니다. 전오식(前五識)은 육식(六識)의 의식(意識)이 빠진 식(識)입니다. 안식(眼識)에서 신식(身識)까지를 말한 것입니다. 한마디로 말하면 중생(衆生)의 식(識)으로는 지혜(智慧)를 얻을 수가 없다는 말입니다. 그러니 분별식인 식(識)이 멸해야(轉) 지혜(智慧)를 얻는다는 말입니다. 현장법사(玄裝法師)의 『팔식규거송(八識規矩頌)』에 사지설(四智說)을 자세하게 설명하고 있습니다. 언제 시간이 나면 별도로 소개하겠습니다. 워낙 어렵고 난해(難解)한 의식 세계(意識 世界)라서 책 한 권 분량이 됩니다. 팔식송(八識頌)은 식송(識頌)이 있고, 전송(轉頌)이 있습니다. 한 字 한 字 깊은 뜻을 함축(含蓄)해놓은 것이라서 다 소개를 못 한 것이 아쉽습니다. 팔 해탈(八解脫)은 여덟 가지의 해탈(解脫)을 말합니다. 전식득지(轉識得智)는 중생이 부처가 된 것을 말합니다. 혁범성성(革凡成聖)과 전미개오(轉迷開悟)와 같은 말입니다. 식(識)이 멸해서 지혜(智慧)를 얻었으니 말입니다.

그 지혜를 얻고 나면 중생의 굴레에서 벗어난 것이 해탈(解脫)입니다. 중생의 업식(業識)에서 벗어났다는 것입니다. 속박되지 않는 대자유인(大自由人)이 된 것입니다. 그것이 팔 해탈(八解脫)입니다. 여덟 가지 구속에서 벗어났다는 것입니다.

첫째는, 내유색상관외색해탈(內有色想觀外色解脫)입니다. 안으로 색욕(色慾)을 탐하는 생각이 있으므로 이 탐심을 없애기 위해서 밖의 부정인 퍼렇게 어혈이든 빛 등에 관하여 탐심을 못 일어나게 하는 것을 말합니다. 두 번째는 내무색상관외색해탈(內無色想觀外色解脫)입니다. 안으로 색욕을 탐내는 생각이 이미 없어졌으나 이것을 더욱 굳게 하기 위하여 밖의 부정인 퍼렇게 어혈이든 빛 등에 관하여 탐심을 다시는 못 일어나게 하는 것을 말합니다. 세 번째는 정해탈신작증구족주(淨解脫身作證具足住)입니다. 깨끗한 색(色)을 관(觀)하여 탐심을 일어나지 못하게 하는 것입니다.(淨解脫) 이 정 해탈을 몸에 증득하여 구족 원만하며 定에 들어 있음을 신작증구족주라고 합니다.

네 번째는 공무변처해탈(空無邊處解脫)이라고 합니다. 다섯 번째는 식무변처해탈(識無邊處解脫)이라고 합니다. 여섯 번째는 무소유처해탈(無所有處解脫)이라고 합니다. 일곱 번째는 비상비비상처해탈(非想非非想處解脫)이라고 합니다. 여덟 번째는 멸수상정해탈신작증구족주(滅受想定解脫身作證具足住)라고 합니다. 이 넷은 각각 능히 그 아래 자리의 탐심을 버리게 됨으로써 해탈한다는 것입니다. 마지막 멸수상정해탈신작증구족주는 이것은 멸진정(滅盡定)을 말한 것입니다. 멸진정(滅盡定)은 수상(受想) 등의 마음을 싫어하여 영원히 무심(無心)에 머문 해탈을 말한 것입니다. 부처님도 여덟 번째인 멸진정(滅盡定)을 얻어서 부처님이 되신 것입니다. 상수(受想)까지 다 멸해야 멸진정(滅盡定)이 됩니다. 이 팔 해탈도 자세히 설하자면 책 한 권 분량이 됩니다.

불자님들께서도 초기 경전(初期經典)을 읽어 보시기를 권합니다. 초기 경전 『구차제정(九次第定)』에 대해서 자세히 나와있습니다. 앞의 네 가지 해탈은 색(色)에 대한 해탈입니다. 색(色)은 물질입니다. 우리 몸에 대한 애착을 털어내는 해탈입니다. 뒤의 네 가지 해탈은 마음에 대한 해탈입니다. 『구차제정(九次第定)』에서 보면 초선(初禪)에서는 언어(言語)가 적멸(寂滅)한다고 했습니다. 이선(二禪)에서는 각관사유(覺觀思惟)가 적멸(寂

滅)한다고 했습니다. 삼선(三禪)에서는 희심(喜心)이 적멸(寂滅)합니다. 사선(四禪)에서는 출입식(出入息)이 적멸(寂滅)합니다. 공처(空處)에서는 색상(色想)이 적멸(寂滅)합니다. 식처(識處)에서는 공처(空處)가 적멸(寂滅)합니다. 무소유처(無所有處)에서는 식처상(識處想)이 적멸(寂滅)합니다. 비상비비상처(非有想非無想處)에서는 무소유상(無所有處想)이 적멸(寂滅)합니다. 상수멸진정(想受滅盡定)에서는 상수(想受)가 적멸(寂滅)합니다. 구차제정에서 행(行)을 차례로 멸하는 과정을 말한 것입니다. 마지막 멸진정에 들어야 想, 受가 완전히 滅하는 것을 알 수가 있습니다.

육통(六通)은 육신통(六神通)을 말합니다. 육신통은 앞에서 언급했으므로 여기서는 생략합니다. 이렇게 삼신, 사지, 팔 해탈, 육신통 (三身, 四智, 八解脫, 六神通)이란 용어는 불교 법수(法數)라고 합니다. 수학 공식과 같습니다. 수학을 알려면 수학 공식을 배워야 하듯이 불교를 알려고 하면 불교 법수(法數)를 알아야 합니다. 차츰차츰 익히다 보면 이렇게 법수를 하나씩 알게 되고, 법수를 다 알게 되면 불교 교리가 한눈에 들어오게 됩니다. 느긋한 마음으로 마음에 새겨보십시오. 수행은 자기 내면의 마음을 통찰하고 집중하는 것입니다. 집중이 하나로 이어지면 선정삼매가 됩니다. 이론은 실참 되지 않는 글이라 참선을 통한 실참실구를 해야만 자내증(自內證)이 됩니다. 각자 마음에 반조하십시오.

밖을 향한 수행을 자랑 마라

상 근기는 한번 결단하여 일체를 깨닫고,
중, 하 근기는 들을수록 더 믿지 않는구나.

다만 스스로 마음의 때 묻는 옷 벗어야 하거늘
누가 밖을 향해 정진을 자랑하는가?

上士一決一切了 中下多聞多不信
但自懷中解垢衣 誰能向外誇精進

이 시구(詩句)에서는 중생의 근기(根機)를 말한 것입니다. 중생의 근기는 상 근기, 중 근기, 하 근기(上根機, 中根機, 下根機) 셋으로 나눠서 말하고 있습니다. 어찌 중생의 근기(根機)가 셋만 되겠습니까? 천차만별(千差萬別)이 중생 세계(衆生 世界) 아닙니까? 모양도 다르고, 생각도 다 다릅니다. 얼굴 모양만큼이나 생각이 다른 것이 중생 세계입니다. 근기론(根機論)은 중생의 그릇(器)을 말합니다. 그릇은 됨됨이 아닙니까? 즉 격(格)을 말한 것입니다. 품격(品格), 인격(人格)을 말한 것입니다. 중생은 중생마다 다 업보(業報)와 과(果)가 있지 않습니까? 그 업보(業報)가 근기(根機)와 중생(衆生)입니다. 업(業)의 모양(形)에 따라 그릇(器)이 다릅니다. 고양이는 고양이 업(業)이 있습니다. 사자는 사자의 업(業)이 있습니다. 업(業)은 어디서 옵니까? 행위(行爲)에서 옵니다. 행위(行爲)는 어디서 옵니까? 행위는 탐욕(貪慾)에서 옵니다. 그 탐욕은 어디서 옵니까? 탐, 진, 치(貪, 嗔, 痴)와 삼독심(三毒心)에서 옵니다.

삼독심(三毒心)은 어디서 옵니까? 그것은 무명(無明)에서 옵니다. 무명(無明)이 천차만별(千差萬別)인 근기(根機), 중생을 만듭니다. 무명(無明)은 지혜(智慧)가 없는 데서 옵니다. 여기서 상 근기(上根機)는 지혜(智慧)가 있는 근기(根機)입니다. 그래서 한 번 들으면 몰록 깨달은 근기(根機)를 말합니다. 언하에 바로 깨달음을 얻습니다. 부처님 당시에도 상 근기 제자들이 많았습니다. 사리 불 존자, 목련 존자, 마하 대가섭 존자 등이 상 근기입니다. 업(業)의 경중(輕重)에 따라 업이 무거우면 중, 하 근기(中, 下根機)가 되고, 업(業)이 가벼우면 상 근기(上根機)가 됩니다. 그래서 중 근기, 하 근기는 믿지를 않는다는 것입니다. 들으면 들을수록 더 믿지를 않는다는 것입니다. 이 말이 무슨 말이냐면 중생이 부처라고 말을 해도 믿지를 않는다는 말입니다. 참 답답할 노릇 아닙니까? 부처님이 깨닫고 하신 말씀이 무슨 말입니까? "일체중생(一切衆生)이 실유불성(悉有佛性)"이라고 했습니다. 일체 모든 중생이 부처님의 불성을 지니고 있다고 했습니다. 그런데 지금도 믿지를 않고 있지 않습니까?

영가 스님 당시에도 믿지를 않았지만, 지금도 마찬가지입니다. 왜 그렇습니까? 그것은 근기, 업장(根機, 業障) 때문에 그렇습니다. 무명, 업장(無明, 業障)이 막고 있기 때문입니다. 마음의 때를 씻어 버리면 될 것인데 그러하지를 않고 자꾸 밖으로 뭔가를 찾고 있다는 것입니다. 뚝섬 봉은사에서도 대구 동화사에서도 땅 밟기 기도를 했잖습니까? 탱화도 찢고 법당 다기 그릇에 방뇨도 했다고 합니다. 절에 와서, 법당에서 철야 통성(徹夜 痛聲)기도를 했습니다. 왜 그렇습니까? 창조론(創造論)의 신념(信念)이 그렇게 한 것입니다. 서울 화계사 방화 사건(放火 事件)을 보십시오. 유일신 창조론 신념(唯一神 創造論 信念)이 그렇게 광신, 맹신도(狂信, 盲信徒)를 만든 것입니다. 불교적 차원에서 보면 무명(無明) 때문에 그렇다고 봅니다. 미쳐버린 것 아닙니까?

미쳐도 자기 집 안에서 미치면 탈이 없는데, 밖으로 설치고 다니니까 사회문제가 문제가 됩니다. 전국 곳곳에 훼불 사건 보십시오. 한 생각 잘 못된 신념(信念)이 엄청난 사회 파장을 일으키고 있지 않습니까? 종교 간 갈등으로 번지고 있습니다. 한 생각이 그렇게 만든 것입니다. 그 한 생각은 어디서 온 겁니까? 무명, 무지(無明, 無智) 광신(狂信)에서 온 것입니다. 그 무명(無明)의 집착(執着)을 지혜(智慧)의 빛으로 벗겨줘야 합니다. 불자(佛子)들이 벗겨줘야 합니다. 불자(佛子)의 신념(信念)은 뭡니까? 심즉시불(心卽是佛)입니다. 마음이 부처입니다. 원효 스님은 이렇게 말했습니다. 증미작반(蒸米作飯)이라고 했습니다. 밥을 지으려면 쌀로 밥을 지어야 한다고 했습니다. 증사작반(蒸沙作飯)이면 안 된다고 했습니다. 모래로 천 년을 쪄봐도 밥은 안 된다는 말씀입니다. 올바른 믿음이 중요함을 일러준 말씀입니다. 모래로는 밥을 만들 수가 없다는 말입니다. 쌀로 밥을 지어야 밥이 된다는 말입니다. 쌀, 모래를 가리는 것은 지혜입니다.

마음 밖에는 아무것도 없습니다. 우리 불자님들은 이것을 확신(確信)해야 합니다. 마음 밖에서는 천만년 동안 진리를 찾아도 헛수고라는 말입니다. 이 점을 명심해야 합니다. 보조 국사도 똑같은 말씀을 했습니다. 마음 밖에서 부처를 찾는 것은 외도 사도라고 했습니다(心外覓佛 是名邪道). 부처님께 하루는 외도(外道)가 찾아와서 묻습니다. "부처님이시여! 유언(有言)으로도 묻지를 않고, 무언(無言)으로도 묻지를 않겠습니다. 한마디 말해주십시오." 그러자 부처님은 침묵(沈默)으로 답(答)했습니다. 그러자 외도(外道)는 부처님을 찬탄했습니다. "거룩하고, 지혜로우신 부처님 고맙습니다. 나는 오늘 부처님의 법(法)을 깨달았습니다." 그러자 곁에 있던 아난 존자(阿難尊者)는 어리둥절했습니다. 부처님은 한마디도 말을 하지 않았는데, 외도(外道)는 진리를 깨쳤다고, 부처님을 찬탄했으니 말입니다.

아난(阿難) 존자로서는 도저히 납득이 되지를 않았습니다. 그래서 "세존이시여! 저 외도(外道)는 뭣을 깨달았습니까?" 그러자 부처님께서 말씀하셨습니다. "천 리를 달리는 좋은 말은 채찍의 그림자만 보아도 잘 달린다. 그렇지만 둔하고 어리석은 말은 살가죽이 터지고 뼈가 부서지도록 맞아야 겨우 달리느니라." 이 말씀이 바로 근기론(根機論)입니다. 그래서 옛 조사님들이 이런 시구(詩句)를 남겼습니다. "良馬已隨鞭影去 阿難依由世尊前". 좋은 말은 채찍의 그림자만 보아도 달리는데, 근기가 둔한 아난은 세존 앞에 나와서 그 까닭을 묻고 있다고 했습니다. 부처님 당시나 영가 스님 당시나 똑같지 않습니까? 근기는 업장(業障)이라 그렇습니다. 중생(衆生)의 업장(業障)이 녹아야 부처가 됩니다. 그 업장(業障)이 막고, 쪼개니. 쪼갠 만큼 장막이가 된 겁니다. 그러니 한 치 앞도 못 본 것입니다. 허공(虛空)을 보려면 눈앞에 장애(障碍)가 없어야 볼 것 아닙니까? 그런데 천을 쳐놓고, 장막을 치고 아무리 보려고 해도 장막 안에서는 볼 수가 없습니다. 장막을 걷어내야 합니다. 천, 칸이 업장(業障)입니다. 대혜(大慧) 스님도 그래서 이런 말씀을 했습니다. "단진범정(但盡凡情)이언정 별무성해(別無聖解)"라고 했습니다.

"다만 범부(凡夫)의 마음을 다할지언정 따로 성(聖)이라는 알음알이를 짓지 말라."라고 했습니다. 범부(凡夫) 마음이 중생(衆生)의 마음 아닙니까? 중생(衆生) 마음, 부처 마음 따로 존재(存在)하는 것이 아니라는 말입니다. 중생의 무명심(無明心)만 없애면 바로 그 자리가 부처라는 말입니다. 별도로 성인의 마음이 없다는 것입니다. 그래서 금강경 오가해(五家解)에서 야보 冶父 스님은 이렇게 말했습니다. "千江有水千江月 萬里無雲萬里天이라, 천 개의 강에 물이 있으면 천 개의 강에 천 개의 달이 있고, 만 리 하늘에 구름이 없으면 만 리가 그대로 푸른 하늘이다." 뭣을 말한 것입니까? 우주(宇宙)와 하나가 된 것을 말한 것입니다. 삼라만상이 하나가 되는 것을 말한 것입니다. 구름 낀 하늘도 하늘입니다. 그러나 구름이 걷힌 하늘이 진짜 하늘입니다. 중생심도 부처님 마음입니다. 그러나 중생의 업식이 없어져야 부처님 마음입니다. 쪼개고 나누고, 분별하고 차별이 없는 법성(法性) 그대로, 불성(佛性) 그대로를 말해 놓은 것입니다. 마음이 이렇게 되어야 합니다. "千江有水千江月이요 萬里無雲萬里天이라." 참 '멋'스럽지 않습니까? 수행(修行)을 해서 이 정도의 마음의 경지를 얻어야 합니다. 참 멋진 게송입니다.

남이 비방해도 상관 마라

남의 비방 따르지 말고,
남의 비난에 맡겨두라.

불로 하늘을 태우려하나
공연히 자신만 피로 하리라.

내가 듣기에는 흡사 감로수를
마심과 같아서 녹아서 단박에 부사의
해탈 경계에 들어가도다.

從他謗任他非 把火燒天徒自疲
我聞恰似飮甘露 銷融頓入不思議

여기서는 남의 시비(是非)에 휘말리지 말라는 말씀입니다. 좋다, 좋다
하는 것도 그냥 내버려두고, 싫다, 싫다 하는 것도 그냥 내버려두라는
말씀입니다. 아무리 헐뜯고 비방을 해도 그냥 묵묵히 두라는 말입니다.

그냥 내버려두면 제풀에 지치고 만다는 것입니다. 부처님도 그랬지 않
습니까? 하루는 부처님 앞에 외도(外道)가 두 사람 왔습니다. 한 사람은
외도 스승이고, 한 사람은 제자였죠. 그 두 사람은 오기 전에 스승은 부
처님을 헐뜯기로 하고, 제자는 부처님을 칭찬키로 약속을 하고 왔습니
다. 스승은 부처님을 가진 모욕을 주고 비난하고 헐뜯고, 제자는 가진 말
을 다하여 부처님을 칭송하고 찬탄했습니다. 그러나 부처님은 아무 대꾸

없이 묵묵히 계셨습니다. 그런데 아무리 헐뜯고, 칭찬해도 전혀 상대하지 않는 부처님을 보고 그들이 물었습니다. "부처님이시여! 나는 헐뜯고, 저 사람은 칭찬해도 어찌 아무 말씀이 없습니까?" 하니, 부처님께서 그제서야 말씀을 하셨습니다. "그대들이 만약 금덩어리를 가지고 와서 나에게 주었다고 하자, 그러나 내가 그 금덩어리를 받지 않으면 그 금덩어리는 누구의 금덩어리냐?" 하시니, 그 외도는 "저희의 금덩어리입니다." 하였다.

"바로 그와 같으니라. 너희들이 아무리 나를 비방하고, 헐뜯고, 칭찬해도 내가 받지 않으면 너희들이 가지고 온 금덩어리와 같게 된다. 그러니 더 이상 업을 짓지 말라."라고 했다고 합니다. 그렇습니다. 세상만사가 다 그렇습니다. 살다 보면 별의별 일을 다 겪게 됩니다. 누명도 쓰고, 오해도 받고, 억울한 일도 당합니다. 이럴 때에 분노하고, 쉽게 시비에 휘말리지 말라는 것입니다. 영가 스님께서는 남이 비방하고, 헐뜯고, 시비를 걸어도 마음공부로 돌리라고 한 것입니다. 마치 감로수를 마시는 것같이 하란 말씀입니다. 업장을 녹이는 해탈 경계로 삼으라는 말입니다. 보통 사람들은 말 한마디에 속이 뒤집어집니다. 요새 말로 하면 '뚜껑이 열린다'고 화내지 않습니까? 그렇게 해봐야 마음공부에는 전혀 도움이 되지 않습니다. 옛날 어느 절에 보살님이 한 분 오셨습니다.

그런데 그 보살님은 법당에 올라가서 펑펑 우는 것이었습니다. 하도 서럽게 우는지라 그 절에 주지 스님께서 우는 까닭을 물었습니다. 그랬더니 그 보살님 하는 말이, "스님! 이년의 팔자는 무슨 팔자가 이렇습니까? 서방이라는 것이 허구한 날 술만 먹고 와서 저를 개 패듯이 때립니다. 보십시오, 온몸이 퍼렇게 피멍이 들어 성한 곳이 없습니다. 어찌해야 합니까? 죽어야 합니까? 도망가야 합니까? 헤어져야 합니까? 헤어지자니, 자식들이 불쌍하고, 살자니 이렇게 매만 맞으니, 이놈의 노릇을 어찌합니까?" 그 말을 듣고 있던 스님께서 "보살님! 내가 좋은 방법을 일러줄테니 그렇게 하십시오. 오늘 집으로 돌아가셔서 갈대를 한 열 다발 묶어서 방 네 구석에 두십시오. 그리고 서방님이 밖에서 들어오면 오장육부를 뒤집는 말로 욕을 하십시오. 그러면 괜찮을 것입니다." 그래서 그 보살님 집으로 돌아와서 스님께서 일러준 방법대로 했습니다. 평소에는 말도 못하고, 때리면 도망가던 아내가 시비를 걸고 욕을 하니. 그 처사님 화가 머리끝까지 나서 방에 있는 갈대로 마구 때렸습니다.

방에 있던 열 묶음 갈대가 다 망가지도록 보살님을 때렸습니다. 그러고 나서는 딴사람이 된 것입니다. 아무리 심한 욕을 해도 때리지를 않는 것입니다. 그래서 그 보살님이 다시 절에 가서 스님께 여쭸습니다. "스님! 이것이 무슨 조화입니까? 신통방통하게도 이젠 때리지를 않네요?" 그러자 주지 스님이 보살님과 처사님의 전생을 얘기를 해줬습니다. "보살님은 전생에 마부였습니다. 처사님은 전생에 말이었고요. 마부와 말이다보니 평생을 말을 때려, 그게 전생에 업 갚음으로 때린 만큼 맞은 것입니다. 갈대 묶음으로 때렸으니, 평생 맞을 것 다 맞은 것입니다. 그래서 이제 때릴 빚이 없어서 때리지를 않게 된 것입니다. 그렇습니다. 인과(因果)는 이렇게 분명합니다. 지금 겪고, 당하는 모든 것이 전생의 업(業) 때문입니다. 그 업장(業障)을 녹인다고 생각하면 됩니다. 똑같은 경계를 맞이해도 어떻게 마음을 먹느냐가 중요합니다. 역경계(逆境界)도 마음 따라 달라집니다."

마음공부로 돌리면 됩니다. 그래서 영가 스님께서 헐뜯고 비방해도 마음을 무심(無心)하게 내버려두라는 말씀입니다. 마음을 무심(無心)으로 돌리면 그게 감로수란 말입니다. 무심해지면 그 자리가 부사의 해탈경계(不思議解脫境界)라는 것입니다. 옛날 양무제(梁武帝) 때에 천태지자 대사(天台智者大師)께서 지관 삼매(止觀三昧)에 들었는데, 멧돼지가 법당 앞으로 도망치고 그 뒤에 활을 잡은 사냥꾼이 따라왔습니다. "스님! 멧돼지 못 봤습니까? 어디로 갔습니까?" 그러자 천태지자 대사께서 "그대는 화살 하나로 몇 마리를 쏘는가?" 하고 물었습니다. "한 마리를 쏩니다.", "그러면 활 쏠 줄 모르는 사람이로구만! 나는 한 화살로 백 마리를 쏜다네.", "어찌 생명을 그렇게 쏠 수 있습니까?", "사냥꾼 주제에 자비심(慈悲心)은 남아 있구나! 그러지 말고 출가해서 부처님 법이나 배워라." 그러자 그 사냥꾼 활을 꺾고, 출가했습니다. 그가 바로 등운봉 선사입니다. 멧돼지와 사냥꾼 전생 이야기입니다. "오비이락(烏飛梨落)"이라는 말 많이 들었죠? 그 말이 바로 이 이야기입니다.

*

烏飛梨落破蛇頭 蛇變爲猪轉石雉 雉作獵人欲射猪 道師爲說解怨結

까마귀 날자 배 떨어져 뱀 머리 부서지니, 뱀이 죽어 돼지가 되어 뒷산의 돌 굴리니 그 돌에 꿩이 죽었네. 꿩이 죽어서 사냥꾼이 되어 다시 멧돼지를 쏘려 하니 한 대사가 인과를 설해서 맺힌 원수 풀었네!

이렇게 등운봉 선사가 사냥꾼으로서 멧돼지 사냥을 한 전생에 얽히고 설킨 얘기를 한 것입니다. 아무 뜻 없이 지은 업도 이렇게 인과(因果)는 분명(分明)합니다. 까마귀가 날자 배 떨어진 것이지, 뱀 죽이려고 날아간 것이 아닙니다. 마음 없이 그냥 지은 업도 이렇게 한 치의 오차(誤差)가 없습니다. 멧돼지도 칡 캐 먹다가 그냥 돌이 굴러갔는데, 꿩이 그 돌을 맞고 죽었습니다. 꿩을 죽이고자 돌 굴린 것이 아닙니다. 그런데 주고받는 것이 이렇듯 분명하지 않습니까? 이것이 인과법칙(因果法則)입니다. 지은 대로 받습니다. 『법구경(法句經)』에 보면 이런 말씀이 있습니다. "假使百千劫 所作業不亡 因緣會遇時 果報還自受"라고 했습니다.

"설사 백 천겁을 지날지라도 지은 업은 없어지지 아니하여 인연이 모여 만날 때에는 과보를 돌려받는다." 지은 업은 꼭 받는다는 겁니다. 이것이 인과법칙(因果法則)입니다. 선인선과(善因善果), 악인악과(惡因惡果)입니다. 착한 일을 하면 착한 과보를 받고, 나쁜 일을 하면 나쁜 과보를 받는다는 것입니다. 이것이 인과법칙이고, 부처님 말씀입니다. 불자님들은 이 인과법칙을 믿어야 합니다. 인과법칙을 믿지 않는 불자님들이 가끔 있습니다. 큰일입니다. 인과를 무시하고 어찌 불자(佛子)라고 할 수 있습니까? 『삼세 인과경(三世 因果經)』을 꼭 읽어 보십시오. 인과법칙은 눈앞에서 바로 실증(實證)할 수가 있는 진리(眞理)입니다. 옛 조사님들은 그래서 이런 경구(警句)를 남겼습니다.

"(三界猶如汲井輪 百千萬劫歷微塵 此身不向今生度 更待何生度此身) 삼계가 마치 두레우물 긷는 두레박과 같아서 백천만겁 티끌과 같은 미진수를 지나네. 이 몸을 금생에 제도하지 못하면 다시 어떤 생을 기다려 제도 하겠는가?" 구구절절이 간절한 말씀아닙니까? 인생난득(人生難得)이라고 했습니다. 사람 몸 받기 어렵다 했습니다. 그러니 사람 몸 받을 때 깨쳐야 합니다. 왜 사람 몸이 중요하냐면 5/5라 그렇습니다. 『능엄경』에 나온 부처님 말씀입니다. 5대 5는 정(情)이 5이고, 사(思)가 5란 말입니다. 우리 마음을 십(十)이라고 하면 정(情)이 五이고, 사(思)가 五란 말입니다. 정(情)이 무거운 중생(衆生)은 땅으로 기어 다닙니다. 사(思)가 많은 중생은 날아다닙니다. 날짐승 새 종류가 사(思)가 많은 중생(衆生)입니다. 지렁이 같은 땅속에 사는 중생은 정(情)이 무거운 업 때문에 그렇다는 것입니다. 그러니 정오(情五), 사오(思五)일 때가 마음공부하기에 가장 좋다는 말입니다. 그래서 "금생에 이 몸을 제도 하지 않으면 어느 생에 이 몸을 제도하랴?" 라고 한 것입니다. 간절하신 말씀아닙니까? 마음에 새겨 반조하십시오.

비방하는 말로 선지식을 삼아라

나쁜 말 관찰함이 공덕이 되고,
이것이
나에게는 도리어 선지식이 됨이라.

비방 따라 원망과 친한 마음
일어나지 않으면

무생의
자비와 인욕 표해서 뭣하랴!

觀惡言是功德 此則成吾善知識
不因訕謗起怨親 何表無生慈忍力

여기서 악언(惡言)은 십악업 중(十惡業中)에 구사업(口四業)의 하나입니다. 입으로 지는 업 중에 하나입니다. 입으로는 망어, 기어, 양설, 악구(妄語, 綺語, 兩舌, 惡口), 네 가지 업을 짓습니다. 망어는 거짓말, 남을 속이는 말입니다. 기어는 사탕말림 말, 그럴듯한 말로 남을 속이는 말입니다. 양설은 혀가 둘이라는 말입니다. 가는 곳마다 말을 다르게 하는 것을 말합니다. 혀는 하나인데 말이 다르니, 혀가 둘이 된 것입니다. 쉽게 말하면 이간질을 잘하는 사람을 두고 한 말입니다. 악구(惡口)는 남을 헐뜯는 말입니다. 험한 말로 도끼질하는 말입니다. 이런 것이 다 입으로 지은 업(業)입니다. 그래서 구업(口業)이라고 합니다. 사람의 혀를 도끼(斧)라고 합니다. 뼈가 없는 것이 혀(舌) 아닙니까? 그런데 그 혀를 잘못

놀리면 사람을 죽이기도 하고, 살리기도 합니다.

크기로는 세치(三寸) 아닙니까? 그런데 그 혀로 사람을 상(傷)하게 합니다. 그래서 예부터 혀를 설시부(舌是斧)라고 했습니다. 부처님도 살아생전에 아홉 가지 어려움(苦難)을 겪습니다. 다 전생의 업보(業報)라고 합니다. 붓다 구난(九難)을 구횡(九橫), 구뇌(九惱), 구 죄보(九罪報)라고도 합니다. 첫째가 손타리방(孫陀利謗)입니다. 바라문의 딸 손타리가 오백 아라한과 함께 부처님을 비방한 것입니다. 부처님을 시기하고 질투하여, 살인자(殺人者)로 모략하고 비방한 사건입니다. 두 번째는 전차여방(旃遮女謗)입니다. 두 번째는 전차라는 바라문의 딸이 부처님의 아이를 잉태했다고 배에 나무바가지를 묶어서 속인 사건입니다. 세 번째는 조달추산(調達推山)입니다. 조달은 부처님의 사촌 동생인 제바달다입니다. 제바달다는 부처님을 몹시도 괴롭혔습니다. 부처님이 영축산에서 『법화경』을 설할 때에 산 위에서 큰 돌을 굴려서 부처님 엄지발가락을 상하게 한 것입니다.

부처님을 죽이려고 한 짓입니다. 기가 막히지 않습니까? 남도 아닌 사촌 동생이 부처님을 죽이려고 돌을 굴렸습니다. 부처님은 엄지발가락을 심하게 다쳐서 3개월간 탁발걸식(托鉢乞食)을 못했습니다. 상처가 얼마나 심했던지 경전에 보면 기 바 장자가 수술을 했다고 하였습니다. 네 번째는 걸식하다가 나무에 찔린 사건입니다. 다섯 번째는 비 유리 왕 인두통(毘樓璃王 因頭痛)입니다. 비 유리 왕이 석가족을 멸망시켜서 그로 인해서 부처님이 머리 두통을 앓은 것입니다. 속가 석씨 족(俗家 釋氏族)의 나라가 망(亡)해서 그 고통을 살아생전에 고난으로 당하셨습니다. 여섯 번째는 아기 달다 바라문(阿耆達多 馬餌饒期)입니다. 아기 달다 바라문 왕이 부처님을 공양 청해놓고, 공양하지 않음으로 인하여 3개월간 말이 먹는 보리를 먹었습니다. 부처님『본생경』에 보면 부처님이 전생에 말 한 마디 잘못으로 그 업보를 받았다고 했습니다.

비바시불과 팔만 사천(僧)의 공양 받는 것을 보고, 시기하고 질투하여 말이나 먹는 보리를 먹는 것이 마땅하다고 비방한 업보 때문에 3개월 간 마맥보(馬麥報)를 받았다고 합니다. 이렇게 인과법칙(因果法則)은 분명 (分明)합니다. 한마디 말이 얼마나 무섭습니까? 부처님이 되어서도 전생 에 업보(業報)는 꼭 받지 않습니까? 일곱 번째는 냉풍배통(冷風背痛)입니 다. 부처님께서 찬바람에 등창이 생겨서 받은 고통입니다. 여덟 번째는 육 년 고행(六年 苦行)입니다. 설산에서 육 년간 일일일맥(一日一麥)으로 고 행하신 고난(苦難)입니다. 아홉 번째는 걸식공발(乞食空鉢)입니다. 바라문 외도가 많이 사는 마을로 걸식을 나가셨는데, 한 집도 공양을 받친 사람 이 없어서 빈 발우로 돌아오셔서 굶었다는 고난(苦難)입니다. 걸식공발(乞 食空鉢)도 전생의 업보(業報)라는 것입니다. 부처님이 인행당시(因行當時) 에 쥐구멍을 돌로 막은 보(報)라고 합니다. 쥐구멍은 쥐집입니다. 그런데 돌로 막았으니, 쥐가 굶었다는 것입니다. 그 報로 받을 때가 와서, 받는 것이 그 과보(果報)라는 것입니다.

이렇게 짓고 받는 것이 분명하게 인과법칙(因果法則)입니다. 그러니 나 쁜 말을 들을 때에 그 말을 공덕(功德)으로 돌리라는 말입니다. 주고받는 것이 인과법(因果法) 아닙니까? 인과에 매달리지 말고, 인과를 벗어나란 말입니다. 남이 나를 비방해도 그 비방하는 말에 화내지 말고 마음공부 로 돌리라는 말입니다. 마음을 조복 받는 선지식(善知識)으로 삼으라는 말입니다. 유가(儒家)에도 이런 말이 있지 않습니까? "오도선자(吾道善者) 는 시오적(是吾敵)이요, 오도악자(吾道惡者)는 시오사(是吾師)."라고 했 습니다. 나를 좋게 말만 하는 사람은 나의 적이라고 했습니다. 나를 좋게 말하는 사람이 나의 스승이라도 말입니다. 왜 그렇습니까? 나의 잘못된 점을 지적하는 사람은 옳은 사람입니다. 잘못을 잘못되었다고 말한 사람이 참 벗입니다.

나의 잘못을 덮어주는 사람은 뭔가 문제가 있습니다. 그와 똑같은 말입니다. 잘못을 고쳐가는 것이 수행 아닙니까? 그래서 영가 스님께서 말씀하신 것입니다. 설사 나를 나쁘게 말하더라도 그 말을 마음공부(功德)로 돌리면 그 말이 나의 선지식이 된다는 말입니다. 그렇게 되면 비방하는 말에 따라 멀리하거나 친할 것이 없다는 말입니다. 말에 흔들리지 않으면 인욕 수행을 표방할 것이 없다는 말입니다. 부처님도 그랬습니다. 제바달다가 돌을 굴려서 엄지발가락을 다쳐서 고통을 받는 것을 보고, 사리불과 유마거사가 문병을 와서 제바달다를 나무라고 비방을 하니까, 부처님께서 그렇게 말하지 말라 하셨습니다. "제바달다 때문에 나는 인욕 수행을 하지 않는가? 그는 나에게 인욕 수행(忍辱 修行)의 선지식(善知識)이다."라고 말씀하셨습니다. 그렇습니다. 수행자는 어떤 역경계(逆境界)가 오던 그것을 마음공부로 돌리면 됩니다. 마음의 평정(平定)을 찾는 것이 수행 아닙니까? 그것을 영가 스님께서 말씀하신 것입니다. 일체(一切)가 유심조(唯心造)입니다. 마음먹기에 따라 세상은 달라집니다. 마음에 새겨볼 일입니다.

모든 부처님 깨달음은 똑같다

종취도 통하고 설법도 통함이여!
선정과
지혜가 뚜렷이 밝아 공에 빠지지 않는구나!

나만 이제 통달한 것이 아니라,
수많은 모든 부처님 다 똑같음이로다.

宗亦通說亦通 定慧圓明不滯空
非但我今獨達了 河沙諸佛體皆同

여기서는 종통, 설통(宗通, 說通)이 나옵니다. 종(宗)은 근본(根本)이란 뜻입니다. 수행(修行)의 근본이 뭡니까? 견성성불(見性成佛)입니다. 참 불성을 깨쳐서 부처가 되는 것이 수행 아닙니까? 그래서 종지(宗旨)라고 한 것입니다. 인도 불교는 부파불교(部派佛敎)입니다. 그러나 중국(中國)에서는 종파불교(宗派佛敎)가 발달했습니다. 공식적으로 중국에서는 13종파(宗派)가 있었습니다. 종파별(宗派別)로 종지(宗旨)는 다 같습니다. 그러나 종풍(宗風)은 조금씩 다릅니다. 종풍(宗風)이란 종파별(宗波別) 가르침입니다. 종조(宗祖)의 인품(人稟) 따라 다릅니다. 풍자(風字)는 바람 풍입니다만 가르친다는 뜻도 됩니다. 그래서 오종가풍(五宗家風)이 다른 것입니다. 임제종(臨濟宗)은 살불살조(殺佛殺祖)하지 않습니까? 푸른 하늘에 날벼락 칩니다. 평지에서 파도칩니다. 이것이 임제종풍입니다.

조동종(曹洞宗)은 보배칼로 삿된 숲을 말끔하게 베어버립니다. 하늘과 땅이 나기 전에 신선 세계입니다. 이것이 조동종의 가풍입니다. 운문종(雲門宗)은 칼날 위에 선 것과 같습니다. '펄펄 끓은 가마솥이다.' 이것이 운문종의 가풍입니다. 위앙종(僞仰宗)은 스승이 부르니 제자가 화답(和答)합니다. 옛길 위에 꺾인 비석입니다. 이것이 운문종의 가풍입니다. 법안종(法眼宗)은 해골바가지가 세상을 지배한 격(格)입니다. 청풍명월(淸風明月)은 법안종 가풍입니다. 종파별로 다 말하자면 책 한 권이 넘게 됩니다. 그래서 여기서는 생략합니다. 영가 스님이 누구 제자입니까? 처음에는 천태(天台) 스님 제자였다가 나중에 육조 혜능(六祖慧能) 스님의 법을 받습니다. 육조(六祖) 스님은 달마 스님의 여섯 번째 법제자 아닙니까? 이렇게 부처님의 법을 잇는 선사님들이 하나의 종(宗)을 만들면 그 선사님이 세운 종지(宗旨)가 있습니다.

　그것을 종지 종풍(宗旨 宗風)이라고 합니다. 종지(宗旨)는 불법대의(佛法大義)를 말한 것입니다. 불법대의(佛法大義)는 연기법(緣起法)입니다. 부처님의 깨달은 진리(眞理)는 연기법(緣起法) 아닙니까?, 우주 만법은 다 연기법(緣起法)으로 생(生)했다가 멸(滅)한다는 것입니다. 그것을 부처님은 진여연기법(眞如緣起法)이라고 했습니다. 우주 만법의 참(眞) 실상(實相)은 緣起라는 말입니다. 이것이 있으므로 저것이 있고, 이것이 일어나므로 저것이 일어나고, 이것이 멸하므로 저것이 멸한다는 겁니다. 불교는 창조론(創造論)도, 존재론(存在論)이 아닙니다. 제불조사(諸佛祖師)님들의 깨달음은 똑같습니다. 그래서 종(宗)을 통했다는 것은 연기 자성(緣起 自性)을 확실하게 깨쳤다는 것입니다. 우리 자성은 무자성(無自性) 아닙니까? 연기법(緣起法)이기 때문에 무자성(無自性)입니다. 설통(說通)은 뭡니까? 설법(說法)을 말한 것입니다. 연기법의 실상을 여실하게 깨쳐서, 그 연기법을 여법(如法)하게 설하는 것이 설통(說通)입니다.

법(法)을 깨닫지 못하고 법(法)을 설할 수는 없습니다. 종통(宗通), 설통(說通)은 깨친 경계를 종통(宗通)이라고 하고, 깨친 법을 설하는 것이 설통(說通)입니다. 대주(大珠) 스님의 돈오입도요문(頓悟入道要門)에 보면 종통, 설통(宗通, 說通)을 이렇게 말했습니다. 어떤 것이 설법은 통하고, 종취(宗趣)는 통(通)하지 못한 것입니까? 말과 행동이 서로 틀린 것이 곧 설법은 통하고, 종취는 통하지 못 한 것입니다. 그러면 어떤 것이 종취도 통하고 설법도 통한 겁니까? 말과 행동이 차이가 없음이 곧 설법도 통하고, 종취도 통한 것이라고 했습니다. 즉 언행(言行)이 일치(一致)한 것을 말한 것입니다. 깨친 것이 확실해야 설한 법도 확실하게 됩니다.

그래서 『禪家龜鑑』에 보면 西山 스님께서는 "설시사오대경환미(說時似悟 對境還迷)"라고 했습니다. 말할 때는 깨친 것 같이 말하는데, 경계를 對하면 도리어 미혹(迷惑)된다는 것입니다. 말로만 깨친 것을 말한 것입니다. 설법을 들어보면 꼭 깨친 사람같이 설법은 잘합니다. 그러나 매사 경계(每事 境界)를 만나면 미혹(迷惑)하게 된다는 말입니다. 미혹은 중생의 경계입니다. 부처의 경계(境界)는 밝고, 밝습니다. 미혹될 것이 없습니다. 그렇습니다. 종통, 설통(宗通, 說通)하면 선정과 지혜가 또렷이 밝아져서 어디에 빠지고 체(滯)할 것이 없다는 말씀입니다. 공(空)에도 빠지지 않고, 유(有)에 빠지지 않는다는 말입니다. 왜 안 빠집니까? 지혜가 있어서 그렇습니다. 어떤 유혹에도 흔들리지 않는 선정과 지혜를 얻어서 그렇습니다. 그러니 그 깨달은 법(法)의 진리(眞理)는 제불조사(諸佛祖師)가 똑같다는 말씀입니다. 나만 혼자 그렇게 깨친 것이 아니라 역대(歷代) 부처님이나 보살님이나 조사님들이 똑같은 법을 깨쳤다는 것입니다. 영가 스님께서 六祖 스님을 뵙고, 깨치고 나서보니 법(法)의 진리(眞理)는 하나라는 말씀입니다.

부처님이 깨친 법이나 영가 스님이 깨친 법이 똑같다는 말입니다. 그 것을 이 시구(詩句)에서 확실하게 선언(宣言)한 것입니다. 왜 그렇습니까? 진리(眞理)라서 그렇습니다. 진리(眞理)는 둘이 아닙니다. 진리는 만고불 변합니다. 천 년이 가도 만 년이 가도 영원히 변치를 않아서 그렇습니다. 그래서 진리(眞理)입니다. 진리는 참 이치 아닙니까? 영가 스님이 깨달은 법(法)이 부처님이 깨달은 법과 다르다면 문제가 있습니다. 그런 법은 진 리가 아닙니다. 그 점을 확실하게 종통, 설통, 정혜, 원명(宗通, 說通 定慧 圓明)으로 단언(斷言)한 것입니다. 종통(宗通), 설통(說通)과 정혜원명(定慧 圓明)은 따라다니는 말입니다. 종통(宗通)은 선정(禪定)을 말한 것입니다. 선정은 멸진정(滅盡定)입니다. 부처님이 깨달은 상수 적멸 처(想受寂滅處) 가 멸진정(滅盡定)입니다. 설통(說通)은 일체종지(一切種智)입니다. 진여연 기(眞如緣起)의 실상(實相)을 여실(如實)하게 보는 지혜(智慧)를 말한 것입 니다.

부처님 사자후에 뭇 중생 두려워한다

사자후 두려움 없는 설법이여!
뭇 짐승들 모두 듣고 뇌가 찢어진다.

코끼리는 분주하게 달아나 위엄을 잃고
천룡은 조용히 듣고 희열을 내는구나.

獅子吼無畏說 百獸聞之皆腦裂
香象奔波失脚威 天龍寂聽生欣悅

여기서 사자후는 부처님 설법을 말합니다. 사자는 백수(百獸)의 왕(王)입니다. 사자가 한번 으르렁거리면 뭇 짐승들이 오금을 못 폅니다. 백수의 왕이기 때문입니다. 그와 마찬가지로 부처님은 성인 중(聖人 中)의 성인(聖人) 아닙니까? 그러니 부처님의 설법은 중생들의 근기를 깨부순다고 해서 그렇게 비유한 것입니다. 향상(香象)은 코끼리입니다. 사자가 백수의 왕이라면 그다음이 코끼리 아닙니까? 여기서 코끼리는 성문승(聲聞乘)과 연각승 이승(緣覺乘 二乘)을 말합니다. 부처님 제자 중에는 부처님 법문을 듣고 깨친 사람이 많습니다. 그래서 법문(소리)을 듣고 깨친 근기라고 해서 성문승(聲聞乘)이라고 합니다. 연각승(緣覺乘)은 혼자서 연기법(緣起法)의 이치를 깨친 사람입니다. 이 이승(二乘)은 소승 사과(小乘 四果)를 깨친 아라한(阿羅漢)들입니다. 그래서 이 두 승(乘)을 이승(二乘)이라고 합니다. 천룡(天龍)은 천룡 팔부중(天龍 八部衆)을 말합니다. 불법을 수호하는 여덟 신장(神將)이라는 뜻입니다.

즉 천신(天神)들을 말합니다. 팔부중(八部衆)은 天, 龍, 夜叉, 乾闥婆, 阿修羅, 迦樓羅, 緊那羅, 摩睺羅迦입니다. 사람의 육안(肉眼)으로는 보이지 않는 천부 신장(天部 神將)들입니다. 사자 소리를 듣고 뭇 짐승들이 놀라 자빠지듯이, 부처님의 설법을 듣고 외도들의 사상(思想)이 다 깨진 것을 비유로 말한 것입니다. 부처님이 소승 경전만 설하다가 대승 경전을 처음 설하려고 영산회상에서 『법화경(法華經)』을 설하려고 할 때에 성문승, 연각승, 이승, 아라한(聲聞乘, 緣覺乘 二乘 阿羅漢) 오천 명(五千名)이 자리를 떠납니다. 그런데 부처님이 말리지를 않고 그냥 놔둡니다. 이들 오천 명(五千名)은 42년 동안 방편설(方便說)에 매료되어 안주(安住)한 이승(二乘)들입니다. '우리는 부처님 설법을 42년간 다 들었다. 들어보나 마나 그 법문이 그 법문이겠지?' 하고 지레짐작하고 교만을 부린 것입니다. 『법화경』은 "일불승도(一佛乘道)"를 설한 법문입니다.

『법화경』은 사리불 존자가 세 번 간곡히 청해서 설한 경전입니다. 그런데 성문승, 연각승(聲聞乘, 緣覺乘)들은 법문을 듣지 않고 나갑니다. 『법화경』에서는 이 사건을 "오천기거(五千起去)"라고 합니다. 부처님은 왜 그냥 두었을까요? 부처님께서 자리에 앉으라고 한마디만 하면 다 앉았을 터인데, 그냥 내버려두었습니다. 청법 대중이 오천 명이나 나가버린 대사건입니다. 기가 막히지 않습니까? 부처님 법문을 듣기 위해서 왔다가 듣지도 않고 도중에 나갔으니 말입니다. 『화엄경(華嚴經)』에 보면 이런 말이 있습니다. "장풍시일(長風是一)이나 백규이취(百竅異吹)"라는 말이 있습니다. 바람은 하나로 부는데, 백 가지 구멍마다 다른 소리를 낸다는 것입니다. 바람이 쏴~ 하고 불지 않습니까? 쏴~ 부는 바람은 똑같은 하나인데, 나무에 있는 구멍마다 다른 소리를 낸다는 말입니다. 이것이 무슨 말입니까? 바람은 똑같은 바람인데, 구멍의 크기 따라 다른 소리를 낸다는 것입니다. 이 말이 무슨 말이냐면 한 가지 부처님 법문을 들고도 근기 따라 다르게 듣는다는 말입니다.

부처님 법문은 하나인데, 업보(業報) 따라 근기(根機) 따라 다르게 듣는다는 것을 비유한 말씀입니다. 부처님께서 처음 성도(成道)하셔서 『화엄경(華嚴經)』을 설하셨다고 합니다. 그런데 그 법문이 너무 깊고 심오하여 중생들이 듣지를 못한 것입니다. 너무 최상승법(最上乘法)이라 그렇습니다. 그래서 방편으로 이승 방편법(二乘方便法)을 설한 것입니다. 그런데 『법화경(法華經)』을 설하려고 하니까 그 이승 법(二乘法)에 안주하는 아라한 오천 명(五千名)은 듣지를 않고 나가버린 것입니다. 앞에서 향승(香象) 이승(二乘)은 분주하게 달아나 위엄을 잃는다는 것이 이것을 말한 것입니다. 사자가 한번 크게 울부짖으니, 코끼리가 놀라서 달아난다는 것입니다. 아라한(阿羅漢)이 최종(最終) 깨달음인 줄 알았던 이승(二乘)들을 영가 스님께서 비유로 말한 말씀입니다. 『법화경』은 "제법실상(諸法實相)"을 말합니다. 금강경에서는 삼공(三空)을 말하지 않습니까? 아공, 법공, 구공(我空, 法空, 俱空)이 삼공(三空)입니다.

나도 공(空)하고, 법(法)도 공(空)하고, 공(空)하다는 생각도 공(空)하다는 말입니다. 『금강경』에서는 "凡所有相 皆是虛妄 若見諸相非相 卽見如來"라고 했습니다. 무릇 있는 바 모양(相)은 다 허망한 것입니다. "만약 상(相)이 실상(實相)이 아닌 것으로 보면 바로 여래를 볼 것이다."라고 했고, 모든 것이 다 허망(空)한 것이라고 했습니다. 그런데 『법화경(法華經)』에서는 제법실상(諸法實相)을 말하고 있습니다. 왜 그랬을까요? 부처님의 뜻은 어디에 있습니까? 중생들은 현상(現像)에만 빠져 있으니까 22년간 『금강경』 공(空) 사상으로 중생견(衆生見)을 깨부수신 것입니다. 그러고 나서 진공묘유(眞空妙有)인 제법실상(諸法實相)을 말한 것입니다. 회상승(會三乘) 귀일불승(歸一佛乘)이 『법화경』의 대의(大義)입니다. 성문승, 연각승, 보살승을 모아 일불승(一佛乘)으로 돌리기 위해서 『법화경』을 설한 것입니다. 그래서 『법화경』 사구게(四句偈)에는 이렇게 말합니다. "諸法從本來 常自寂滅相 佛子行道已 來世得作佛"이라 했습니다. 모든 법이 본래부터 지금까지 항상 적멸상입니다. 불자가 이렇게 수행하면 내세에는 부처를 이룰 것입니다.

세상 만법이 그대로 열반의 모습이라는 말씀입니다. 밥 먹고, 옷 입고, 눕고, 자는 것이 이대로 적정열반(寂靜涅槃)이라는 말씀입니다. 천태 대사는 이렇게 말했습니다. "일색일향(一色一香)이 무비중도(無非中道)"라고 했습니다. 말만 다르지 똑같은 말입니다. "중도(中道) 아닌 것이 없다. 세상 모든 것이 그대로 중도실상(中道實相)이다."라는 말씀입니다. 일색일향(一色一香)은 제법(諸法) 아닙니까? 제법(諸法)이 실상(實相)이라는 것입니다. 진흙 연못이 제법(諸法)이라면 연꽃(蓮花)이 실상(實相)이라는 것입니다. 처염상정(處染常淨)아닙니까? "오염되지 않고 항상 깨끗한 연꽃이다." 『법화경』에서 일불승(一佛乘)인 제법실상(諸法實相)을 설하려는데, 오천 아라한(五千 阿羅漢)들이 나가버린 것을 영가 스님께서 비유로 말 한 말씀입니다.

여기서 천룡팔부(天龍八部衆)는 부처님 법문을 마음속으로 듣고 희열을 느꼈다고 했습니다. 요새도 보면 그렇습니다. 큰 스님들 법문을 듣다 보면 똑같은 법문을 자주 합니다. 어떤 신도님들은 합장하고 공경하는 마음으로 청법을 합니다. 그런데 어떤 신도님들은 그러하지를 않습니다. 법문을 듣고는 또 그 말이 그 말이라고, 실증을 느낍니다. 그래서 잡담을 합니다. 며느리 흉도 보고, 딸 자랑을 합니다. 법문 시간에 법문은 듣지 않고, 엉뚱한 짓을 합니다. 이래서는 안 됩니다. 똑같은 법문을 천 번을 들어도, 그래서는 안 됩니다. 법문은 마음을 깨치기 위해서입니다.

마음을 깨치지 못했으면 천 번, 만 번을 들어도 새로운 마음으로 들어야 합니다. 법화회상에서 오천 명(五千名)의 아라한은 결국 부처님 법문에 염증을 느꼈으나 결과는 일불승법문(一佛乘法門)을 못 들은 것입니다. 법문을 못 들으면 자기 손해 아닙니까? 수행은 이렇게 하면 안 된다는 것을 영가 스님께서 말씀하신 겁니다. 마음에 새겨, 마음 닦아서 부처님 됩시다.

참선은 스승을 찾아 도를 물어라

강과 바다에 노닐고 산과 개울을 건너서
스승을 찾아 도를 묻는 것은 참선 때문이다.

조계의 길을 알고부터는 나고 죽은 것과
상관없음을 분명히 알았도다.

遊江海涉山川 尋師訪道爲參禪
自從認得曹溪路 了知生死不相干

수행자가 수행할 때 산도 넘고, 강도 건너고, 바다도 건너야 합니다. 우리나라는 국토가 좀 작으니까 그렇지, 중국은 얼마나 넓고 큽니까? 요새는 교통수단이 엄청나게 좋아졌지 않습니까? 비행기를 타면 어디나 갈 수가 있으니 말입니다. 그러나 옛날 영가 스님이 살던 시절에는 우마차(牛馬車)가 전부였습니다. 그러니 선지식을 찾아가려면 천상 걷고 또 걸어야 했습니다. 눈 밝은 선지식은 왜 찾습니까? 도를 깨닫기 위함입니다. 달마(達摩) 스님『혈맥론(血脈論)』에 보면 이런 말씀이 있습니다. "불급심사(不急尋師)면 공과일생(空過一生)"이라 했습니다. 스승을 급히 찾지 않으면 한생을 헛되이 보낸다는 말씀입니다. 수행한다고 해도 허송세월을 보낸다는 말입니다. 그만큼 눈 밝은 선지식이 중요하다는 말씀입니다.

그래서 옛날 설봉(雪峰) 스님은 "삼도투자(三到投子)하고 주지동산(九至洞山)이다."라고 했습니다.

설봉 스님이 공부할 때 투자 스님을 세 번이나 찾아가고, 아홉 번이나 동산 스님을 찾아뵈었다는 얘기입니다. 말이 쉽지, 그 멀고 먼 곳까지 세 번이나 투자 스님을 찾아뵙고, 아홉 번이나 동산 스님을 찾아뵈었다는 것은 수행자로서의 간절한 마음이 있었기 때문입니다. 그때는 걸어야만 갈 수가 있었습니다. 수행자는 이렇게 간절한 마음이 있어야 합니다. 그 래야만 무엇이 얻어질 게 아닙니까? 가만히 앉아서 혼자 할 수는 없습니다. 잘못하면 사도(邪道)에 빠지기 때문입니다. 옥석(玉石)을 가리는 것이 안목(明眼) 아닙니까? 밝은 눈을 가진 것이 선지식(善知識)입니다. 우리나라 조선왕조 오백 년(李朝 五百年) 동안에도 그렇게 간절하게 공부한 스님이 많습니다. 그중에 연산군 때 있었던 일입니다. 연산군 때에는 승과(僧科)를 폐지하고, 사찰 재산을 몰수하고, 승려를 강제로 환속(還俗)시켰습니다. 그때 선지식(善知識)이었던 벽계 정심 선사(碧溪正心禪師)께서도 취처장발 환속(娶妻長髮 還俗)을 했습니다.

그렇게 하지 않으면 관노(官奴)나 궁방 비(宮房婢)로 팔려 나가니 어쩔 수 없이 환속한 것입니다. 그때는 비구니 스님들은 기방(妓房)으로 보냈습니다. 승려 도첩을 없애 버리니까 어쩔 수 없이 시대 흐름을 쫓은 것입니다. 정심 선사도 여신도(女信徒)와 함께 황악산 물한리라는 인적이 끊긴 산속에 오두막을 짓고, 강제로 환속되어 낮에는 산에 가서 나무를 해서 장에 팔아 생계를 연명했습니다. 그런데 지엄(智嚴) 스님이라는 수좌 스님이 정심 선사를 찾아갑니다. 왜냐면 그때 당시 정심 선사가 구곡(龜谷) 각운 스님의 법을 잇는 선지식이기 때문입니다. 부처님 법이 숭유배불 정책(崇儒抑佛政策)으로 풍전등화(風前燈火) 같은 때였으니까요. 법(法)은 꼭 이어가야 한다는 굳은 신념(信念)으로 정심 선사를 찾아갔으나 정심 선사는 냉대(冷對)합니다. 왜냐하면 방도 하나뿐이고, 먹을 것도 없으니 다른 선지식을 찾아가라고 쫓아냅니다. 그러나 벽송 지엄(碧松智嚴) 선사는 나무장사도 하고, 밭일도 꿋꿋이 해냅니다. 그렇게 하기를 3년간 죽을 고생을 다합니다.

  궂은일은 도맡아 했는데, 불법에 관한 공부는 한 마디도 일러 주지를 않으니까 3년 만에 지엄 선사 마음이 흔들려서 정심 선사가 없을 때 떠납니다. 작심삼년(作心三年) 아닙니까? 처음에는 도(道)를 통해서 법을 잇겠다고 했는데, 기껏 그 마음이 삼 년 만에 퇴굴심(退屈心)이 났습니다. 그래서 정심 선사 처(妻) 보살님께 인사하고 산에서 내려오게 됩니다. 정심 선사가 나무하러 산에 갔다 와보니, 방금 떠났다는 말을 듣고, 산마루에 쫓아 올라가 보니 저쪽 산기슭에 지엄 스님이 걸망을 메고 간 것이 보였습니다. 그래서 "지엄아! 지엄아! 그냥 가면 안 되지 않느냐? 도(道)는 받아 가야 할 것이 아니냐!" 하고 불러댑니다. 그러자 지엄 선사가 뒤를 돌아보니, "내가 매일 도를 일러줬거늘! 그냥 가면 안 된다, 내 도(道) 받아 가라!" 하고 주먹을 불끈 쥐어 보여줬습니다. 그 주먹을 보고, 지엄 선사가 도(道)를 통합니다.

  그래서 정심선사법(正心禪師法)을 잇고, 지엄 선사는 평양 언기 선사에게 법을 주고, 평양 언기 선사는 청허 휴정 선사에게 법을 전하여 이조 불교(李朝佛敎)의 법맥(法脈)을 잇게 됩니다. 환속한 정심선사법을 지엄 선사가 계승하지 않았다면 한국 불교의 법맥(法脈)은 끊겼을 것입니다. 이렇게 불법 수행은 참 스승인 선지식이 중요합니다. 영가 스님도 많은 선지식을 찾아뵙고 공부를 했습니다. 그런데 결국에는 육조 혜능 대사(六祖慧能大師)를 찾아뵙고, 인가(認可)를 받지 않았습니까? 영가 스님 스스로 조계로(曹溪路)를 인득(認得)하고부터는 생사(生死)의 간섭을 받지 않았다고 했습니다. 생사(生死)를 초월했다는 말입니다. 생사(生死)는 나고 죽고 하는 윤회의 세계입니다. 윤회는 중생들의 세계 아닙니까? 그런데 육조 스님의 법을 잇고 보니, 생사가 상관없는 것을 확실하게 깨달았다는 말입니다. 불교 수행의 목적은 견성성불(見性成佛)에 있습니다. 생사(生死)의 윤회(輪廻)를 벗어난 분이 부처님 아닙니까? 그것을 말한 것입니다.

산 넘고 물 건너 수행하는 것은 눈 밝은 선지식을 찾아 참선하는 법을 배워서 도(道)를 깨쳐서 생사를 벗어난 도리를 확실하게 증득(證得)하라는 말씀입니다. 도는 수행하는 사람이 얼마만큼 진지하고 간절하게 구하느냐에 달려있습니다.

수행자는 목을 베어도 초연하다

가는 것도 앉은 것도 다 참선이니,
어묵동정에 언제나 편안하구나!

칼, 창을 만나도 언제나 태연하고,
독약을 마셔도 한가롭고 한가롭네!

行亦禪坐亦禪 語默動靜體安然
縱遇鋒刀常坦坦 假饒毒藥也閑閑

　행주좌와(行住坐臥), 어묵동정(語默動靜)이 다 참선(參禪)이라고 했습니다. 여기서 참선은 초참납자(初參 納子)의 참선이 아닙니다. 증득(證道)한 사람의 참선입니다. 도(道)를 깨달은 사람의 일상생활(日常生活)을 말한 것입니다. 깨친 사람의 분상(分上)의 마음을 말한 것입니다. 번뇌심(煩惱心)으로 범벅이 된 사람의 마음이 아닙니다. 번뇌가 다 떨어진 사람의 청정무구(淸淨無垢)한 마음을 말한 것입니다. 그 마음자리에서 일상생활을 하다 보니, 앉는 것도 선정삼매(禪定 三昧)이고, 다니는 것도 그대로가 선정삼매(禪定 三昧)라는 뜻입니다. 이것이 깨친 사람의 행동거지(行動擧止)입니다. 이렇게 참 자성(自性)을 증득(證得)한 사람은 창과 칼을 만나도 태연자약하다는 말입니다.

　생사(生死)의 근본 도리(根本 道理)를 깨달았기 때문입니다. 『전등록』에 보면 제이십사(第二十四祖) 사자 존자(師子尊者)가 그랬습니다. 외도(外道)들의 모함을 받아 계빈 국왕이 존자를 참수(斬首)하게 됩니다. 계빈 국

왕이 칼을 들고 물었습니다. "스님은 오온이 공(空)한 것을 깨달았습니까?", "네! 이미 깨달았습니다.", "이미 오온이 공한 것을 얻었다면 생사(生死)를 떠났습니까?", "이미 생사(生死)를 떠났습니다.", "그렇다면 스님의 머리를 베어도 되겠습니까?", "이 몸도 나의 소유가 아니거늘, 하물며 머리겠습니까?" 왕이 곧바로 머리를 베니, 흰 젖 같은 피가 높이 솟았고, 왕의 팔은 저절로 떨어졌다고 합니다. 존자는 마목다(摩目多)와 도락차(都落遮), 두 외도들의 반란 때문에 이렇게 참수형(斬首刑)을 받았습니다. 또 후진왕(後秦王) 요흥(姚興)도 승조 법사(僧肇法師)를 참수(斬首)했습니다. 승조 법사는 구마라 습 스님의 네 제자중의 한 분입니다. 스님은 머리가 너무 특출하니까 후 진왕(後秦王)이 생각하기를 '저렇게 좋은 머리를 만백성을 위해 쓰게 되면 요순시대(堯舜時代)가 될 것이다.' 하고, 스님께 환속을 권합니다. 그러나 승조 스님은 왕명(王命)을 거절합니다. 그러자 진왕은 감옥에 스님을 가둡니다. 환속하면 재상 자리를 줄 터이니, 환속하여 그 좋은 머리를 만백성을 위해 써달라고 아무리 달래고 권해도 듣지를 않으니까 왕명(王命)을 어긴 죄(罪)로 참수(斬首)하게 됩니다. 스님께서는 죽기 직전에 왕에게 七日 동안만 생각할 시간을 달라고 합니다. 그리고 그 칠 일 동안에 쓴 책이 그 유명한 『조론(肇論)』입니다. 『조론』은 반야경전의 공(空)의 이치를 밝혀놓은 책입니다. 간결한 문맥으로 공(空)의 참 이치를 잘 밝혀놓은 논서(論書)입니다. 한번들 읽어보십시오.

일주일이 다 되어 진왕은 환속할까 생각했으나 스님은 다음과 같은 임종게(臨終偈)를 읊었습니다. "사대는 원래 주인이 없고, 오온은 원래 비었음이라. 머리를 흰 칼날 아래 내미니, 마치 봄바람을 베는 것 같구나.(四大元無主 五蘊本來空 將頭臨白刃 猶如斬春風)". 이런 것이 깨달은 사람의 임종 모습입니다. 창과 칼이 목을 베어도 초연(超然)하지 않습니까? 생(生)과 사(死)가 일여(一如)하기 때문에 그렇습니다. 나고 죽은 것이 한결

같기 때문입니다. 나고 죽은 것을 둘로 보면 이렇지를 못합니다. 생(生) 따로 사(死) 따로면 혼비백산(魂飛魄散)합니다. 깨치지 못한 사람들의 모습은 생(生)에 애착(愛着) 때문에 그렇지를 못합니다. 이렇게 사자 존자나 승조 법사는 창칼에도 태연했습니다. 생사의 이치를 깨쳤기 때문입니다.

그리고 독약(毒藥)을 마셔도 한가롭다는 것은 달마 대사(達摩大師)를 말한 것입니다. 『오가정종찬(五家正宗贊)』에 보면 광통 율사(光通律師)와 보리유지 삼장(菩提流支三藏)이 여섯 번이나 음식에 독(毒)을 넣어서 달마 스님을 독살(毒殺)하려는 것이 나옵니다. 다섯 번을 독살하려고 해도 죽지 않으니까 다시 여섯 번째 시도 합니다. 그때 달마 스님께서는 시절인연(時節因緣)을 관(觀)하게 됩니다. 부처님 선법(禪法)을 중국에 전한 후 어느 정도 자생(自生)함을 보고 여섯 번째는 아주 태연하게 먹습니다. 그리고 열반에 듭니다. 그리고 삼 년 후에 서천(西天) 인도로 돌아갑니다. 예수님은 삼 일만에 부활(復活)했다는데, 달마 대사는 삼 년만에 묘(墓) 속에서 부활(復活)한 것입니다. 그 독살의 애통함을 화정 거사(和政居士)은 이렇게 읊었습니다. "광통, 유지 어리석음이여! 칠흑 삼경에 허공을 쪼개는구나! 허공은 본래 쪼갤 물건이 아닌데, 쪼개고, 쪼개고 여섯 번이나 쪼갰으나 묘를 파 보아도 또 허공 아닌가? (光通流支愚痴漢 漆黑三更闇劈空 虛空本是無割物 六次劈空出墓空)"

그렇습니다. 허공은 본래 쪼갤 수가 없습니다. 그런데 허공을 쪼개고 있으니 말입니다. 어리석음의 극치 아닙니까? 부처를 부처로 보지 못하는 어리석음이 이렇게 엄청난 짓을 했습니다. 그러나 달마 대사께서는 다 알고 계셨습니다. 그리고 시절인연이 다 됨을 알고 가신 것입니다. 영가 대사께서 이렇게 옛 조사님들의 생사달관(生死達觀)의 일화를 「증도가」 시구(詩句)로 읊어서 경책(警責)한 것입니다.

부처님도 여러 생을 닦았다

우리 스승께서 연등불을 뵈옵고
다겁토록 인욕선인이 수행하셨네!

몇 번이나 태어나고 몇 번이나 죽었던가?
나고 죽는 것 아득하여 그침이 없구나.

我師得見燃燈佛 多劫曾爲忍辱僊
幾廻生幾廻死 生死悠悠無定止

우리 스승은 석가모니 부처님을 말한 것입니다. 부처님이 과거 인행(忍行) 시절에 선혜 보살(善慧菩薩)로 수행할 때입니다. 그때 부처님은 연등불(燃燈佛)이었습니다. 선혜(善慧) 보살은 연등 부처님이 선현정사에서 설법한다는 소리를 듣고 부처님께 공양할 물건을 찾았으나 꽃이란 꽃은 이미 다 팔려버렸고, 공양할 물건이 하나도 없었습니다. 그런데 어떤 여자가 꽃 일곱 송이를 가지고 간 것을 보고 사정하여 꽃 일곱 송이를 사가지고 꽃 공양을 합니다. 그리고 연등 부처님께서 걷고 있는 땅이 진흙 웅덩이라 선혜 보살이 그 진흙 위에 머리를 풀어서 엎드려 부처님이 밟고 지나게 합니다. 연등 부처님은 엎드려 있는 선혜 보살을 보시고, "착하고 착하도다. 그대는 심성이 참으로 기특하구나!"라고 하셨습니다. 이 인연으로 사아승지겁(四阿僧祇劫)을 지난 뒤에 사바세계에서 성불(成佛)하여 석가모니라는 부처가 되어 나와 같이 삼계중생(三界衆生)을 제도(濟度)할 것이라고 수기(授記)를 주셨습니다. 이렇게 선혜 보살은 연등 부처님께서 수기를 주셨던 것입니다. 육법공양 중(六法供養 中) 꽃 공양(供養)

유래이기도 합니다. 부처님은 과거 전생에 무수겁을 보살행을 닦았습니다. 부처가 된다는 것은 하루아침에 된 것이 아닙니다. 부처님께서는 삼아승지겁(三阿僧祇劫)을 닦으셨다고 합니다. 중생의 업장 소멸이 그리 쉽게 떨어지는 것이 아니지 않습니까? 세세생생 닦고 닦아 얻는 것이 부처입니다. 부처님 인행시를 보면 어떤 때는 인욕선인(忍辱仙人)으로 수행을 했고, 설산 동자로 수행하기도 합니다.

금강경에 보면 인욕선인으로 수행할 때 모습이 나옵니다. 가리 왕이 사지육신(四肢肉身)을 갈기갈기 찢고, 갈고, 고통을 줍니다. 그런데 인욕선인은 사상심(四相心)이 끊어져서 원망하는 마음이 없었습니다. 왜 그럴까요? 아상(我相), 인상(人相), 중생상(衆生相), 수자상(壽者相)이 없어졌기 때문입니다. 『열반경』에 보면 설산 동자(雪山童子)로 수행할 때 모습이 나옵니다. 그때는 사구게(四句偈) 한 게송(偈頌)을 듣기 위해서 몸을 절벽 위에서 던집니다. 제석천이 나찰로 변해서 게송을 읊습니다. "제행무상(諸行無常) 시생멸법(是生滅法)이라 세상의 모든 일은 덧없으니 이것은 났다가 없어지는 법이다." 설산 동자가 들으니 기가 막힌 법문이거든요? 그래서 그 소리 나는 쪽을 보고 다음 게송을 일러 달라고 했습니다. 그랬더니 흉하게 생긴 나찰이 나타나서 "내가 다음 게송을 일러 주려고 해도 배가 너무 고파서 일러줄 수가 없다. 그러니 그대 몸을 나에게 보시하면 마지막 게송을 일러주겠다."라고 했습니다. 그러면 내가 절벽에서 떨어질 테니 그 사이에 남은 게송을 읊어달라고 하고 설산 동자는 절벽에서 떨어지는 순간에 남은 게송을 듣습니다. "생멸멸이(生滅滅已) 적멸위락(寂滅爲樂)이라."

나고 죽는 법이 없어지면 고요하고 고요하여 즐거우리라. 이렇게 설산 동자는 게송 하나를 듣기 위해서 몸을 나찰에 먹힙니다. 위법망구(爲法

忘軀) 아닙니까? 法을 위해서 몸을 버린 것입니다. 수행은 상(相)을 없애는 데 있습니다. 중생은 중생상을 끊어야 합니다. 보살은 보살상을 끊어야 합니다. 조사는 조사상이 없어야 합니다. 부처는 부처상이 없어야 합니다. 왜 그렇습니까? 본래(本來)가 공(空)하기 때문입니다. 영가 스님께서 수행은 하루아침에 다 된 것이 아님을 연등불과 선혜 보살 수기를 들어서 말씀해놓은 것입니다. 옛 조사님 말씀에 구구필유입처(久久必有入處)라 했습니다. 오래오래 하다 보면 반드시 드(入)는 때가 있다고 했습니다. 드는 때는 깨달은 때입니다. 똑똑 한 방울씩 떨어지는 물이 바위를 뚫습니다. 작고 미미하지만, 오래 하다 보면 그 단단한 바위도 뚫어집니다. 수행도 이와 같습니다. 조급 심은 금물입니다. 느긋한 마음으로 차근차근 성심을 다하면 그 성심이 쌓여서 큰 공덕을 이룹니다. 올 한해도 거의 다 갑니다.

깨닫고 보면 영욕에서 멀어진다

단박에 깨쳐 남이 없음을 요달하고부터는
모든 영욕에 어찌 근심하고 걱정하랴!

깊은 산에 들어가 고요한 곳에 머무니
높은 산 그윽하여 낙락장송 아래로다.

自從頓悟了無生 於諸榮辱何憂喜
入深山住蘭若 岑崟幽邃長松下

　무생법인(無生法忍)을 단박에 깨친다고 했습니다. 점차로 깨치는 것이
아니라 한꺼번에 몰록 깨친다는 것입니다. 이것을 돈오돈수(頓悟頓修)라
고 합니다. 깨치는 것도 한 번에 깨치고, 닦는 것도 한 번에 닦아버린다
는 말입니다. 불교가 인도에서 중국에 전해졌습니다. 부처님 법이 중국
에 와서 중국 불교로 변한 것이 돈오돈수(頓悟頓修) 수행법입니다. 중국
인들의 사유 방법이 좀 특이합니다. 이론적이고 논리적인 사고가 중국인
들의 특성에는 잘 맞지를 않았습니다. 언제 삼아승지겁을 점차로 닦습니
까? 바로 눈앞에서 뭔가를 봐야 직성이 풀린 것입니다. 그래서 나온 것
이 심즉시불(心卽是佛)입니다. 마음이 부처라는 것이고, 마음을 깨달으면
되는 것이지, 수행에 또 다른 것이 없다는 말입니다. 바로 지금 여기서
우리 인생 문제를 해결하자는 것이 중국 선불교의 특성입니다. 『팔만장
경』이 마음 하나로 귀결이 된다는 말입니다.

　육조 혜능 대사(六祖慧能禪師)를 보면 알 수가 있습니다. 신수 대사(神

秀大師)는 점차로 단계를 밟아 차근차근 닦아 수행하는 점오점수(漸悟
漸修) 사상입니다. 그런데 육조 스님은 단박에 깨달은 수행법을 주장하
고 있습니다. 『육조단경』을 보면 본래무일물(本來無一物)이라고 했잖습니
까? 뭘 닦고 닦아낼 것이 있느냐는 것입니다. 본래 깨끗한 성품인데 무
슨 먼지가 끼냐는 말이죠. 이것이 중국 선불교의 특징과 특색이 되었습
니다. 바로 지금 여기 이 자리에서 일대사 인연을 끝내겠다는 단호한 결
정신을 갖고 수행을 하라는 말입니다. 어영부영 세월만 보내지 말라는
수행법이 돈오돈수(頓悟頓修) 수행법입니다. 그것이 단박에 몰록 남이 없
는(無生) 법을 깨친 것입니다. 여기서 무생(無生)은 무생법인(無生法忍)을
말한 것입니다. 무생법인(無生法忍)은 나지도(生) 않고, 죽지도(滅) 않는
진여법(眞如法)을 인지(忍知)하는 것을 말합니다.

불생불멸(不生不滅) 하는 진여법(眞如法)을 깨달은 것(忍知)을 말한 것입
니다. 『능엄경(楞嚴經)』에 보면 "착토득공(鑿土得空)"이란 말이 나옵니다.
부처님께서 아난 존자(阿難尊者)가 현상(現像)에만 집착(執着)한 것을 깨
우치기 위한 방편설(方便說)입니다. 내용을 보면 이렇습니다. 부처님이 아
난 존자를 부릅니다. "아난아! 땅을 파면 허공이 생기느냐?" 그러자 아
난 존자가 "그렇습니다, 세존이시여! 허공이 하나 생기이었나이다."라고
답합니다.

사막을 가는 상인들이 목이 마르면 물이 나올만한 모래밭을 팝니다.
그러면 파낸 만큼 허공이 생기지 않습니까? 그것을 말한 겁니다. 모래밭
이 파낸 만큼 허공(공간)이 생기죠? 아난 존자는 허공이 하나 더 생겼다
고 했습니다. 허공이 하나 생겼습니까? 이것이 현상 경계(現相 境界)에만
끌려다니며 사는 중생의 모습입니다.

눈앞에 땅을 파니, 허공이 하나 생긴 것입니다. 아난 존자의 인식은 육

식경계에 집착된 현상입니다. 중생들의 인식 세계가 다 이렇습니다. 허공이 생겼다는 생각은 잘못된 생각입니다. 허공은 원래 허공 그대로입니다. 그렇지 않습니까? 허공은 많아진 것도(增) 적어진 것도(減) 아닙니다. 왜 그럴까요? 파낸 흙은 어디로 갔습니까? 흙 위에 쌓였지 않습니까? 원래 흙 위에는 허공이 있었죠? 그 허공을 파낸 흙이 차지한 것입니다. 그런데 아난 존자는 허공이 하나 생겼다고 했습니다. 육식(六識)의 작란에 속은 것입니다. 깨친(覺者) 눈으로 보면 허공은 본래 그대로라는 것입니다. 생긴 것도 아니고, 멸하는 것도 아니라는 말입니다. 그것이 무생법인(無生法忍)입니다. 무생법인은 생멸(生滅)이 없는 이치(理致)를 아는 지혜(智慧)를 말합니다. 그래서 무생법인을 깨치고 나면 마음이 육진경계(六塵境界)에 흔들리지 않기 때문에 기쁠 것도, 즐거울 것도 없다고 했습니다. 무심(無心)하기 때문입니다. 무심(無心)은 무생(無生)을 깨친 마음입니다. 옛 조사 스님들이 깨달은 것이 부처님 법을 바로 깨달은 것입니다. 부처님이 깨달은 법과 조사님이 깨달은 법이 다른 법이 아닙니다. 그 점을 알아야 합니다.

"깊은 산속 고요한 곳에서 머무르니 산은 높고 그윽하여 낙락장송 아래로다."라고 했습니다. 산속 토굴에 사는 수행자의 모습입니다. 세상일 다 잊어버리고 사는 모습 아닙니까? 수행할 때는 이렇게 살아야 합니다. 깨닫기 전에는 철저하게 온갖 것 잊어버리고 수행하라는 말입니다. 깨닫고 나서도 산속에 혼자 살면 안 됩니다. 혼자만 깨달아 청정하면 뭘 합니까? 수행에 목적은 자각(自覺), 각타(覺他), 각만(覺滿)에 있습니다. 나도 깨닫고(自覺), 중생도 깨닫게 하고(覺他) 온 세상을 부처님 세계(覺滿)를 만드는 것이 수행의 목적이라는 말입니다. 그동안 공짜로 먹은 밥값은 해야 하지 않습니까? 부처님 밥값 말입니다. 옛날 양개화상(良介和尙)에게 무주 좌 계산 얀 선사(左溪山良禪師)가 산에서 살자고 부릅니다. 양개화상(良介和尚)은 답서(答書)에 이렇게 말합니다. "見道忘山者 人間亦寂하고 도를 보고 산을 잊는 자는 인간 세상도 고요하고, 見山忘道者山中乃喧也라 산만 보고 도를 잊는 자는 산중도 또한 시끄럽다."라고 했습니다. 도를 알지 못하고 먼저 산에 살게 되면 단지 그 산만 보고, 반드시 그 도를 잊는다고 했습니다. 그러나 산에 살지 않아도 먼저 도를 아는 자는 반드시 도를 보고, 산은 잊을 거라고 했습니다. 양개(良介)화상은 도를 깨달은 것이 중요함을 말한 것입니다. 그렇습니다. 장소가 뭣이 중요합니까? 오늘날은 더욱 그렇습니다. 다종교사회, 시장(市場)경제체제 속에서는 산중불교(山中佛敎)만 고집하다 보면 불교는 도태되고 맙니다. 남산에 올라가서 서울 야경 한번 보면 알 것입니다. 온 서울 장안이 십자가로 빨갛습니다. 불교가 산중에만 있다 보니, 도시 장안은 타 종교가 다 잠식을 해버렸습니다. 이제는 불교도 민중(民衆) 속으로 들어와야 합니다. 심산계곡 속에는 중생의 아픔이 없습니다. 중생의 아픔은 도시 시장 속에 있습니다.

시끄러운 대중 속으로 들어와야 합니다. 내가 가장 좋아하는 법구(法句)는 "처처법당(處處法堂) 사사불공(事事佛供)"이라는 말입니다. 사는 곳곳이 다 법당이고, 하는 일일마다 다 불공이란 말입니다. 심심불상(心心佛像) 념념불사(念念佛事)라, 마음마음이 부처(불상)이고, 생각생각이 불사가 되어야 합니다. 이제 법당은 시장요처(市場鬧處)라야 합니다. 그리고 법문하는 곳은 도시 안, 사람 속(都衆)이어야 합니다. 그래야 불교가 산 종교가 됩니다. 중생의 고통을 외면한 종교는 산 종교가 아닙니다. 중생의 아픔과 중생의 고통을 외면하는 종교는 살아남을 수가 없습니다.

오늘날 다종교사회에서 불교가 살아남기 위해서는 중생과 함께하는 불교라야 합니다. 신도시(新都市)가 하나 생기면 종교 부지(宗敎 簿地)가 선정(選定)됩니다. 그런데 타(他) 종교에서는 서로 들어가려고 아우성입니다. 그런데 불교 포교당은 하나도 없습니다. 불교 단체에서 신청하는 곳이 하나도 없기 때문입니다. 사람이 사는 곳에서 가까이 법당이 있어야 합니다. 마음의 안식처가 산중에만 있으면 언제 갑니까? 괴로울 때 바로 가서 쉴 곳이 도시 법당입니다. 가까운 곳에서 중생의 마음을 일깨워주는, 살아있는 법문이 있어야 합니다. 불교는 방편에 능한 종교 아닙니까? 오늘에 방편은 뭘까요? 한번 우리 불자님들이 새해 새로운 마음으로, 불교를 아끼는 마음으로 생각해봅시다.

깨닫고 나니 고요한 안거 참으로 좋구나!

여유롭게 노닐며 절집에 조용히 앉았으니,
고요한 안거 참으로 맑구나!

깨치면 그만이요, 공 베풀지 않나니
모든 유위법과 같지 않다.

優遊靜坐野僧家 閴寂安居實蕭灑
覺卽了不施功 一切有爲法不同

안거(安居)는 하안거(夏安居)와 동안거(冬安居)가 있습니다. 3개월씩 여름철과 겨울철에 정진하는 기간을 말합니다. 여름 안거는 음력 4월 16일부터 7월 15일까지이고, 겨울 안거는 음력 10월 16일부터 1월 15일까지입니다. 남방 불교는 우기에 맞춰서 하는 안거이고, 북방 불교는 추운 겨울철에 맞춰서 하는 안거입니다. 안거 동안은 출입(出入)을 통제하고 자성(自性)을 찾는 수행 기간(修行期間)입니다. 이런 수행 풍토가 정착하여 오늘날까지 전승(傳承)되고 있습니다. 그렇게 정진 수행을 하여 깨치면 그만이지, 그 외에 더 공을 쓸 필요가 없다고 했습니다.

왜 그러느냐면 무위법(無爲法)을 깨쳤기 때문입니다. 유위법(有爲法)은 닦을 것이 있지만, 무위법(無爲法)은 그렇지 않다는 말입니다. 그러면 무엇이 유위법(有爲法)이고, 무엇이 무위법(無爲法)이냐는 것입니다. 유위법(有爲法)은 생주이멸(生住異滅)을 말합니다. 무위법(無爲法)은 불생불멸(不生不滅)을 말합니다. 유위법(有爲法)은 유루법(有漏法)이라고도 하는데, 생겨서 머물다가 사라지고 마는 법을 말합니다. 무위법(無爲法)은 무루법(無漏法)이라고도 하는데, 무위법(無爲法)은 생기지도 않고 멸하지도 않는 법을 말합니다. 유위법(有爲法)은 행(行)에 의해 조작되는 법을 말합니다. 무위법(無爲法)은 행(行)이 멸(滅)해 조작되지 않는 진실을 말합니다. 『소승 구사론(小乘 俱舍論)』에 보면 "오위칠십오법(五位七十五法)"이 나옵니다. 75법 중에 무위법(無爲法) 3法을 제외한 72법이 유위법(有爲法)이 됩니다.

대승유식 오위백법론(大乘唯識 五位百法論)에 보면 무위법(無爲法)은 6法이고, 유위법(有爲法)이 94法으로 상세하게 세분(細分)되어 있습니다. 이렇게 불교는 이론적 논리 체계가 분명하게 서있는 종교입니다. 그냥 有爲法이다. 無爲法이 다가 아닙니다. 그래서 불자님들이 체계적으로 불교를 공부해야 합니다. 이렇게 논리(論理)가 정연한 불교를 공부하고 나면 어떤 사상도 다 타파할 수가 있습니다. 『금강경』 사구게(金剛經 四句偈)를 보면 "一切有爲法 如夢幻泡影 如露亦如電 應作如是觀 來世得作佛"이라고 했습니다. "일체(一切) 모든 조작이 있는 법은 꿈과 같고, 허깨비와 같고, 물거품 같고, 그림자와 같으며, 아침 이슬 같고, 또한 번개 불과 같다. 응당히 이와 같이 볼 것 같으면 내세에는 반드시 부처가 될 것이다."라고 했습니다. 게송에서 말한 것은 다 잠깐 있다가 없어지는 무상(無常)한 것 아닙니까? 세간법(世間法)은 이렇게 다 무상(無常)한 것들입니다. 영원한 것이 아니고, 변화무상한 것들입니다.

무상(無常)한 것을 항상(恒常)으로 보는 것이 중생견(衆生見)입니다. 그것은 정견(正見)이 아닙니다. 『잡아함경』에 보면 부처님께 하루는 외도바라문(外道婆羅門)이 찾아와 묻습니다. "고타마시여! 일체(一切)라고 할 때 무엇이 일체(一切)입니까?" 부처님이 대답을 했습니다. "십이입처(十二入

處)가 일체(一切)다."라고 했습니다. 부처님은 '십이입처(十二入處)가 일체(一切)'라고 단언하여 답(答)을 한 것입니다. 부처님 말씀에 주목해야 합니다. 여기서 일체(一切)는 인간과 세계의 근본적 본질(根本的 本質)을 의미합니다. 브라흐만교에서는 一切를 브라흐만 신(神)이 변해서 된 것이라고 한 것입니다. 그런데 부처님은 십이입처(十二入處)라고 말씀하셨습니다. 십이입처(十二入處)는 안이비설신의(眼耳鼻舌身意)를, 내육입처(內六入處)와 색성향미촉법(色聲香味觸法)은 외육입처(外六入處)를 말합니다. 쉽게 말하면 눈, 귀, 코, 혀, 몸, 의식과 색깔, 소리, 향기, 맛, 촉감 법(의식 대상)을 말한 것입니다. 우리 인식 기관을 부처님은 일체(一切)라고 했습니다. 초기 경전을 보면 왜 이런 말씀을 하셨는지가 확실하게 드러납니다.

마음을 떠나서 아무것도 없다는 말입니다. "唯識無境". 우주의 주체는 마음이라는 말입니다. 그래서 『대승경전』에는 "일체유심조(一切唯心造)"라고 하지 않습니까? 일체가 마음에서 나왔다는 겁니다. 부처님은 철저하게 마음을 깨달은 분입니다. 그냥 대충하는 소리가 아닙니다. 바라문 외도는 일체가 브라흐만 신이 변(變)해서 만물(萬物) 속에 아트만(自我)이 있다는 전변설(轉變說)로 보았는데, 부처님께서는 그 전변설을 부정(否定)하신 것입니다. 부처님은 일체(一切)의 근원이 십이입처(十二入處)이고, 십이입처가 세계의 근원이라는 말씀입니다. 불교 용어 하나하나 다 깊은 뜻이 있습니다. 부처님이 말씀하신 십이입처(十二入處)는 우리 마음입니다. 우리는 눈으로 색깔을 본다고 합니다. 귀로는 소리를 듣습니다. 입으로는 맛을 보지 않습니까? 코로는 냄새를 맡습니다. 몸으로는 촉감을 느끼고, 의식으로 인식을 합니다. 우리가 '나'라고 하는 것을 살펴보면 나는 보고, 듣고, 냄새 맡고, 맛보고, 만지고, 생각하는 것들입니다. 나밖에 '세계'라고 생각하는 것을 보면 보이고, 들리고, 만져지고, 인식되는 것들입니다.

그런데 자세히 세밀하게 분석해보면 인식의 주체는 없습니다. 나라고 할 만하는 것이 전혀 없습니다. 그래서 무아(無我)입니다. 세상이 있기 때문에 보는 것이 아니라, 보기 때문에 있다는 것입니다. 언어는 객관적 세계를 말한 것이 아닙니다. 우리의 생각을 표현한 것입니다. 부처님은 언어의 개념을 너무나도 잘 알고 계신 분입니다. 모든 것이 마음에서 나타난다는 것입니다. 이렇게 유위법(有爲法)이 아닌 무위법(無爲法)을 깨닫고 나면 더 이상 닦을 것이(功) 없다는 말입니다. 진여(眞如)의 참 성품(佛性)을 보았기 때문입니다. 무위법(無爲法)을 법성, 진여, 불성실상(法性, 眞如, 佛性, 實相)이라고도 합니다. 우주 법칙을 말한 것입니다. 그 연기 실상을 보고 나면 더 닦을 것도 없다는 말입니다. 유위법(有爲法)이 세간법(世間法)이라면 무위법(無爲法)은 출세간법(出世間法)이기 때문입니다. 오늘은 여기까지입니다.

하늘로 쏜 화살은 올라가다 떨어진다

모양에 머물러
보시하는 것은 하늘에 나는 복이나
그건 마치 허공에 화살을 쏜 것 같다.

세력이 다하면 화살은 다시 떨어져서
내생에 뜻과 같지 않은 과보를 부를 것이다.

住相布施生天福 猶如仰箭射虛空
勢力盡箭還墮 招得來生不如意

부처님은 『금강경』에서 불자는 처음부터 무주상(無住相) 보시(布施)를
하라고 했습니다. 상(相)에 집착하여 보시하면 아무리 많은 보시를 해도
공덕이 끝(限)이 있다고 했습니다. 영가 스님도 상(相)에 집착하여 보시하
면 그 결과가 허공에 화살을 쏜 것 같다고 했습니다. 허공에 화살을 쏘
면 쏜 만큼 날아 올라가다가 다시 땅으로 떨어진다는 말입니다. 이런 것
을 복진타락(福盡墮落)이라고 합니다. 복(福)이 다하면 다시 천상락(天上
樂)도 다한다는 말입니다. 보시를 많이 해서 그 복으로 천상(天上)에 가
서 나지만 천상락(天上樂)을 누릴 복이 다하면 그만 육도(六道)를 윤회(輪
廻)한다는 말입니다. 그래서 옛 선지식(善知識)들은 복(福)이 삼생(三生)에
원수(冤讐)라고 했습니다.

왜 그러느냐면 한 생(一生)은 복(福)을 짓다가 다 보내고, 또 한 생은
복(福)을 받다가 다 보내고, 마지막 한 생은 지옥에 떨어져 고통을 받는

다고 다 보내니까 복(福)이 삼생(三生)의 원수라는 말씀입니다. 불교(佛敎)는 복(福) 짓는 것도 소홀히 못 하게 합니다. 그러나 수행(修行)의 목적은 윤회에 벗어나는 데 있습니다. 마음을 깨달아서 부처가 되는 것입니다. 부처가 되고 나면 생사윤회를 벗어나기 때문입니다. 혜능 대사(慧能大師)님도 『육조단경(六祖壇經)』에서 이렇게 말씀하고 계십니다. "愚人修福不修道하고 謂言修福而是道"라고 했습니다. 어리석은 사람은 복(福)만 닦고, 도(道)는 닦지 않으면서 복(福) 닦는 것을 도(道)를 닦는다고 한다는 것입니다. 복(福) 닦는 비중(比重)이 도(道) 닦는 비중(比重)보다 크다는 말씀입니다. 불교(佛敎)는 복혜쌍수(福慧雙修)입니다. 복(福)도 닦고 도(道)도 똑같이 닦아야 합니다.

부처님 복(福)은 무량대복(無量大福) 아닙니까? 삼천 년(三千年)이 지난 지금도 부처님 복(福)으로 산중(山中)에 사는 스님들이 굶어 죽지 않고 사는 것입니다. 그렇게 복(福)도 중요합니다. 그런데 문제는 복(福)이 도(道)인 양 착각(錯覺)한다는 데 있습니다. 그래서 영가 스님께서 화살의 비유를 들어서 설명을 하신 것입니다. 허공에 쏜 화살은 쏜 사람의 힘만큼 오르다가 힘이 다하면 도로 땅에 떨어진다는 말입니다. 복(福)은 천상락(天上樂)은 누려도 윤회(輪廻)는 면치 못한 것을 말한 것입니다.

수행(修行)의 목적(目的)은 생사해탈(生死解脫)에 있습니다. 옛날부터 복진타락(福盡墮落)한 이야기는 전해오는 일화가 많습니다. 명(明)나라 때 왕양명(王陽明) 이야기입니다. 그는 아주 거유(巨儒)였습니다. 원래 이름은 왕수인(王守仁)입니다. 하루는 왕양명이 제자들을 거느리고 금산사(金山寺)에 가게 됩니다. 그런데 그 금산사에는 예부터 전해오는 금기 사항이 있었는데, 절 법당 하나가 문이 꽉 잠겨서 누구도 열지 못한다는 것입니다. 그 말을 듣고 왕양명이 호기심이 생겨서 그곳에 가게 됩니다. 꽉 닫힌 문 앞에 서서 왕양명이 문을 열어보니 문이 거짓말 같이 열린 것입니다.

왕양명이 문을 여니, 그의 제자들과 절 스님들이 열린 법당 안으로 들어왔습니다. 그곳에는 한 노승이 앉은 채로 열반(涅槃)에 들어있었다. 그 노승은 황 선사(黃禪師)라고도 하고, 금산사(金山寺)에 사는 스님이란 뜻으로 금산 대사(金山大師)라고도 합니다. 그 금산 대사가 열반에 들기 전에 그 벽에다가 써놓은 게송(偈頌) 있었습니다. 그 게송을 왕양명이 보고 깜짝 놀랐습니다. 전생에 자기가 써 놓은 게송이거든요. 앉는 채로 열반에든 스님이 전생에 자기였거든요. 게송 내용은 이렇습니다.

五十年前王守仁 開門人是閉門人
始信禪門不壞身 精靈剝落還歸復
오십 년 전 왕 수인이 문 여는 사람이 문 닫는 사람이네.
정령이 바뀌어 다시 돌아오니, 비로소 선문에 무너지지
않는 몸 있음을 알았네.

이 게송을 보고 왕양명은 자기가 금산 대사 후신(後身)임을 알았다는 것입니다. 이런 것도 복진타락(福盡墮落)으로 봅니다. 왜 복진타락이냐면 세간(世間)의 유루복(有漏福)이 출세간(出世間)의 무루복(無漏福)만 못하기 때문입니다. 옛 문헌에 보면 우리나라에도 이런 일이 많이 있습니다.

조선 말(朝鮮末) 고종(高宗) 때 탁지부 대신을 지낸 김성근(金聲根)도 전생(前生)에 스님이었다는 것입니다. 이 이야기는 해남 대흥사에서 운기 노사(雲起老師)로부터 들었습니다. 그때 강원을 마치고 경전 공부를 좀 더 하고 싶어서 통방(通方) 학승(學僧) 10여 명이 운기 노사(雲起老師)님을 모시고 공부할 때였습니다. 그때 노사님께서 이야기해준 내용입니다. 옛날 원등암(遠燈庵)에 해봉(海峯)이란 스님이 계셨는데, 그 스님이 돌아가실 때 남겨놓은 게송이 바로 이 게송입니다.

仙岩山上一輪月 影墮都城作宰身
甲午年前海峰僧 甲午以後金聲根
선암 산 위에 둥근 달,
그림자 도성에 떨어져 재상의 몸 되었네!
갑오년 전 해봉 승이, 갑오년 이후에
김성근이 되었네.

이 일화도 똑같은 내용입니다. 전생(前生)의 스님이 다음 생에는 고관
대작을 지내면서 복수용(福受用)만한 것입니다. 수행자가 다시 수행했으
면 모르는데, 세간 복만 누리다가 간 것입니다. 그런데 이번 일화는 조
금 다릅니다. 전생에도 수행자였고, 금생에도 수행자인 일화가 있습니
다. 이 이야기는 극락암 경봉 노선사(鏡峰老禪師)님으로부터 들은 이야기
입니다. 지금은 이북에 있는 사찰입니다. 옛날 석왕사(釋王寺)에 용악(聳
岳)이라는 스님이 있었답니다. 그런데 그 스님은 매년 똑같은 날 밤이 되
면 꿈속에서 수암사(秀巖寺)라는 절에 가서 음식 대접을 걸게 받고 온다
는 겁니다.

그 꿈을 꾼 것이 한 번도 아니고, 매년 꿈을 꾸다 보니 스님은 예삿일
이 아니라고 생각했습니다. 그런데 하루는 석왕사에 객스님이 한 분 오셨
는데, 수암사에서 왔다는 것입니다. 그래서 그 객스님에 꿈에 본 수암사
경내를 말하니까 꿈속에 수암사와 똑같았다는 것입니다. 그래서 꿈속에
서 대접받은 날이 수암사 무슨 날이냐고 물었더니 그날은 수암사를 중창
불사(重創佛事)를 한 스님의 제삿날이라는 것입니다. 매년 수암사에서는
그날만큼은 빼놓지 않고 행사를 치른다는 것입니다. 이렇게 인과(因果)는
분명합니다. 그 후에 용악 스님이 돌아가실 때 열반송(涅槃頌)으로 전해
온 게송이 이렇습니다.

釋王寺僧聳岳師 每年月日夜夢中
秀巖寺去應供養 了後前生重創功
석왕사 스님 용악사 매년 그날 밤 꿈에
수암사 절에 가서 푸짐한 대중공양 받았네!
깨닫고 보니, 전생에 그 절 중창한 공이라네.

  이런 일화가 절집에는 아주 많습니다. 지면과 시간 관계로 못해서 다 소개 못 합니다. 오늘 게송의 결론은 이렇습니다. 업력(業力)이 다하면 복진타락(福盡墮落)이니, 유루복(有漏福)보다는 무루복(無漏福)을 지으라는 말씀입니다. 상(相)에 머무는 복(福)은 화살을 허공에 쏜 것 같다는 말씀입니다. 그러니 보시를 해도 무주 상 보시(無住相 布施)를 하라는 말씀입니다. 불교는 복혜쌍수(福慧雙修)입니다. 복도 짖고 지혜도 닦아야 합니다. 부처님과 같이 무량대복(無量大福)을 많이 지어서 그 복(福)을 무진중생(無盡衆生)에게 돌리(廻向)십시오.

여래 지를 깨달으면 보배 달을 머금는 것 같다

어찌함이 없는 실상 문에서
한번 뛰어서 여래지에 들어감과 같겠는가?

근본만 얻을 뿐이지 끝은 걱정하지 말라.
마치 깨끗한 유리가 보배달을
머금음과 같도다.

爭似無爲實相門 一超直入如來地
但得本莫愁末 如淨瑠璃含寶月

실상(實相)은 제법실상(諸法實相)을 말합니다. 대우주(大宇宙) 모든 사물(事物)의 진실(眞實)한 본체(本體)를 말합니다.

부처님이 깨달은 연기법(緣起法)으로 보면 모든 法은 인연(因緣)에 의해 이루어진 현상(現像)이라, 제법(諸法)의 실체(實體)는 자성(自性)이 없으며, 제법(諸法)의 본질(本質)도 공(空)한 것이 법(法)의 실상(實相)이라는 말씀입니다. 그래서 『법화경』 사구게(法華經 四句偈)에서 이렇게 말했습니다. "(諸法從本來 常自寂滅相 佛子行道已 來世得作佛) 모든 법은 본래부터 옴으로부터 항상 스스로 적멸의 형상이다. 불자가 이러한 도를 수행하면 오는 세상에는 부처가 될 것이다."라고 했습니다.
수행도 무위실상문에 들어가 수행을 해야지, 유위법(有爲法)에 머물러서 상(相)에 집착하면 안 된다는 말씀입니다. "일초직입 여래지(一超直入如來地)"라고 했습니다. 이것은 선종(禪宗)에서는 돈오(頓悟)를 말한 것입니다. 교종(敎宗)에서는 차근차근 닦는 것을 말합니다. 그런데 선종(禪宗)에서는 바로 지금 여기서 깨닫는다는 것을 말합니다. 교종(敎宗)은 점오(漸悟) 쪽이라면, 선종(禪宗)은 돈오(頓悟) 쪽입니다. 육조 혜능 대사(六祖慧能大師)는 『단경(壇經)』에서 이렇게 말했습니다. "법무돈점(法無頓漸)이나 인유이둔(人有利鈍)"이라고 했습니다.

법에는 돈점(頓漸)이 없는데, 사람은 영리하고, 둔한 사람이 있다는 것입니다. 결론은 사람의 근기 탓이라는 말입니다. 교종(敎宗) 쪽에서는 삼아승지겁을 닦아야 한다고 했습니다. 그런데 선종(禪宗) 쪽에서는 바로 여기에서 부처가 된다고 하니 말도 안 된다는 것입니다. 『선문촬요 21칙(禪門撮要 二十一則)』에 보면 선화엄(善華嚴)이란 스님이 계성 선사(繼成禪師)를 찾아가 묻고 따지는 대목이 나옵니다. "우리 부처님이 가르침을 세우심이 소승(小乘)에서부터 원돈(圓頓)에 이르러서 공(空)과 유(有)를 쓸어 없애고 참되고 떳떳함(眞常)을 깨달은 뒤에 만덕(萬德)을 장엄해야 비로소 부처라고 하셨는데, 일찍이 들으니, 선종(禪宗)에서는 한 고함(喝)으로 범부(凡夫)를 변화시켜 성인(聖人)을 이루게 한다고 하니, 부처님 가르침에 어긋난 것이 아닙니까? 이제 스님께서 한 할(喝)로 종문 오교(宗門 五敎)에 포함 시킬 수 있다면 바른 가르침이지만 만약에 그렇지 못한다면 삿된 가르침이라고 할 수밖에 없습니다."라고 합니다.

이에 계성 선사가 "선화엄아!" 하고 부릅니다. 선화엄이 "네!" 하고 대답합니다. 계성 선사가 말했습니다. "소승교(小乘敎)라는 것은 모든 존재가 있다(有)는 가르침입니다. 대승시교(大乘始敎)는 없다(無)는 가르침이다. 대승종교(大乘終敎)는 있지도(不有) 않고, 없지(不無)도 않다는 가르침이다. 대승돈교(大乘頓敎)는 있으면서(亦有) 동시에 비었다(亦無)는 가르침이다. 대승원교(大乘圓敎)는 있지 않으면서도 있고(非有之有), 비지 않으면서도 비었다는(非無之無) 가르침이다. 그런데 나의 한 할(喝)은 오교(五教)에 포함될 뿐 아니라 제가백가(諸家百家)에도 모두 포함된다고 할 수 있다." 계성 선사가 한번 할(喝)을 하고, 선화엄에게 물었습니다. "들었는가?", "예! 들었습니다.", "그대가 이미 할 소리를 들었으니, 이는 있는(有) 것이니, 이것이 소승교(小乘教) 아닌가?"

조금 있다가 또 선화엄에게 묻습니다. "들었는가?", "듣지 못했습니다.", "아까 한 할(喝)이 없어(無)졌으니, 이것이 대승시교(大乘始教)일세." 계성 선사가 선화엄을 돌아보면서 말했습니다. "나의 처음 한 할(喝)을 그대가 있다고 말하였으며, 할한 지 오래되어 소리가 사라지자 그대는 없다고 말했다. 없다고 말하지만 애초에 참으로 있었고, 있다고 말하지만 지금에는 없다. 있지도 않고 없지도 않으니, 이것이 대승종교(大乘終教)가 아닌가? 또 나의 할이 있을 때에 있다고 하나, 있는 것이 아니니, 없음에 의지한 까닭에 있는 것이고, 한 할(喝)이 없을 때에 없다고 하나 없는 것이 아니니, 있음에 의지한 까닭에 없다. 있으면서도 동시에 없는 것이니, 이것이 대승돈교(大乘頓教)가 아니겠는가? 그러니 나의 한 할(喝)은 한 할(喝)의 작용을 짓지 아니하니, 있음과 없음으로 설명할 수 없으며, 정식(情識)과 이해를 모두 잊었다."

있다고 말할 때도 티끌조차 설 수 없습니다. 없다고 말할 때에도 허공에 두루 하니, 이 한 할(喝)이 백천만억(百千萬億)의 할(喝)이, 이 한 할(喝)에 포함됩니다. 그러므로 이것이 대승원교(大乘圓教)에 포함된다고 할 수가 있지 않겠습니까? 계성 선사는 교종(教宗)의 선화엄 화상을 한 할(喝)로 깨우침을 준 가르침입니다. 이렇게 선종(禪宗)에서는 한 喝소리로 『팔만대장경』에 회통(會通)치고 있습니다. 앞에서 말한 오교(五教)는 부처님 가르침을 다섯 가지로 분류(分類)한 것입니다. 소승교(小乘教)는 아함경(阿含經)의 가르침입니다. 대승시교(大乘始敎)는 『금강경(金剛經)』과 『해심밀경(解深密經)』의 가르침입니다. 대승종교(大乘終敎)는 『능엄경(楞伽經)』과 『승만경(勝蔓經)』의 가르침입니다. 대승돈교(大乘頓敎)는 유마경(維摩經)의 가르침입니다. 대승원교(大乘圓敎)는 화엄경(華嚴經)의 가르침입니다.

이렇게 부처님께서 45년 설하신 경전이 이 오교(五敎)에 다 포함됩니다. 그런데 계성 선사는 한 할(喝)로 교종(敎宗) 승려인 선화엄 화상을 멋지게 깨우쳐주고 있지 않습니까? 계성 선사나 선화엄 화상이나 똑같은 수행자 아닙니까? 그런데 너무도 다릅니다. 그것은 근기의 이둔(利鈍) 때문입니다. 영가 스님께서도 그 점을 역점을 두고 말씀하신 것입니다. "무위(無爲)실상문에 들어 한 번 뛰어 여래지에 들어감과 같겠느냐?" 이것입니다. "그러니 근본만 깨쳐라. 그리고 나면 걱정할 것이 없다. 깨치고 나면 남의 말이 아니라, 바로 자기 살림살이를 말할 수가 있다."라는 말입니다. 그것이 깨끗한 유리가 밝은 달을 머금고 있는 것과 같이 훤해질거라는 말입니다. 자기 부처를 깨치고 나면 투명한 유리 속달과 같다는 말입니다. 어두운 밤에 등불과 같다는 말 아닙니까? 등불이 없을 때는 코앞도 못 보지 않습니까? 그런데 등불을 켜고 나면 훤하지 않습니까? 그와 같다는 말씀입니다. 그래서 『대혜 종고 선사 어록(大慧宗杲 禪師 語錄)』에 보면 이렇게 말하고 있습니다. "단진범정(但盡凡情)일지언정 별무성해(別無聖解)"라고 했습니다. 다만 범부의 마음을 다할지언정 별도로 성인의 알음알이를 짓지 말라는 것입니다. 범부의 마음인 번뇌와 망상만 다 털어 내면 그 자리가 바로 부처라는 것입니다. 범부 따로 부처가 있는 것이 아니라 범부심이 다한 그 자리가 부처(聖解)라는 말입니다. 오늘은 교종(敎宗)과 선종(禪宗)의 차이점을 들어보았습니다. 마음에 새겨 반조하십시오.

이미 얻는 여의주로 남과 나를 돕는다

이미 여의주를 알았으니,
나와 남을 이롭게 하여 다 함이 없구나!

강에는 달 비치고 소나무엔 바람 부니
긴긴밤 맑은 하늘 무슨 할 일 있을쏜가?

旣能解此如意珠 自利利他終不竭
江月照松風吹 永夜淸霄何所爲

여의주(如意珠)는 마니보주(摩尼寶珠)를 말합니다. 마니보주는 비로자
나 부처님이 중생 구제의 방편을 상징한 것입니다. 마니보주는 무엇이든
지 원하는 대로 이루어진다 하여 여의주(如意珠)라고 한 것입니다. 모든
재난과 불행을 없애고, 탁(濁)한 물도 맑힌다 하여 청정수(水淸水)라고도
합니다. 보조 국사(普照國師)『절요집(節要集)』에 보면 마니보주에 대해 이
렇게 말하고 있습니다. "(色相 自有差別 明珠不曾變易) 색깔과 모양은 스스
로 차별이 있을지언정 마니 명주(摩尼明珠)는 변하거나 바뀐 적이 없다."
라고 했습니다. 투명하고 맑고 깨끗한 명주는 빨간색이 오면 빨갛게 됩
니다. 노란색이 오면 노랗게 됩니다. 그러나 명주가 빨갛고 노란 것이 아
니란 말씀입니다. 앞 인연에 반연하여 비친 색이 노랗고 빨간 것일 뿐입
니다.

그와 같이 우리 진여불성(眞如佛性)도 그와 같다는 말입니다. 경계가
노란색이면 명주(明珠)도 노랗습니다. 경계가 빨간색이면 명주도 빨간색

이 됩니다. 색깔 따라 명주 색이 변(變)한 겁니다. 그러나 명주(明珠)가 본래 노랗고 빨간 것이 아닙니다. 색깔 따라 변한 것은 연(緣)에 따른 것입니다. 이것을 불교에서는 수연문(隨緣門)이라고 합니다. 인연(因緣)에 따라 변하나 진여불성(眞如佛性)은 변하지 않는 명주처럼 맑고 깨끗함 그대로입니다. 이것을 불교에서는 진여문(眞如門)이라고 합니다. 진여불성(眞如佛性) 자리는 변하거나 바뀐 적이 없는 본래 그대로입니다. 참 성품인 여의보주를 알아 얻었으니, 남도 이롭게 하고 나도 이롭게 함이 다함이 없다고 했습니다. 왜 그렇습니까? 무진장(無盡藏) 보배 구슬을 얻어서 그렇습니다. 마음 구슬은(慈悲心) 세세생생(世世生生)을 써도, 써도 다 못다 쓰는 것이 여의주(如意珠)(慈悲心)입니다. 깨달아 부처가 되고 나면 그렇다는 것입니다. 그러니 열심히 마음을 닦아 깨달아야 하지 않겠습니까?

보조 스님 진심이명장(眞心異名章)에 보면 우리 마음을 이렇게 말하고 있습니다. "불교, 조교 입명부동(佛敎, 祖敎 立名不同)"이라 했습니다. 부처님 가르침(佛敎)과 조사님 가르침(祖敎)이 다르다는 말입니다. 이름만 다르다는 것이죠. 부처님은 우리 불성을 이렇게 말씀하고 있습니다. 심지, 보리, 법계, 여래, 열반, 여여, 법신, 진여, 불성, 총지, 여래장, 원각(心地, 菩提, 法界, 如來, 涅槃, 如如, 法身, 眞如, 佛性, 總持, 如來藏, 圓覺)이라고 했습니다. 조사님들은 우리 마음 불성을 정안, 묘 심, 주인옹, 주인공, 무저발, 몰 현금, 무진등, 무근수, 취모검, 무위국, 마니주, 니우, 목마, 심원, 심인, 심경, 심월, 심주,(正眼, 妙心, 主人翁, 主人公, 無底鉢, 沒絃琴, 無盡燈, 無根樹, 吹毛劍, 無爲國, 摩尼珠, 泥牛, 木馬, 心源, 心印, 心鏡, 心月, 心珠) 등 여러 가지 이름을 붙여서 말하고 있습니다. 이름은 달라도 그 본체 내용은 다 똑같습니다. 그래서 일법(一法) 천명(千名)이라고 했습니다.

법은 하나인데, 이름은 천만 가지로 다르다는 말입니다. 왜 그렇게 다르게 말하는가 하면 응연입호(應緣立號)라 그렇습니다. 교화하는 연(緣) 따라 이름을 세웠기 때문입니다. 응병여약(應病與藥)입니다. 병(病) 따라 약(藥)이 다르다는 것입니다. 중생의 근기에 따라 처방도 다르다는 말씀입니다. 닭을 부를 때는 "구~구~구" 하고 부르고, 개를 부를 때는 "워~리" 한다는 말입니다. 불자님들께서는 부처님 경전이나 조사님 어록을 볼 때 이점에 착안하여 보면 됩니다. 말은 다르게 표현해도 그 본뜻은 마음 본체를 말한 것으로 보면 됩니다. 그렇다면 왜 심지(心地)라, 불성(佛性)이라, 마니보주라 했는가는 보조 어록 『진심이명장(眞心異名章)』을 참고하시면 됩니다. 다 설하기는 제약이 많아서 그렇습니다. 이번 게송에서 알아야 할 핵심은 이렇습니다. "珠所現色 雖千般 珠體圓明 本無色相이라." 입니다. 구슬에 나타나는 색이 천색 만색이나 구슬의 본체는 밝고 맑아서 원래 색상이 없다는 것입니다. 본래 맑고 투명한 구슬이라 그렇습니다. 우리 마음 불성이 마니보주와 같다는 말씀입니다. 오늘은 여기까지입니다. 부지런히 정진하여 다 함께 부처님 됩시다.

깨달은 이의 석장은 호랑이 싸움도 말린다

부처 성품 계의 구슬 마음의 도장이요,
안개 이슬 구름은 몸에 옷이라.

용 항복 받는 발우와 범 싸움 말린 지팡이여!
양쪽 쇠고리는 역력히 찌렁찌렁거리네.

佛性戒珠心地印 霧露雲霞體上衣
降龍鉢解虎錫 兩鈷金環鳴歷歷

　불성 계주는 불성을 계(戒)의 본체로 한다는 뜻입니다. 『범망경』 금강
보계에 보면 "불성 계주는 모든 부처의 본원이며, 일체 보살의 본원이
고, 불성의 종자다."라고 했습니다. 마음이 있는 모든 것은 모두 다 불성
의 계에 들어온다고 했습니다. 한마디로 말하면 마음 불성을 깨치고 나
면 우주 법계가 온통 내 몸(眞如)이라는 뜻입니다. 안개, 이슬, 구름, 노
을이 내 몸의 옷이라는 것입니다. "법아일여(法我一如)"를 말한 것입니다.
우주와 내가 둘이 아닌 하나의 법계라는 뜻입니다. 연기법은 모든 법이
조건에 의해 나타나는 법칙입니다. 연기법을 바르게 아는 것이 반야 지
혜(覺)입니다. 깨달음은(반야) 모든 것이 어떤 조건에 의해 나타나는 실
상을 아는 지혜를 말합니다. 그러니 영가 스님께서 깨닫고 보니 우주 삼
라만상이 그대로 나라(眞我)는 것을 이렇게 표현하고 있는 것입니다.
龍을 항복 받는 발우는 부처님께서 화룡외도 삼가섭(火龍外道 三迦葉)을
제도한 것을 말합니다. 삼가섭(三迦葉)은 優樓頻羅迦葉, 那提嘉葉, 伽耶
迦葉 三兄第를 말합니다. 이들은 불을 섬기는 외도였습니다. 처음에는

불자가 되었다가 불을 섬기는 외도로 빠진 것을 부처님이 다시 제도했다는 것입니다.

　부처님이 이들이 사는 곳에 가서 보니, 용(龍)이 불을 뿜는지라 부처님께서 발우에다가 그 용을 넣어서 항복을 받아냈다는 일화가 있습니다. 그래서 항룡 발(降龍鉢)이라고 한 것입니다. 용을 항복 받는 발우라는 뜻입니다. 이들 삼 형제가 1,000명의 제자와 함께 부처님께 귀의한 사건입니다. '범의 싸움을 말린 석장이여!'는 승조(僧稠) 스님 일화입니다. 승조 스님이 하루는 산길을 가는데, 호랑이 두 마리가 사생결단을 하고 싸웠고, 그래서 피투성이가 되게 싸움을 하는 호랑이를 짚고 가던 주장자로 말렸다는 얘기입니다. 이런 일화는 뭘 말하는 것입니까? 도인(道人)의 법력(法力)을 말한 것입니다. 보통 사람들은 호랑이를 보면 오금도 못 펴고 도망갑니다. 그런데 너 죽고 나 살자고 싸우는 호랑이를 말린 것입니다. 그 담력이 어디서 나온다고 봅니까? 생사를 초탈한 도인의 경지에서 나온다고 봐야 합니다.

　이런 일화가 절집에는 많습니다. 해인사 백련암에 환적 선사(幻寂禪師)는 호랑이를 타고 다녔다고 합니다. 환적 선사의 생몰 연대가 1603~1690년이니까, 한 500년 전 일입니다. 사람을 보면 잡아먹은 야성 호랑이를 조랑말 타고 다니듯 했다는 말입니다. 그리고 중국 스님으로는 화음사 선각 선사도 호랑이를 개 기르듯 길드려 시봉을 받았다는 것입니다. 배휴 정승이 하루는 선각 선사를 찾아뵈었는데, 암자에 선사가 혼자 있었다고 합니다. 그래서 배휴 정승이 "나이도 연로하여 많으신데, 시봉하는 동자라도 두지 그렇습니까?" 했더니, 선각 선사가 "시봉이 둘이나 있소!" 하며, "대공(大空)아! 소공(小空)아!" 하고 시자를 불렀습니다. 그랬더니 황소만 한 호랑이 두 마리가 선각 스님 앞에 와 엎드린 것입니다. 배휴가 기절초풍하여 선각 스님 뒤로 숨었습니다.

　선각 선사는 호랑이를 사자로 기른 것입니다. 이것도 선각 스님 법력이 아닙니까? 일제 말기 우리나라에도 그런 스님이 계셨습니다. 경허 선사의 제자인 수월 선사(水月禪師)도 그런 분입니다. 수월 선사는 일자무식인 머슴이었다고 합니다. 그런데 하루는 주인집에 어떤 객스님이 머물고 갔다고 합니다. 그 스님으로부터 법문을 듣고 출가를 결심하고 출가하려고 하니, 주인이 놔주지를 않는 것입니다. 워낙 착하고 일을 잘했기 때문입니다. 그래서 집주인이 가죽신을 사다 주면서 이 신발이 떨어질 때까지 머슴살이를 하라고 했다고 합니다. 짚신은 며칠 신으면 떨어지지만, 그 가죽신은 4년이 되어서야 떨어졌습니다. 그래서 4년 후에 경허 선사에게 출가하게 됩니다. 경허 선사는 수월 스님에게 천수다라니 주력을 시켰다고 합니다. 그런데 수월 스님은 천수다라니 주력 삼매에 들어서 7일 만에 득도(得道)했다는 것입니다. 얼마나 열심히 했는지, 수월 스님이 천수다라니 주력을 하면 방광(放光)을 수도 없이 했다는 것입니다.

　혹 불자님들께서도 방광(放光)하는 것을 보았습니까? 정말 신비롭습니다. 나는 딱 한 번 보았습니다. 내 사제(師弟) 영진(永眞) 스님이 백일(百日)기도 中에 방광(放光)하는 것을 보았습니다. 밤 1시경에 전화벨이 시끄럽게 울려서 받아보니 진주 소방서에서 전화가 왔습니다. 혹시 호국사에 불이 난 것 아닙니까? 절 법당이 불빛이 훤합니다. 그래서 밖으로 나가 법당을 봤더니 법당 불상으로부터 방광(放光)을 한 것입니다. 나는 그때 일을 지금도 잊지 못합니다. 정말 신비롭습니다. 말로 형언하기가 정말 어렵습니다. 그런데 수월 스님은 다라니 주력만 하시면 방광을 했다는 것입니다. 주력으로 한 소식 하시고부터는 한번 눈으로 본 것이나 듣는 것은 잊어먹지 않는 불망염지(不忘念智)를 얻었다고 합니다. 수월 선사는 확철 대오하시고, 지금은 중국 연변 도문시 일광산(日光山) 화엄사 (華嚴寺)에 가시게 됩니다. 그때는 일제강점기이기 때문에 그곳 연변에는 독립투사들이 살았던 곳입니다. 수월 스님은 그곳 화엄사에서 짚신과 주먹밥으로 우리 동포들을 도왔다고 합니다.

수월 선사 행적은 요 근년에 승가 대 도반인 지한 스님(거사)로부터 듣고 알았습니다. 우리나라가 남북으로 갈리고, 중국이 사회주의 체제가 되다 보니 그곳 화엄사는 왕래가 끊겨 폐사 직전까지 갔다고 합니다. 그런데 연변 도문시 불자님들 과 지한 거사님이 원력을 세워 화엄사 중창 건립 시주를 108人에게 받기로 해서 그때 화정 거사도 조금 일조를 한 적이 있었습니다. 3년 전, 중국을 방문할 적에 일광산까지 가고도 그곳 화엄사를 참배하지 못하고 온 것이 지금도 한이 되고 있습니다. 그래서 가이드에게 물어봤더니, 중국 정부에서도 복원 사업에 적극적이라고 합니다. 정말 다행입니다. 우리나라 조계종에서도 이젠 관심을 갖고 돕고 있습니다. 정말 다행입니다. 성지순례 차 한번 다녀오십시오. 수월 선사는 숨은 도인이었습니다.

밖으로 도인인체를 하지 않았으나 안으로 감춘 송곳은 밖으로 나옵니다. 일본 군인들이 제일 무서워한 것이 만주 들개랍니다. 그 들개는 사람을 보면 바로 잡아먹었다고 합니다. 그래서 일본 군인들이 총으로 쏴고 잡았으나 도망가지 않고 일본군을 괴롭혔다는 것입니다. 호랑이보다 더 무서워하는 것이 만주 벌판 개들이었다고 합니다. 그런데 그 사나운 만주 개들도 수월 선사만 보면 꼬리를 내렸습니다. 만주 들판 개들이 떼를 지어 다니다가도 수월 선사만 보면 앞에 와서 꼬리를 흔들고 양같이 순해졌다는 것입니다. 개들도 도인을 알아본 모양입니다. 이런 것을 두고 "인자무적(仁者無敵) 동체대비(同體大悲)"라고 할 것입니다. 호랑이 같은 사나운 개들도 수월 선사님의 법력에 감화되었다는 말입니다.

　이렇게 수행을 하여 뭇 짐승들도 감화·감복되는 일화가 절집에는 너무나도 많습니다. 화엄사에는 밤에 호랑이가 나타나는데, 늘 수월 선사를 옆에서 지켜줬다는 일화도 있습니다. 집 지키는 개마냥 곁에서 호위했다는 것입니다. 수월 선사는 법문집이나 오도송이나 열반송은 없습니다. 삶 그대로가 부처의 삶이었기에 그런 것 남길 필요가 없었겠죠. 열반은 여름 안거 해제 날 했다고 합니다. 점심 공양을 마치고 "나 목욕 좀 해야겠다." 하시며 개울가에 나가 목욕을 마친 후 알몸으로 가부좌 자세로 열반에 드셨다고 합니다. 가고 옴이 자유자재한 도인이 아닙니까? 그러니 그 열반 모습이 열반송이 된 것입니다. 그런데 어떤 독립군이 수월 선사 절에서 하룻밤 자면서 들었다는 법문이 있습니다. 그 들은 내용이 아래와 같습니다.

　"도(道)를 닦는 것은 마음을 모으는 겨! 별거 아녀! 하늘 천 따지를 하든지! 하나둘을 세든지! 주문을 외우던지! 어쨌든 마음을 모으면 그만인겨! 무엇이든지, 한 가지만 가지고 끝까지 공부 하는 겨!"라고 말씀했다는 것입니다. 이 법문을 듣는 그 독립군은 나중에 몽골에서 스님이 되었다고 합니다. 수월 선사의 일대기를, 충주 지검장을 지낸 김진태 검사님이 쓴 『물속을 걸어가는 달』이란 책이 있습니다. 한번 구해서 일독들 해보십시오. 마음에 새겨 반조하여 수행합시다.

깨친 자의 육환장은 허튼짓이 아니다

이는 모양내려고 허튼짓 짓으로 지님이 아니요,
부처님 보배 지팡이를 몸소 본, 받음이다.

참됨도 구하지 않고 망령됨도 끊지 않나니,
두 법이 공하여 모양 없음을 분명히 알았다.

不是標形虛事持 如來寶杖親蹤跡
不求眞不斷妄 了知二法空無常

　지팡이는 육환장을 말합니다. 법문할 때 쓰는 주장자가 있고, 스님들이
외출할 때에 쓰는 육환장이 있습니다. 육환장은 좌우 양쪽에 고리가 3
개씩 6개가 있다고 해서 육환장(六環杖)이라고 합니다. 6개 고리 위에 두
고리는 진제와 속제(眞諦, 俗諦)를 뜻합니다. 좌우 6개 고리는 육도(六道)
를 뜻합니다. 또는 육바라밀(六波羅蜜)을 뜻합니다. 육환장은 비구승(比丘
僧) 18物 중 하나입니다. 승려가 지니는 18가지 물건 중의 하나가 육환장
입니다. 육환장은 유성장(有聲杖), 성장(聲杖), 지장(智杖), 덕장(德杖)이라
고도 합니다. 요새는 육환장을 짚고 다니는 스님도 보기가 쉽지가 않습니
다. 시대적 환경이 그렇게 만든 것 같습니다. 옛날에는 도보로 걸어 다녔
으니까 육환장이 꼭 필수품이었으나 요새는 차를 타고 다니니까 가지고
다니기에 불편해서 그런지 몰라도 육환장을 짚고 다니는 스님을 못 보았
으니 말입니다.

　육환장을 유성장(有聲杖), 성장(聲杖)이라 합니다. 소리가 나는 지팡이

란 뜻입니다. 6개 고리가 쩌렁쩌렁 소리가 난다고 해서 소리 나는 지팡이라는 것입니다. 왜 이렇게 소리를 내게 했을까요? 길을 가다 보면 뭇 짐승들과 뭇 생명이 많지 않습니까? 발밑에는 개미도 있고, 가진 생명이 꿈틀대니까 소리를 내어서 밟히지 않도록 하기 위해서 그런 것입니다. 스님들이 쓰는 물건은 이렇게 자비심이 깃들어져 있습니다. 살생(殺生)하지 않기 위해서 그런 것입니다. 장식용으로 가지고 다닌 것이 아니라는 말입니다. 육환장을 지장, 덕장(智杖, 德杖)이라고 했습니다. 지혜를 상징하고, 덕을 상징한다는 말입니다. 육환장을 짚는 것은 수행이 깊음을 의미합니다. 지혜와 덕이 원만, 구족함을 나타낸 것입니다. 그러니 부처님의 보배 지팡이를 몸소 본받는 것이라고 한 것입니다. 부처님같이 깨달은 성인은 몸소 지니고 다니는 필수품이라는 말입니다. 허사로, 허튼짓으로, 폼으로 가지고 다니는 것이 아니라는 말씀입니다.

지혜와 덕과 자비를 상징하기 때문에 비구가 지녀야 할 물품이라는 말입니다. 부처님이 사용했다는 석장에 대해서는 현장 스님의 『대당서역기』에 나와 있습니다. 부처님은 전단 향나무에 백철로 고리를 만들었다고 합니다. 인도는 더운 나라 아닙니까? 그러니 길을 가다 보면 벌레들이 많았을 것입니다. 그래서 육환장 지팡이를 짚고 가면 쩌렁쩌렁한 소리를 듣고 뭇 생명 있는 것들이 날아가고, 피했을 것입니다. 생명 존중 사상에서 나온 자비 사상 아닙니까? 그러니 육환장 지팡이를 짚고 다니는 것은 폼으로 가진 것이 아닙니다. 부처님 가르침을 따르고 받들기 위한 것입니다. 그 점을 영가 스님께서 말씀하신 것입니다. 육환장은 중도장(中道杖)이라고도 합니다. 불교는 중도(中道) 아닙니까?

중도를 표방하는 지팡이라는 뜻입니다. 수행의 궁극적 깨달음은 중도를 깨달은 것입니다. 그러니 중도(中道)를 상징하는 지팡이를 짚고 다니는 것은 당연한 이치입니다. 그래서 진(眞)도 구하지 않고, 망(妄)도 끊지 않는다고 한 것입니다. 진(眞)과 망(妄)은 두 변(邊) 아닙니까? 상대적 개념입니다. 쪼개고 나눈 세계입니다. 깨닫고 보면 진(眞)의 실상도 망(妄)의 실상도 상(相)이 없다는 것입니다. 그것이 무상(無相)이고 중도(中道)입니다. "진(眞)이다.", "망(妄)이다." 하는 것은 분별(分別)이고 쪼개고 나눈 모양(相) 아닙니까? 중도는 무상(無相)인데, 쪼개는 것이 병(病)입니다. 그러니 진(眞)도 구할 것이 없고, 망(妄)도 끊을 것이 없다는 것입니다. 왜 그럴까요? 텅텅(空) 비었기 때문입니다. 우리 자성이 그렇다는 것입니다. 그래서 무자성(無自性)입니다. 그 점을 영가 스님께서 말씀하신 겁니다. 오늘은 여기까지입니다. 마음에 새겨 반조하십시오.

본래 자리는 공도 공 아닌 것도 아니다

모양도 없고 공도 없고, 공아님도 없음이여!
이것이 곧 여래의 진실한 모습이다.

마음의 거울 밝아서 비침이 걸림이 없으니,
확연히 비치어
항사 세계에 두루 사무치다.

삼라만상 그림자 그 가운데 나타나고
한 덩어리 뚜렷이 밝음은 안과 밖이 아니다.

활달히 공하여 인과가 없다 하면
아득하고 끝없이 재앙을 부를 것이다.

無相無空無不空 卽是如來眞實相
心鏡明鑑無碍 廓然瑩徹周沙界
萬像森羅影現中 一顆圓明非內外
豁達空撥因果 茫茫蕩蕩招因果

모양도 없고, 공도 없고, 공 아닌 것도 없다는 것을 진여실상이라고 합니다. 마음을 깨치고 나면 그렇다는 것입니다. 불성 자리를 마음 거울에 비유한 것입니다.

밝고 투명한 거울 마냥 깨끗한 마음을 깨닫고 나면 온 우주 삼라만상을 속속들이 다 비춘다는 것입니다. 모양이 있는데 없다고 했습니다. 눈에 보이는 인식의 세계는 천차만별의 세계 아닙니까? 그런데 무상(無相)이라 했습니다. 무상(無相)이라 해놓고 공(空)도 아니라고 했습니다. 상(相)이 아니라고 한 것은 상(相에) 집착을 깨뜨리기 위한 것입니다. 상(相)을 깨뜨리고 나면 무상(無相)인데, 무상에 빠질까 봐서 무공(無空)이라고 한 것입니다. 또 무공(無空)이라고 해놓고 공이 아닌 것이 없다고 했습니다. 이렇게 자꾸 부정(否定)을 되풀이하는 것은 불교의 변증법(辨證法)을 말한 것입니다. 『원각경』의 「금강장」(圓覺經 金剛章)에 보면 백비송(百非頌)이 나옵니다. "참된 성품을 있다 없다 망령되이 계교해서 열여섯 가지로 성품이 정추(淨麤)로 벌어졌네! 이미 일어난 것과 일어나지 아니한 것에 삼세를 곱하고 근본 사구를 합하면 백도 다한 것이 아니다.(妄計眞性起有無 翻成十六性淨麤 已起未起幷三世 根本四句百不孤)". 이것을 사구백비(四句百非)라고 합니다. 사구(四句)란 일, 이, 유, 무(一, 異, 有, 無)를 말합니다. 세상은 있다, 없다의 논리(論理)입니다. '신(神)이 있느냐 없느냐, 영혼이 있느냐 없느냐, 육신과 영혼이 하나(一)냐 다르(異)냐' 이 논쟁을 벗어나지 못합니다. 그래서 불교에서는 이런 논쟁을 파(破)하기 위해서 이런 변증법을 쓰게 된 것입니다. "이사구절백비(離四句絕百非)"가 위의 계송입니다. '있다'와 '없다', '하나냐'와 '다르냐'를 떠나서 그 논쟁에서 벗어나고 백번 부정(百番 否定)을 해도 다되지 않았다(不孤)고 한 것입니다. 백 번(百番) 부정했는데, 사물의 진상을 깨닫지 못하면 또 부정해서 중생들의 유무견해(有無見解)를 파(破)해주라는 것입니다. 이것이 불교 변증 논리학입니다. 세계 논리학은 삼단논법이 전부입니다.

그런데 불교 논리학은 이렇게 무한대의 논리로 전개합니다. 비자(非字)가 백개(百個) 나온 것이 불교 논리학입니다. 그러니 모양도 없고, 공도 없고, 공아님도 없다고 한 것은 이렇게 부처님 말씀을 전제로 한 것입니다. 변증법의 논리 형식은 이렇습니다. 사구(四句)는 일(一), 이(異), 유

(有), 무(無)이니, 일(一)은 정립(定立)하는 것이고, 비일(非一)은 부정립(不定立)한 것입니다. 역일(亦一), 역비일(亦非一)은 긍정종합(肯定縱合)이고, 비일비비일(非一非非一)은 부정종합(否定縱合)입니다. 이(異)도, 유(有), 무(無)도 일(一)과 똑같은 논리가 전개됩니다. 그렇게 하여서 중생의 집착을 깨뜨리는 것입니다. 중생의 집착이 깨져야 중생견이 없어질 것 아닙니까? 그래서 이렇게 부정을 거듭하여 논리를 전개하는 것입니다. 마음에 안과 밖이 없이 우주와 하나가 되어 탁 트이면 항사 세계가 두루 다비친다고 했습니다. 마음에 칸막이가 없으니, 허허 탕탕 하나가 된 것입니다. 그것을 일과원명(一顆圓明)이라고 영가 스님은 말합니다. 일과원명은 대원경지(大圓鏡智)를 말한 것입니다. 말은 다르게 했어도 그 뜻은 같습니다.

우리 마음 불성 자리는 우주를 다비치는 큰 거울과 같다는 말입니다. 거울 앞에 서보면 모양 따라 다 비치지 않습니까? 검은 것이 오면 검게 나타나고, 파란 것이 오면 파랗게 나타납니다. 한 치의 오차도 없습니다. 그렇다고 그 거울이 파랗습니까? 비출 때만 파랗습니다. 파랗고 검은 것은 거울의 작용을 말한 것이지, 거울 바탕 체(體)는 노랗지도, 파랗지도 않은 것입니다. 이렇다 하고 말을 하면 또 거기에 집착할까 봐서 인과(因果)가 없다고 말하면 재앙이 따른다고 했습니다. 인과법은 부처님이 깨달은 연기 법칙을 말합니다. 그런데 아무것도 없다고 부정하니까, 인과도 무시할까봐서 영가 스님께서 그렇게 말씀하신 것입니다. 이렇게 우리 불성은 우주 전체를 비추고도 남습니다. 비친다는 것은 거울의 작용입니다. 거울의 체성(體性)이 우리 마음(佛性)입니다. 여기까지입니다. 마음으로 부지런히 정진해서 모두 다 함께 부처님 됩시다.

수행은 버리고 취할 것이 없는 것을 깨치는 것이다

있음을 버리고 공에 집착하면
병이 되는 것은 같으니,

물을 피하려다 도리어 불에 들어가는 꼴이다.
망심을 버리고 진리를 취하는 것도
취하고 버리는 마음이 교묘한 거짓을 이룬다.

棄有著空病亦然 還如避溺而投火
捨妄心取眞理 取捨之心成巧僞

유(有)에 집착하나 공(空)에 집착 하나, 집착하는 것은 같습니다. 집착(執着)은 중생의 병(病)입니다. '있다' 하면 있는 데 집착하고, '없다' 하면 없는 데 집착하는 것이 중생의 습성(習性)입니다. 이런 것을 언체(言滯)라고 합니다. 말에 걸렸다는 말입니다. 말에 걸려서 꼼짝을 못합니다. 꼼짝을 못하는 꼴이 마치 물을 피하려다 불에 뛰어든 꼴이라는 말씀입니다. 그러니 어찌해야 하겠습니까? 상대(相對)의 대(對)를 끊어야 한다고 말할 수밖에 없습니다. 늘상 누누이 말하지만, 불교 수행은 대대(對對)를 끊어야 합니다. 상대적 개념으로는 안 된다는 것입니다. 『신심명(信心銘)』에서 그랬지 않습니까? "대대(對對)를 끊어야 한다."라고 했습니다. 「증도가(證道歌)」에서도 마찬가지입니다. '있다', '없다', '망(妄)이다', '진(眞)이다' 하는 상대적 이분법(二分法) 논리 개념(論理 概念)을 끊어버리라는 말입니다.

왜 자꾸 상대적 개념을 끊어버리라고 하느냐면 법(法)을 깨닫기 위해서입니다. 그 법(法)이라는 것이 무엇입니까? 연기법(緣起法)입니다. 연기법의 실상은 그렇게 '있다'와 '없다', '망(妄)이다'와 '진(眞)이다' 이분법으로는 깨달을 수가 없기 때문입니다. '있다(有)' 하면 존재하는 것 아닙니까? 그런데 연기법으로 보면 고정불변(固定不變)한 실체(實體)가 없다는 것입니다. 그래서 '있다', '없다'의 상대적 개념을 놓아버리라는 말입니다. '있다'의 상대적 개념은 '없다'입니다. 물(水)의 상대적 개념은 불(火) 아닙니까? 망(妄)의 상대적 개념은 진(眞)입니다. 이렇게 상대적 개념들을 놓아버려야 마음이 무심(無心)해집니다. 무심(無心)은 '있다', '없다' 하는 마음이 없는 마음입니다. 그 무심(無心)이 우리 본심(本心), 불성(佛性)이라는 것입니다. 본심 불성을 깨닫기 위해서 수행하는 사람이 자꾸 콩이다, 팥이다 따지고 쪼개니까 안 된다는 것입니다. 나누고 쪼개는 것은 상대적 개념인 양변(兩邊)이라고 합니다. 이 양변(兩邊)의 극단(極端)에 집착(執着)하여 주의, 주장(主義, 主張)을 하는 것이 사상(思想) 아닙니까? 그래서 유신주의(有神主義)의 사상(思想)과 브라흐만 전변설(轉變說)이 나온 것입니다. 그 반대의 사상은 유물론(唯物論) 아닙니까? 세상은 신(神)이 만든 것이 아니라 오직 물질(物質)인 요소(要素)로 이루어졌다는 것이 사문 사상(沙門 思想)입니다. 이렇게 '유신론(唯神論)이냐, 유물론(唯物論)이냐?' 서로 극과 극으로 다투는 것이 똑같은 잘못된 견해(見解)에서 오는 사견(邪見)이라고 부처님께서는 말씀하셨습니다. 그 말씀이 부처님 초전법륜에 나옵니다. 부처님은 이렇게 말씀하십니다. 그때 세존은 다섯 비구에게 말씀하셨습니다. "비구들이여! 세상에는 두 변(兩邊)이 있으니, 출가자는 가까이하지 말라. 무엇을 그 둘이라 하는가? 첫째는 여러 욕망을 애욕하고 탐착하는 데에 열중하는 것은 비천하여 범부의 소행이요, 현성(賢聖)이 아니니, 이 또한 의(義)에 상응하지 않는다. 둘째는 스스로 번뇌하고 고뇌하는 일은 괴로움으로서 현성이 아니고, 의(義)에 상응하지 않는다. 비구들이여! 여래는 이 두 변을 버리고 중도(中道)를 바르게 깨달았느니라."

이렇게 부처님은 양변 두 견해에 빠지지 말라고 한 것입니다. 그것은 의(義)에 상응하지 않는다고 했습니다. 의(義)는 진리(眞理)를 말한 것입니다. 진리가 뭡니까? 법(法)의 실상(實相)입니다. 법의 실상은 진여연기법(眞如 緣起法)을 말한 것입니다. 연기의 실상에서 보면 이것이다, 저것이다 할 만한 것이 없다는 것입니다. 그래서 『금강경』에서는 "무유정법(無有定法)"이라고 했습니다. 일정(一定)한 법이 없다는 것입니다. 이렇다 할 것이 없다는 말이죠. 항상 변하니까 그렇습니다. 이렇다 하면 벌써 변해 버리니까 단정 지을 수가 없다는 말입니다. 그래서 대혜 선사(大慧禪師)님도 "재임마 편불임마(纔恁麼 便不恁麼)"라고 했습니다. 문득 '이렇다' 하면 이런 것이 아니라는 것입니다. 벌써 변해버렸기 때문입니다. 변하는 것이 법(法)입니다. 변(變)하는 법(法)을 변하지 않는 것으로 단정(斷定) 짓는 것이 잘못된 사견(邪見)이라는 것입니다.

이 세상 모든 법은 고정불변(固定不變)한 법이 없다는 것이 부처님이 깨달은 연기법입니다. 그래서 어떤 견해든지 고집(固執)하지 말라는 말씀입니다. 고집(固執)은 집착(執着)입니다. 그 집착과 망상을 털어버리는 것이 수행이고 깨달음입니다. 마음에 취하고 버리는 마음이 없어야 수행입니다. 여기서 취하고 버리는 것은 뭡니까? 망(妄)은 버리는 것이고, 진(眞)은 취하는 것입니다. 진(眞), 또는 망(妄)이라고 하는 것도 양변(兩邊)입니다. 양변(兩邊)은 똑같이 병(病)입니다. 설사 진리(眞理)라고 해도 버리라는 것입니다. 진리라는 생각에 집착하면 그것도 병(病)이라는 것이죠. 그래서 육조 혜능(六祖慧能) 스님도 『단경(壇經)』에서 36對를 말씀하셨습니다. 소개하자면 너무 길어서 여기서는 다 소개를 못 합니다. 자세한 것은 『육조 단경』을 읽어보시면 됩니다. 36對도 상대적(相對的) 대대(對對)를 말합니다. 어찌 대대(對對)가 36對에만 한(限)하겠습니까? 무한(無限) 대대(對對)입니다. 중생의 생각이 대대(對對)입니다. 중생은 대대병

(對對病)에 걸려있기 때문입니다. 대대(對對)는 분별심(分別心)을 말합니다. 쪼개고 나누고 집착하고 그런 것이 다 병(病)입니다. 중생의 업식병(業識病)을 말한 것입니다. 각자 마음에 깊이 새겨 반조하십시오.

수행자는 도적을 아들로 삼지 말라

배우는 사람이 잘못 알고 수행을 하니,
참으로 도적을 아들로 삼는 짓이다.

법의 재물을 덜고 공덕을 없애는 것
심 의식으로 말미암지 않음이 없다.

學人不了用修行 眞性認賊將爲子
損法財滅功德 莫不由斯心意識

학인은 처음 수행한 사람을 말합니다. 처음 불문(佛門)에 입문(入門)한 사람은 뭐가 뭔지 잘 모릅니다. 게송에서는 "도적을 아들로 안다."라고 했습니다. 도둑놈인지 아들인지 모른다는 말입니다. 콩인지 팥인지 분간을 잘 못 한다는 말입니다. 영가 스님께서 왜 이런 말씀을 했을까요? 거기에는 이유가 분명하게 있습니다. 수행은 처음 발심할 때가 중요합니다. 첫걸음이 잘못되면 가도 헛수고라는 말입니다. 매우 중요한 말씀입니다. 원효 스님께서 『발심(發心)수행장(修行章)』에 이렇게 말씀하셨습니다. "증미작반(蒸米作飯)이냐? 증사작반(蒸沙作飯)이냐?"입니다. 밥을 지으려면 쌀로 지어야지, 모래로 밥을 지어서는 안 된다는 말입니다. 쌀과 모래를 구분 못 하면 밥을 지어도 헛수고란 말이죠. 모래로 밥을 지으면 밥이 되지 않습니다.

밥을 지으려면 쌀로 지어야 합니다. 수행도 마찬가지입니다. 수행하는 방법에 따라 쌀밥이 되기도 하고, 모래밥이 되기도 하기 때문입니다. 도를 닦는 학인은 수행할 때 도적인지, 아들인지 확실하게 알아야 한다는 것입니다. 여기서 도적은 망식(妄識)입니다. 여기서 아들은 진식(眞識)입니다. 망식(妄識)은 허망(虛妄)한 인식(認識)을 말합니다. 진식(眞識)은 삼매(三昧)의 선정(禪定)으로 걸러진 무구(無垢) 청정심(淸淨心)입니다. 허망한 인식은 우리 마음속에서 일어나는 잡념과 망상이 아닙니까? 이 잡념, 망상(雜念, 妄想)이 소멸(消滅)되어야 한다는 말입니다. 그런데 잡념과 망상이 참 인식인 줄 알고 천년만년 붙들고 집착해봐야 헛수고라는 말씀입니다. 내 처음 해인사에 들어가 노 선사님께, "어떻게 해야 수행을 잘할 수 있습니까?" 하고 여쭸더니, 선사님 말씀이 "벙어리 3년, 귀머거리 3년, 장님 3년 하면 부처님 같이 된다."라고 하셨습니다.

이 노 선사님 말씀이 무슨 말씀입니까? 마음 푹 쉬라는 뜻입니다. 그래서 묵언 3년을 했습니다. 벙어리 3년이면 말하고 싶어도 말하지 말라는 말 아닙니까? 3년만 말하지 않아도 마음이 많이 쉬어(평정)집니다. 수행은 마음을 쉬는 데 있습니다. 쉬어도 아주 푹 쉬어야 합니다. 마음에서 일어나는 팔만사천의 번뇌와 망상이 아주 폭삭 소멸하여야 합니다. 지금 선지식 중에 남진제(南眞際), 북송담(北松潭)이라 합니다. 남쪽에는 지금 종정이신 진제 선사님은 향곡(香谷) 선사님의 법을 받으셨고, 북쪽에는 용화사 조실로 계신 송담(松潭) 선사님은 전강(田岡) 선사님 법을 받으셨습니다. 송담 선사님은 10년을 묵언 수행(默言修行)을 했다고 합니다. 묵언 수행(默言修行)을 한번 해보십시오, 해보아야 압니다. 마음이 아주 폭삭 쉬어집니다. 영가 스님이 말씀하신 법(法)의 재물을 덜고 공덕을 없애는 것은 심의식(心意識)이라고 했습니다. 심의식은 우리 마음 인식 작용을 총체적으로 말한 것입니다.

마음(心)은 제팔 아뢰야식(第八 阿賴耶識)을 말합니다. 뜻(意)은 제칠 말나식(第七 末那識)을 말합니다. 식(識)은 제육식(第六識)을 말합니다. 이것이 우리 마음 작용을 총체적으로 표현한 말입니다. 삼보정재(三寶淨財)를 축내는 것이 이 세 가지 마음이라는 것입니다. 이 심의식(心意識)이 아들이 아닌 도적이라는 말입니다. 도적을 아들로 알고 수행을 해도 별 볼일 없다는 말씀입니다. 심(心)의식(意識) 작용이 '참 마음이다.'라고, 잘못알고 수행을 하면 괜히 삼보정재를 축이나 내고 있다는 말입니다. 우리마음 작용은 원숭이와 같습니다. 원숭이를 관찰해보면 한시도 쉬지를 않습니다. 이리 뛰고 저리 뛰고 설쳐댑니다. 그 설쳐대는 것이 번뇌, 망상, 심의식입니다. 심의식에 속지 말고 완전히 무심(無心)해져야 한다는 말입니다.

그래서 전식득지(轉識得智)라고 합니다. 식(識)을 버려야 지혜(智慧)가얻어진다고 했습니다. 식(識)은 중생심(衆生心)입니다. 식(識)은 나누고 쪼개고 분별하는, 집착하는 마음입니다. 식(識)이 떨어져야 무심(無心)이 됩니다. 그래야 부처가 될 것 아닙니까?

그런데 쪼개고 나누고, 내 것 네 것에 애착, 집착하고, 그것이 보물인양 창고에 넣어 애지중지하는 것은 잘못되었다는 것입니다. 도둑놈을 아들로 잘못 안 꼴이라는 말씀입니다. 그렇게 잘못 알고, 먹이고 입히고 해봐도 아들이 아닌 도둑놈이란 말입니다. 수행은 부처가 되기 위해서 합니다. 부처가 되려면 마음 작란에 속지 말라는 말씀입니다. 마음은 심(心)의식(意識) 아닙니까? 이 심(心)의식(意識)은 중생심(衆生心)이라는 말입니다. 이 심의식이 작용 끊어져야 무심(無心)이 된다는 말입니다. 무심(無心)은 대대(對對)가 없는 마음입니다. 대대(對對)는 쪼개는 마음이고, 쪼개는 것은 '이것이다, 저것이다' 분별하는 마음 아닙니까? 이 대대심(對對心)으로는 수행해도 괜히 삼보정재(三寶淨財)만 축낸 꼴이라는 말씀입니다. 영가 스님이 말씀한 법(法)의 재물은 삼보정재(三寶淨財)를 말한 겁니다. 재물을 덜고, 공덕을 없애는 것이 심(心)의식(意識)이라고 단언을 한 것입니다. 다 이것으로 말미암지 않는 것이 없다고 했습니다. 그 말이 그 말입니다. 그러니 수행은 무심(無心)에 있습니다. 무심(無心)해야 부처가 됩니다. 유심(有心)은 중생(衆生)의 마음입니다. 유심(有心)으로는 부처가 될 수 없다는 단언입니다. 마음에 새겨 반조하십시오. 부지런히 정진하여 다 함께 부처님 됩시다.

깨달은 자의 보검은 반야 보검이다

> 그런고로 선문에서는 마음을 물리치고
> 남이 없는 지견의 힘에 단박에 들어간다.
>
> 대장부가 지혜의 칼을 잡으니
> 반야의 칼날이요, 금강의 불꽃이다.
>
> 是以禪門了却心 頓入無生知見力
> 大丈夫秉慧劍 般若鋒兮金剛燄

선문(禪門)은 참선을 하는 것을 말합니다. 이론과 교리를 공부하는 것을 교문(敎門)이라고 합니다. 선문에서는 마음을 물리치고 남이 없는 지견에 단박에 들어간다고 했습니다. 마음을 물리친다는 마음은 무슨 마음입니까? 통팔식(通八識)을 말합니다. 육식, 칠식, 팔식(六識, 七識, 八識)을 물리쳐야 한다고 한 말입니다. 우리 마음에 식(識)작용이 남아 있는 한 부처가 될 수 없다는 말입니다. 식(識)은 업식(業識)을 말한 것입니다. 업식이 남아있는 한 중생을 면할 수가 없다는 것입니다. 참선하는 것은 식(識)을 맑히는 작업입니다. 한번 앉아있어 보면 알게 됩니다. 천 사량 만 사량이 요동을 칩니다.

바다에 파도가 치는 것과 똑같습니다. 한시도 쉴 사이 없이 요동을 칩니다. 그것이 업식(業識)입니다. 그 업파(業波)를 잠재우는 것이 화두(止) 참선입니다. 상 근기는 언하에 바로 깨치지만 그렇지 못한 근기는 천상 참선을 해야 합니다. 참선하면 화두 아닙니까? 우리나라 선방에서는 예부터 화두로 참선했으니까 천상 화두로 참선해야 합니다. 화두는 인연이 있는 큰스님께 타면 됩니다. 그 사람 근기에 맞는 화두를 줍니다. 그렇게 해서 자기 생활에 맞게 한 시간을 하던지 시간이 많은 사람은 생활에 맞추어 참선하면 됩니다. 참선하는 방법은 앞에 강설에서 자세하게 말해 놓았습니다. 제가 써놓은 우리출판사 본, 『화두참선(話頭參禪)』 책을 참고하시면 많은 도움이 될 것입니다. 참선이 맞지 않는 분은 염불하시면 됩니다. 관세음보살 염불을 하던지, 아미타불 염불을 하던지, 지장 보살을 찾던지 염불을 하면 됩니다. 수행은 삼매에 들기 위해서입니다.

부처님 방편은 팔만사천 문이 있습니다. 사람의 근기 따라 얼마든지 수행을 할 수가 있습니다. 수행의 목적은 부처가 되자는 것 아닙니까? 염불 수행을 하던지, 참선 수행을 하던지, 주력 수행을 하던지 목적은 부처가 되는 것입니다. 무생(無生)은 무생법인(無生法忍)을 말합니다. 남이 없는 법이 무엇이겠습니까? 우리 마음 불성 자리를 말한 것입니다. 우리 불성(佛性)은 불생불멸(不生不滅)입니다. 나지도 않고 멸하지도 않는 것이 불성입니다. 업식(業識)이 다 멸(滅)하고 나면 무생법인 불성 자리를 단박에 깨쳐서 들어간다는 말입니다. 그것이 참선하는 선문(禪門) 수행(修行)이라는 것입니다. 참선하여 깨쳐서 부처가 되고 나면 장부 중(丈夫中)에 장부(丈夫) 아닙니까? 부처님 십호(十號) 가운데 조어장부(調御丈夫)가 있습니다.

그 장부(丈夫)를 말합니다. 깨쳐야만 자기가 자기를 제어할 수가 있습니다. 조어(調御)는 조절(調節)을 말합니다. 내 마음도 맘대로 조절하고, 남도 조절을 할 수가 있습니다. 한마디로 말하면 대 지혜와 능력을 갖춘 분이라는 뜻입니다. 대장부가 지혜의 칼을 잡고 반야의 칼날로 무명 업식을 잘라 버리는 것 같고, 지혜의 불꽃으로 남은 찌꺼기를 태워버리는 것 같다는 말입니다. 무엇이 그렇습니까? 깨달으면 그렇다는 말입니다. 깨달아야만 지혜가 생깁니다. 지혜는 깨달음을 말한 것입니다. 깨닫지 않고는 지혜가 생길 수가 없습니다. 영가 스님은 원래는 천태지관을 닦는 분이었습니다. 나중에 육조 혜능 스님을 찾아뵙고 인가를 받아 육조 스님의 법을 잇게 됩니다. 육조 스님은 말 한마디에 깨친 분 아닙니까? 장에 나무 팔려고 갔다가 어느 스님이 금강경 독송하는 소리를 듣고 깨쳐서 출가한 것입니다. 단박에 깨쳐서 성불하신 분입니다. 이장의 핵심은 무생 지견력 입니다. 무생 지견력은 무생 법인을 말합니다. 깨달음은 무생법인의 다른 이름입니다. 해탈도 무생법인의 다른 이름입니다. 그 점을 영가 선사께서 이렇게 노래한 것입니다. 오늘 소개한 「증도가」도 마음에 새겨 반조하십시오. 수행은 자기 내면을 반조하는 것입니다. 쉼 없이 정진하여 다 함께 부처님 됩시다.

법의 우레가 치니, 자비 구름이 드리운다

외도의 마음만 꺾는 것이 아니라
일찍이 천마의 간담을 떨어뜨렸다.

법의 우레가 진동하고 법고를 두드림이여!
자비의 구름을 펴고 감로수를 뿌리는구나.

非但能摧外道心 早曾落却天魔膽
震法雷擊法皷 布慈雲兮灑甘露

지혜의 칼날과 금강 불꽃이 외도들의 마음을 꺾고 부숴버린다고 했습니다. 부처님이 깨달은 법이 그렇다는 것입니다. 부처님 당시 인도에는 육사외도(六師外道)가 있었습니다. 유신론, 무신론, 유물론, 병별(有神論, 無神論, 唯物論, 別別) 사상이 다 있습니다. 그 많은 사상이 다 부처님이 깨달은 연기법에 녹아있습니다. 여기서 천마(天魔)는 마왕파순(魔王波旬)을 말합니다. 마왕 파순은 욕계 제육천(第六天) 타화자재천의 임금을 말합니다. 그는 항상 바른 법을 파괴하려고 합니다. 부처님도 성도(成道) 직전에 마왕파순의 유혹을 받습니다. 누구든지 바른 법을 수행하려고 하면 바로 천마(天魔)가 따른다고 합니다. 바른 공부를 방해하는 것이 마(魔)입니다. 마(魔)가 어디 밖에만 있겠습니까? 바로 우리 마음에서 일어나는 번뇌(煩惱)를 마(魔)라고 말한 것입니다.

나쁜 생각이 바로 마(魔)입니다. 탐욕(貪慾)이 마(魔)입니다. 성냄도 마(魔)입니다. 어리석음이 마(魔)입니다. 왜 마(魔)이겠습니까? 수행에 장애

(障碍)가 되니까 마(魔)입니다. 바른 공부에 장애가 되는 것은 다 마(魔)입니다. 마(魔)를 없애기 위해서는 참선 수행(參禪 修行)을 해야 합니다. 선정(禪定)을 닦아야 마(魔)를 항복(降服) 받습니다. 삼독심(三毒心)이 없어져야 그 자리가 부처님 자리입니다. 탐진치(貪瞋痴), 삼독(三毒)이 있는 한 그곳은 마왕파순(魔王波旬)이의 집입니다. 수행은 삼심(三心)과 삼마(三魔)를 제거하기 위해서 합니다. 그런데 수행한다고 하면서 맨 날 욕심만 부리고 화내고 어리석어서야 되겠습니까? 수행의 시작도 끝도 이 세 마음을 없애는 데 있습니다. 이 세 마음만 끊어지면 그 자리가 바로 부처님 마음자리입니다. 옛날에 탐진치, 삼독에 대한 재미나는 이야기가 있습니다. 우스갯소리 같아도 깊은 뜻이 담겨 있습니다. 한번 들어 보시렵니까? 옛날에 세 명의 친한 친구가 있었답니다. 한 사람은 욕심이 많고, 한 사람은 성을 잘 내고, 한 사람은 좀 덜떨어진 멍청이가 있었다고 합니다.

그런데 하루는 이 세 사람이 먼 길을 가게 되었는데, 한참 길을 가다가 보니 길 곁에 저만치 썩은 나무 구멍으로 꿀통이 보이고 벌이 날아다닌 것이 보였습니다. 그때 세 사람이 그 모습을 똑같이 보았고, 욕심이 많은 사람이 제일 먼저 뛰어갔습니다. 욕심 많은 사람이 먼저 도착해서 벌통 꿀을 정신없이 먹었습니다. 벌들이 생각하니까 기가 막힐 게 아닙니까? 갑자기 사람이 머리를 나무 구멍 속 꿀통에 대고 자기들 양식을 먹어 치우니까 벌들이 화가 나서 막 쏘았습니다. 그러나 욕심이 많은 사람은 먹는 재미에 빠져서 벌이 쏜 줄도 모르고 먹고 있었습니다. 두 번째 도착한 성질 잘 낸 사람이 보니까 혼자만 의리 없이 먹고 있거든요. 그래서 다리를 탁탁 때리면서 "너만 먹지 말고, 나도 좀 먹자."라고 하며 나오라고 해도 나오지를 않는 것이었습니다. 성질 잘 내는 놈 성질이 어디 갑니까? 아무리 발길질을 해도 안 나오니까 다리를 잡고 당겨버렸습니다. 그런데 처음에는 나무 구멍으로 머리가 쉽게 들어갔는데 벌이 쏘다 보니 얼굴이 탱탱 부풀어서 머리가 빠질지를 않는 것입니다.

성질 잘 낸 친구가 보니 혼자만 퍼먹고 있는 꼴이 너무나 화가 나서 성질대로 다리를 힘껏 당기다 보니 그만 머리가 뚝 끊어져버렸습니다. 목이 빠져버렸으니 죽어버렸죠. 그런데 같이 갔던 멍청이가 그 목 빠진 친구를 보고 하는 말이 "아까 이 친구가 올 때 머리가 있었던가? 없었던가?" 했다는 것입니다. 조금 전에 같이 왔던 친구의 머리가 있었는지 없었는지 묻고 있는 것이 어리석음(痴心)입니다. 이 이야기에 아주 깊은 뜻이 있습니다. 우스갯소리의 이야기가 아닙니다. 우리 중생의 자화상(自畵像)입니다. 욕심이 많으면 꿀 먹다가 죽을 수가 있습니다. 욕심 때문에 죽는다는 것입니다. 세상에 이런 사람 많습니다. 성질이 괴팍스러워 화를 잘 내다보면 욱하는 성질 때문에 이렇게 사람을 죽일 수가 있습니다. 요새 그런 사람 많지 않습니까? 성질 때문에 살인하고 감옥에 가는 사람이 아주 많습니다.

또 콩인지 팥인지 사리 판단을 못 하면 동행하던 친구 얼굴도 모릅니다. 그렇지 않습니까? 조금 전에 같이 가던 친구 목이 있었는지 없었는지 묻고 있잖습니까? 자기가 해놓고도 모른다고 합니다. 잊어버리고 모른다고 하고, 알고도 모른다고도 합니다. 다 어리석음 때문에 이렇습니다. TV 청문회 보셨잖습니까? 고위 공직자들 모른다고 하지 않습니까? 알고도 모른다고 속인 것은 지혜가 없기 때문입니다. 모른다는 것은 결국 어리석음에 속합니다. 부처님께서 비유(比喩)로 우리 중생의 삼독심(三毒心)을 경계하여 말씀하신 것입니다. 우리 중생들의 살아가는 모습을 실감 나게 이야기한 것입니다. 이래서는 안 됩니다. 참선 수행을 열심히 해서 청정 불심(淸淨 佛心)이 되어야 합니다. 그렇게 하여 지혜의 법고가 온 누리에 울려 퍼져서 자비의 감로 비가 온 중생심 속에 촉촉하게 내려야 합니다. 그것이 부처님 은혜에 보답하는 길입니다.

그리고 이렇게 고구 정녕히 깨친 노래를 우리에게 전해주신 영가 스님께 보답하는 길입니다. 절에 가보면 큰 북이 누각에 걸려 있지 않습니까? 북도 사찰 사물 중(寺刹 四物 中)의 하나입니다. 사물(四物)은 범종(梵鐘)과 법고(法鼓), 목어(木魚)와 운판(雲板)을 말합니다. 범종은 지옥 중생을 위해서 칩니다. 법고는 기어다니는 중생을 위해서 칩니다. 목어는 물속 중생을 위해서 칩니다. 운판은 날아다니는 허공 중생을 위해서 칩니다. 이렇게 절에서 치는 법구(法具)는 다 중생을 제도한다는 뜻이 있습니다. 그냥 치는 것이 아닙니다. 뭇 중생을 제도하기 위해서 칩니다. 불교는 얼마나 자비의 종교입니까? 이 사물만 보아도 그렇지 않습니까? 사람만 제도하는 것이 아니라 산 영혼과 죽은 영혼까지 뭇 생명이 있는 모든 중생을 다 제도하겠다는 것이 부처님의 자비 사상입니다. 맹목적으로 치는 것이 아닙니다. 법구 하나하나마다 깊은 뜻이 있습니다. 그러니 이 게송을 마음에 새겨 반조하여 보십시오.

설산의 비니 초는 제호 맛이다

용상을 차고 밟으니 윤택함이 그지없다.
삼승과 오성이 모두 깨달았구나!

설산의 비니 초는 다시 잡됨이 없어
순수한 제호를 내니 나는 항상 받는다.

龍象蹴踏潤無邊 三乘五性皆惺悟
雪山肥膩更無雜 純出醍醐我常納

용상은 용과 코끼리를 말합니다. 용은 어족 중(魚族 中)에 왕(王)이고,
코끼리는 짐승 중에 왕(王)입니다. 그래서 용상은 수행자 중에서 뛰어난
큰스님을 말합니다. 밟고 찬다는 것은 잡된 번뇌와 망상을 다 부순다는
것을 말합니다. 번뇌와 망념이 다 소멸되고 나면 청정심만 남습니다. 그
래서 윤택함이 그지없다고 한 것입니다. 삼승과 오성이 다 깨친다고 했
습니다. 삼승은 성문 연각 보살승(聲聞 緣覺 菩薩乘)을 말합니다. 오성(五
性)은 경전마다 조금씩 다르게 말하고 있습니다. 보살종성(菩薩種性), 독
각종성(獨覺種性), 성문종성(聲聞種性), 부정종성(不定種性), 무종성(無種
性) 이렇게 다섯 종성을 말합니다. 본래부터 부처가 될 무루 종자를 갖
춘 이를 보살종성이라고 하고, 독각종성은 벽지불이 될 무루 종성을 갖
춘 이를 말하며, 연각종성을 독각종성이라고 합니다.

아라한이 될 무루 종자를 갖춘 이를 성문종성이라고 합니다. 두 가지
종자나 세 가지 종자를 갖춘 이를 삼승 부정 승이라고 합니다. 성문이나

연각 보살의 무루종자는 없고 다만 인승(人乘)이나 천승(天乘)이 될 종자만 갖춘 이를 무종성이라합니다. 영가 스님은 삼승 오성이 다 깨친다고 했습니다. 왜 이런 말씀을 했느냐면 다 이유가 있습니다. '사람은 태어날 때부터 차별이 있는가?'에 대한 문제가 7세기 동안 동아시아 불교를 뜨겁게 달군 논쟁이었습니다. 인간의 성품은 태어날 때부터 부처가 될 종자, 아라한이 될 종자를 갖고 태어난다고 한 오성각별설(五性各別說)과 모든 중생은 성불할 수 있다는 일체개유불성(一切皆有佛性)과 불성 논쟁(佛性論爭)이 바로 그것이었기 때문입니다. 이 문제는 인도에서 돌아온 당나라 현장 스님의 오성각별설(五性各別說)을 주장하면서 논쟁이 붙게 된 것입니다. 부처님은 "일체중생 개유불성(一切衆生 皆有佛性)"이라고 하셨습니다. 중생은 모두 다 불성을 가지고 있다고 하셨습니다.

불교는 부처님 가르침에 따른 종교입니다. 그런데 어찌하여 오성 각별설로 논쟁하는지 모를 일입니다. 삼승 교법(三乘 敎法)은 다 방편설(方便說)입니다. 일불승(一佛乘)으로 가기 위한 기초가 됩니다. 대승(大乘)에서 보면 본래성불(本來 成佛)과 구원 성불론(久遠 成佛論)을 말합니다. 대승 경전을 토대로 보면 문제 될 것이 없습니다. 그래서 『법화경』에서 회삼귀일(會三歸一)을 말하고 있습니다. 삼승을 거두어서 일승(一乘)으로 돌아가게 한다는 말씀이죠. 성문 연각 보살승을 다 일승(一乘)으로 돌아가게 한다는 것 아닙니까? 일승(一乘)은 불승(佛乘)을 말합니다. 불승(佛乘)은 모두 다 부처가 된다는 말입니다. 중생은 근기가 둔하고 영리한 것 차이만 있습니다. 무종성(無種性)인 천제가 성불할 수 없다는 논리는 있을 수가 없는 말입니다. 『법화경』에 보면 신심이 없는 사람이 부처님 불상을 보고 가진 악담이나 욕을 해도 그 인연 공덕으로 다음 생에는 성불한다고 했습니다.

부처님 가르침을 믿지 않고 욕을 해도 그 욕한 인연으로 성불론을 말하고 있습니다. 그래서 영가 스님께서도 삼승 오성이 다 부처님 법을 깨달아 부처가 될 수 있다고 확신에 찬 말씀을 한 것입니다. 비니 초는 설산에 나는 풀이라고 합니다. 소가 이 풀을 먹으면 제호가 난다고 합니다. 비니 초를 먹고 나면 우유 중에 최고 품질인 제호가 나온다는 말이죠. 여기서 제호는 불성(佛性)에 비유한 것입니다. 소는 일반 소가 아니라 일승(一乘)인 흰 소(白牛)를 말 한 것입니다. 승(乘)은 탈것을 말합니다. 삼승(三乘)은 수레가 셋입니다. 양거(羊車)는 성문승(聲聞乘)을, 녹거(鹿車)는 연각승(緣覺乘)을, 우거(牛車)는 보살승(菩薩乘)을 말합니다. 대백우거(大白牛車)는 일승 불승(一乘 佛乘)을 말합니다. 옛날에는 양 수레, 사슴 수레, 소 수레가 운반 수단이었습니다. 지금 부처님이 설법하신다고 하면 자동차, 기차, 비행기로 다니시면서 말씀하셨을 것입니다.

　삼승 오성이 다 깨닫고 난 것이 설산의 비니 초를 먹고 제호를 만든 흰 소(白牛)와 같다는 말씀입니다. 비니 초가 있는 곳에는 잡풀이 나지 않는다고 했습니다. 그래서 설산의 비니 초는 잡됨이 없다고 한 것입니다. 마음을 깨달아 부처가 되고 나면 부처님 마음에 중생심이 있겠습니까? 없습니다. 없다는 것을 잡됨이 없다고 말 한 것입니다. 비니 초를 먹는 소는 제호만 만듭니다. 깨달은 부처의 경계를 비유로 이렇게 말한 것입니다. 일체중생이 다 부처가 될 수 있다는 것을 영가 스님께서 확실하게 밝혀놓은, 깨달은 노래입니다. 부처님 가르침은 평등사상입니다. 법이 그래서 그렇습니다. 인간은 태어날 때부터 차별이 있는 것이 아닙니다. 부처님은 카스트 제도를 부정하셨습니다. 태어날 때부터 귀족, 천민 종자가 따로 있다는 것이 인도의 사성 계급제도 아닙니까? 부처님은 그 잘못된 제도를 부정하고 비판하셨습니다. 인간은 태어날 때부터 바라문이 아니고, 그 행동 여하에 따라 바라문이 될 수도 있고, 수투라도 될 수가 있다고 했습니다. 바라문교의 존재론적 전변설의 신관을 타파하신 가르침이 부처님입니다. 사람은 행동 여하에 달렸다는 것입니다. 부처가 될 종자가 따로 있는 것이 아닙니다. 영가 스님께서 그 점을 분명하게 노래한 것입니다.

모든 성품은 하나로 통한다

한 성품이 두렷하여 모든 성품에 통하고
한 법이 두루 하여 모든 법을 포함 하나니라.

한 달이 모든 물에 두루 나타나고
모든 물의 달을 한 달이 포섭하는구나.

一性圓通一切性 一法徧含一切法
一月普現一切水 一切水月一月攝

한 성품은 불성, 법성(佛性, 法性)을 말합니다. 한 법은 일진법계(一眞法界)의 연기법(緣起法)을 말합니다. 삼라만상 우주 모든 법이 진여(眞如)가 연기한 법(法)입니다. 이것을 『화엄경』에서는 법계연기(法界緣起)라고 하셨습니다. 그러니 현상계를 보면 낱낱 사물이 다 다른 것 같아도 그 체성의 본바탕은 하나인 진여(眞如)라는 것입니다. 진여는 우리 마음 불성을 말합니다. 법으로 보면 법의 체성이 법성이 됩니다. 그래서 만법의 체성이 똑같다고 해서 일체 모든 법성이 다 통한다고 한 것입니다. 일법(一法)이나 일성(一性)이나 표현만 다르지 똑같은 뜻입니다.

그래서 『화엄경』에서는 일진법계를 사법계(四法界)로 설명합니다. 첫째가 이법계(理法界)입니다. 여기서 이(理)는 법(法)의 체(體)를 말합니다. 우주만상의 참 성품인 본체계를 말합니다. 두 번째는 사법계(事法界)입니다. 여기서 사(事)는 사물 하나하나를 말합니다. 현상계의 천태만상을 총칭(總稱)한 것이 사법계(事法界)입니다. 세 번째는 이사무애법계(理事無

碍法界)입니다. 여기서 이(理)와 사(事)는 본체와 현상계가 걸림이 없이 통하는 것을 말합니다. 쉽게 말하면 이(理)는 물(水)에 비유할 수가 있고, 사(事)는 파도(波)에 비유할 수가 있습니다. 아무리 바람이 불어도 물의 본성은 변하지 않습니다. 그러나 파도(事)는 바람(風) 따라 변합니다. 파도가 아무리 천태만상으로 변해도 결국 물이라는 것입니다. 네 번째는 사사무애법계(事事無碍法界)입니다. 여기서 사사는 사물과 사물이 걸림이 없이 통하는 것을 말합니다. 통한다는 것은 막힘이 없고, 장벽이 없는 것을 말합니다. 이렇게 『화엄경』에서는 우주 만법이 뿌리(體)는 하나(一心)라고 봅니다.

법과 법이 연기하는 과정에서 나타나는 모습은 다르게 나타나도 똑같은 일진(一眞, 一心)법(法)이라는 것입니다. 그래서 일진법계(一眞法界)라고 합니다. 이렇게 자세하게 설명을 했는데도 이해를 못 할까봐서 영가 스님께서 다음 게송을 비유로 들어서 말씀하신 것입니다. 하나의 달이 모든 물에 다 나타난다고 했습니다. 모든 물의 달을 한 달이 포섭한다고 했습니다. 이 말이 무슨 말입니까? 보름달이 뜨면 밤에 강가에 나가보면 압니다. 전국 강마다 물속에는 달이 있을 것입니다. 아니 여러 개의 세숫대야에 물을 떠놓고 보면 알 수가 있다. 세숫대야 물속에 달 하나씩이 있을 것입니다. 허공의 달은 하나인데, 세숫대야 물속 달은 여러 개입니다. 하나의 달이 천강의 달을 포섭하고 있습니다. 그렇다면 달은 하나입니까? 달은 천 개, 만 개입니까? 천강(千江)의 천 개(千箇)의 달이 똑같은 달 아닙니까?

이것이 사사무애(事事無碍) 법계(法界)입니다. 이렇게 한 달(一月) 속에 일체(一切, 千月)가 있습니다. 일체(一切, 千月) 속에 한 달(一月)이 있습니다. 이것이 『화엄경』의 법계연기(法界緣起)입니다. 의상 대사는 「법성게」에서 일중일체 다중일(一中一切多中一)이라고 했습니다. 하나 가운데 일체가 들어있고, 일체 가운데 하나가 들어있다는 것입니다. 영가 스님께서도 깨닫고 보니, 만법이 이렇다는 것입니다. 표현만 달랐지 똑같은 말 아닙니까? 부처님이 깨달은 경지나 조사님이 깨달은 경지가 똑같은 것을 말합니다. 『화엄경』에서는 법계연기는 무진법계연기(無盡法界緣起)를 말합니다. 그런 무진법계연기도 결국 이(理, 본체) 자리에서 보면 일심(一心)으로 돌아갑니다. 만법(萬法)이 일심(一心)에서 나왔다는 것입니다. 심불급중생(心佛及衆生)이 시삼무차별(是三無差別)이라고 했습니다. '마음이다', '부처다', '중생이다'가 차별이 없다는 말씀입니다. 중생도 근본은 일심(一心)이고, 부처도 근본은 일심(一心)이라는 뜻입니다.

허공에 달이 천강의 달을 포섭하듯이 말입니다. 오늘은 여기까지입니다. 출가자나 재가 불자나 불제자는 수행이 근본입니다. 다 함께 부지런히 수행, 정진하여 부처님 됩시다.

모든 부처님 성품과 내 성품이 같다

모든 부처님의
법신이 나의 성품 가운데 들어오고,
나의 성품이 다시 여래와 합치하는구나!

한 지위에 모든 지위가 구족하니
색도 아니요, 마음도 아니요, 행업도 아니구나.

諸佛法身入我性 我性還共如來合
一地具足一切地 非色非心非行業

　모든 부처님 법신이 내 성품에 들어오고, 내 성품이 모든 부처님과 함께한다고 했습니다. 부처님이 깨달은 법신체나 내가 깨달은 법신체가 같다는 말씀입니다. 법신(法身)은 삼신(三身) 가운데 진리의 당체(當體)를 말합니다. 우주 법계의 진리의 본바탕이 되는 것이 법신입니다. 진리의 당체는 부처님이 깨달은 법신불이나 내가 깨달은 법신불이나 똑같다는 말입니다. 왜 그렇습니까? 마음 본바탕이 법신불이기 때문입니다. 마음 떠나서 법신불이 따로 있는 것이 아닙니다. 그래서 모든 부처님의 법신이 내 성품 가운데 들어온다고 했습니다. 심즉시불(心卽是佛)이라는 말입니다.

　마음이 부처라는 말입니다. 체, 상, 용, 삼대(體, 相. 用, 三大)로 말하면 마음의 심체(心體)가 법신불(法身佛)입니다. 마음의 공덕상(功德相)이 보신불(報身佛)입니다. 마음의 작용이 용(用)이 화신불(化身佛)입니다. 마음을 떠나서 따로 부처가 존재하는 것이 아닙니다. 마음이 부처라는 것입니다. 마음을 깨달으면 그곳에 법신, 보신, 화신불이 있다는 말씀입니다. 그것도 역대 모든 부처님의 법신불과 똑같은 법신불이 내 마음에도 있다는 것이죠. 영가 스님이 왜 이런 말씀을 했겠습니까? 깨달은 법성, 불성은 똑같다는 것을 말한 것입니다. 법성(法性)이 아성(我性)이고 아성(我性)이 법성(法性)이라는 말입니다. 한 지위가 일체 지를 구족했다고 했습니다.

지위(地位)는 수행 단계를 말한 것입니다. 『화엄경』에서는 52위를 말합니다. 수행 절차 단계가 52단계가 있다고 한 것입니다. 52위 절차를 다 설할 수는 없습니다. 설할 분량이 책으로 몇 권이 됩니다. 『화엄경』의 사상은 무애자재한 것을 말합니다. 막힘이 없이 원융무애하게 소통됨을 말합니다. 인드라망과 같은 것을 말합니다. 이 구슬 저 구슬이 서로서로 비추고 비춥니다. 서로가 서로를 통섭합니다. 무진법계(無盡法界)라서 그렇습니다. 그와 같이 처음 마음을 발할 때가 문득 정각을 이룬다고 했습니다. 비유를 들면 이렇습니다. 여기 500원 동전이 있습니다. 500원은 100원이 다섯 개입니다. 100원, 100원이 다섯 개가 모여야 500원이 됩니다. 100원을 빼버리면 500원이 되지 않습니다. 그래서 100원은 500원 속에 100원이 됩니다. 100원이 없으면 500원이 되지 못합니다. 그래서 100원 속에 500원이 있는 것입니다. 이렇게 우주 만법은 서로서로 연기적 관계를 갖고 있는 것입니다. 어느 한 가지가 연기적 관계에서 빠지면 법은 성립되지를 않습니다. 그래서 법은 평등하고 다 소중한 것입니다. 허공에 달이 없으면 천 개의 강에도 달이 없습니다.

그와 같이 수행에도 일지(一地)가 일체지(一切地)를 구족한 것입니다. 일지 따로 일체지 따로가 아닙니다. 사다리와 같습니다. 첫 사다리 계단이 마지막 사다리 계단에 포함된 것과 같습니다. 그런데 일지가 일체지에 구족되었다고 해놓고 색도 아니요, 마음도 아니요, 행업도 아니라고 했습니다. 이 말이 무슨 말입니까? 중생은 마음이라 하면 마음에 빠져서 집착합니다. 부처라 하면 부처에 빠집니다. 법신이라 하면 법신에 빠집니다. 빠지고 집착하면 안 됩니다. 마음이라는 것이 어디 형체가 있습니까? 마음, 마음 하지만 마음의 실체는 없습니다. 실체가 없는 마음을 있다고 고집을 하니까 방편상 그렇다고 한 것입니다. 부처님 말씀은 전부가 다 방편설입니다. 중생을 깨우쳐주기 위해서 방편으로 말씀하신 것입니다.

불성(佛性)이 있다고 한 것도 중생을 깨우쳐주기 위한 방편설입니다. 불성이라는 것이 고정불변한 것입니까? 불성이 따로 존재하는 것이 아닙니다. 존재한다고 고집하면 큰일 납니다. 부처님이 깨달은 것은 연기법입니다. 연기법으로 보면 고정불변 자아가 없습니다. 그런데 아성(我性)이 어디가 있겠습니까? 불성(佛性)이 어디가 있겠습니까? 그렇다고 법성(法性)이 어디 따로 존재하겠습니까? 영가 스님께서 "색도 아니요, 마음도 아니요, 행업도 아니다."라고 한 것은 이런 뜻을 담고 하신 말씀입니다. 연기의 실체에서 보면 무상(無常) 무아(無我)라는 것입니다. 오늘은 여기까지입니다. 마음에 반조하십시오. 수행은 남이 대신해줄 수가 없습니다. 내 문제는 내가 풀어야 합니다. 쉬지 않고 하다 보면 꼭 이루어질 것입니다. 다 함께 정진해서 부처님 됩시다.

한 찰나에 팔만 사천 문이 구족하다

손가락 튕기는
사이에 팔만 법문 원만히 이루고
찰나에 삼아승지겁을 없앤다.

일체 수구와 수구 아님이여!
나의 신령한 깨침과 무슨 상관이 있으랴?

彈指圓成八萬門 刹那滅却三祇劫
一切數句非數句 與吾靈覺何交涉

탄지는 손가락을 튕기는 찰나입니다. 눈 깜짝할 사이를 말한 것입니다. 그 순간에 팔만 사천 문을 이룬다고 했습니다. 이것은 점수점오(漸修漸悟)를 말한 것이 아니라 바로 즉시 깨달은 돈오돈수(頓悟頓修)를 말한 것입니다. 삼아승지겁(三阿僧祇劫)은 엄청난 세월입니다. 보살이 불위(佛位)에 이르기까지 수행하는 햇수를 말한 것입니다. 십주(十住), 십행(十行), 십회향(十回向)의 삼위(三位)를 수행하여 마치는데, 일아승지겁(一阿僧祇劫)을 닦는다고 했습니다. 초지(初地)에서 칠지(七地)까지 닦는데, 이아승지겁(二阿僧祇劫)을 닦는다고 했습니다. 팔지(八地)에서 십지(十地)까지 수행하는데, 삼아승지겁(三阿僧祇劫)을 지낸다고 했습니다.

이렇게 장구한 세월을 닦는 것은 교문(敎門)인 점수법(漸修法)입니다. 그러나 선문(禪門) 돈오(頓悟)에서는 바로 지금, 여기서 마음을 깨치는 것을 말합니다. 마음이 부처인 것을 깨달으면 되는 것이지, 따로 닦을 것이 없다는 것이 영가 스님의 주장입니다. 그러면 어떤 마음이냐? 삼독심(三毒心)이 떨어진 마음입니다. 탐진치(貪嗔癡) 삼심(三心)만 해탈하면 그 자리가 부처라는 말씀입니다. 점문(漸門) 수행(修行)으로 보면 탐심, 진심, 치심을 닦는데 삼아승지겁을 닦아야 하지만, 돈문(頓門)에서 보면 바로 지금 여기서 당장에 삼심(三心)을 닦아버린다는 말씀입니다. 돈문(頓門)과 점문(漸門) 차이입니다. 수구(數句), 비수구(非數句)는 다른 것이 아닙니다. 법수(法數)를 말한 것입니다. 불교 교리는 법수(法數)가 많습니다. 무엇을 법수라 하는가? 오온(五蘊), 육근(六根), 육경(六境), 십팔계(十八界), 육식(六識), 사제(四諦), 십이인연(十二緣起) 등입니다. 수자(數字)로 되어있지 않습니까? 그래서 법수라고 한 것입니다. 이 법수를 알아야 불교 교리를 알 수가 있습니다. 오온이 무엇인가? 색수상행식(色受想行識) 아닙니까? 무엇이 색(色)이냐? 물질이 색(色) 아닙니까? 무엇이 수(受)인가? 느낌이 수(受)입니다.

괴롭다는 느낌, 즐겁다는 느낌, 괴롭지도 즐겁지도 않은 느낌입니다. 무엇이 상(想)인가? 크다, 작다, 길다, 짧다고 생각하는 이성을 상(想)이라고 합니다. 무엇이 행(行)인가? 우리 의지가 행입니다. '저것은 하기 싫다', '이것은 하고 싶다' 하는 우리의 의지가 행(行)입니다. 무엇이 식(識)인가? 분별하는 인식이 식(識)입니다. '저것은 파랗구나', '이것은 노랗구나' 이렇게 분별하고 인식하는 것을 식(識)이라고 합니다. 불교는 이렇게 논리가 정연합니다. 그밖에 다른 법수도 다 뜻이 있습니다. 중생을 깨우쳐 주기 위한 방편 도구가 법수입니다. 법수는 사다리와 같습니다. 법수는 뗏목과 같습니다. 부처님께서 깨달은 것은 우주 만법의 진리를 깨달은 것입니다. 그 깨달은 법의 이치를 법수로 설하신 것이 경전이고, 경전의 귀결점은 마음을 깨닫는 데 있습니다. 영가 스님이 손가락 한번 튕기는 사이에 팔만 사천 법문을 원만히 이루고, 찰나에 삼아승지겁을 없앤다고 했습니다. 점문 수행(漸門修行)을 돈문(頓門修行)으로 닦는 방법을 선언하신 말씀입니다. 그러니 점문 수행인 법수는 내 알 바가 아니라고 말한 것입니다. 왜 그렇습니까? 영가 스님은 돈문 수행으로 깨달았기 때문입니다. 왜 그럴까요? 그것은 시절 인연이 다르기 때문입니다. 시절 인연이 다르면 수행 방편도 달라진다는 말입니다. 영가 스님의 수행 방편과 부처님이 설하신 수행 방편이 다르다는 말입니다. 『팔만대장경』은 부처님 방편설입니다. 부처님은 당시 중생 근기에 맞추어 설한 것이 『대장경』 아닙니까? 결국, 귀결점은 마음을 깨치라는 소리입니다. 영가 스님은 점문(漸門)이 아닌 돈문(頓門) 수행을 통해서 마음을 깨달았다는 말입니다. 그래서 삼아승지겁을 찰나에 없앴다고 한 것입니다. 그러니 점문 수행의 법수가 내 알 바가 아니라고 단언을 한 것입니다. 영가 스님이 부처님 경전을 몰랐겠습니까? 영가 스님은 육조 혜능 스님을 뵙기 전에는 천태지관 수행을 했습니다. 천태교학은 인도에서 불교가 중국으로 전래 이후에 중국 불교로 완전히 이론 정립을 한 것이 천태교학입니다. 그 천태교학 교리와 실천, 수행 방법을 다 통달한 분이 영가 스님입니다. 그런 스님이 육조 혜능 스님을 뵙고 인가받고, 깨달은 소식을 노래하는 것이 이 「증도가」입니다.

본체, 당체는 훼방도, 칭찬도 할 수 없다

훼방할 수도 없고 칭찬할 수도 없다.
본체는 허공과 같아 끝이 없구나!

당처를 떠나지 않고 항상 담연하니
찾은즉 그대는 알지만 볼 수는 없구나.

不可毀不可讚 體若虛空勿涯岸
不離當處常湛然 覓則知君不可見

깨친 세계를 이렇다저렇다 말할 수가 없다는 것입니다. 훼방은 헐뜯는
것을 말합니다. 트집을 잡으려고 헐뜯을 수가 없다는 것입니다. 그렇다
고 칭찬할 수가 있느냐? 그럴 수도 없다는 것입니다. 깨달은 경계를 말
한 것이고, 깨달은 당처는 비방도, 칭찬도 할 자리가 아니라는 말씀입니
다. 언어의 도를 떠났기 때문입니다. 말로나 생각으로 따질 자리가 아니
라는 말씀이죠. 왜 그럴까요? 마음의 본체가 허공과 같아서 한량이 없
기 때문입니다. 마음의 본체는 끝없는 허공과 같다는 말입니다. 허공이
색깔이 있습니까? 형상이 있습니까? 냄새도 없고, 소리도 없습니다. 텅
비어있는 것이 허공 아닙니까? 그렇다고 없다고 할 수도 없는 것이 허공
입니다. 그렇다고 있다고 할 수도 없는 것이 허공입니다. 우리 마음의 본
체도 허공과 같이 실체가 없다는 말입니다. 실체가 없는 마음의 본체를
무엇이라고 하겠습니까? 그래서 칭찬도 할 수 없고, 훼방도 할 수가 없
다고 한 것입니다. 이렇다저렇다 말할 수 없다는 말씀입니다. 우리 마음
의 자성 본체가 그렇다는 말입니다. 우리가 깨달으면 깨달을 마음이 있

는 줄 아는데, 그렇지 않습니다. 깨닫는다는 것은 마음의 본체가 없는 것을 깨달은 것입니다.

깨달은 마음이 있다고 하면 그것은 불교를 전혀 모르는 소리입니다. 심무본체(心無本體)입니다. 마음의 본체는 없습니다. 없는 마음의 본체를 있다고 하면 그것은 사마외도(邪魔外道)입니다. 본래무일물(本來無一物)입니다. 본래 한 물건도 없습니다. 한 물건도 없다고 하는 것은 고정 불변하는 자아가 없다는 말입니다. 부처님이 깨달은 것은 연기법입니다. 항상 불자님들께서는 연기법을 염두에 두어야 합니다. 연기법으로 보면 자아 실체가 없는 것 아닙니까? 없는 것을 있다고 하면 邪見입니다. 영가 스님께서 그 점을 말씀하신 것입니다. 당처를 떠나지 않고 항상 담연하다고 하는 것은 연기법의 실체를 말한 것입니다. 연기의 실체는 무자성(無自性) 아닙니까? 자성이 없습니다. 자성이 없이 허허 탕탕 비어있는 공성(空性)입니다. 그 공성(空性)을 담연이라는 말로 표현한 것입니다.

그러니 찾으면 그대는 아나 볼 수는 없다고 했습니다. 찾아보면 비어 있는 공성임을 알지만 보이지는 않는다는 말입니다. 실체가 없기 때문이죠. 보이는 것은 형체, 모양이 있어야 봅니다. 그런데 형체가 없기 때문에 볼 수가 없는 것입니다. 마음이 그렇다는 것입니다. 깨닫기 전에는 깨달을 것이 있는 줄 알지만 깨달은 마음자리에서 보면 이렇다는 말입니다. 볼 수도 없고, 만질 수도 없고, 이렇다고 이름 붙일 수도 없다는 말입니다. 명부득(名不得) 상부득(相不得)입니다. 이름도 붙일 수가 없고, 모양으로 나타낼 수도 없다는 말입니다. 그래서 냉난자지(冷暖自知)라고 합니다. 차갑고 따뜻한 것은 스스로 알아야 한다는 말입니다. 깨달음의 세계는 깨달은 사람만 알 수 있다는 말이죠. 이렇다고 말로 설할 수가 없다는 말입니다. 언어도단(言語道斷)이라 그렇습니다. 말길이 끊겼다는 것입니다. 말로는 설명이 안 된다는 말입니다. 그래서 선문(禪門)에서는 자내증(自內證)을 강조합니다. 스스로 자기 내면 마음자리를 체득(體得), 철오(徹悟)하라는 말씀입니다.

자성은 취할 수도 버릴 수도 없다

취할 수도 없고 버릴 수도 없나니
얻을 수 없는 가운데 이렇게 얻을 뿐이다.

말 없을 때 말하고 말할 때 말 없음이여!
크게 베푸는 문을 여니 옹색함이 없다.

取不得捨不得　不可得中只麽得
默時說說時默　大施門開無雍塞

　가질 수도 없고, 버릴 수도 없다고 했습니다. 무엇을 가질 수도 없고, 버릴 수도 없다는 말입니까? 우리 마음 바탕을 말한 것입니다. 우리가 마음, 마음 하지만 어디 마음의 실체가 있습니까? 『금강경』에서는 「무득무설분(無得無說分)」에 나옵니다. 얻을 것도 없고, 설할 것도 없다는 분입니다. 부처님은 "나는 도를 얻는 바도 없고, 법을 설한 바도 없다."라고 했습니다. 달마 대사 『혈맥론』에 보면 마치 허공과 같아서 가질 수도 없고, 버릴 수도 없다고 했습니다. 마음의 실체는 허공과 같다는 말입니다. 달마 대사를 찾아갔던 혜가 스님이 말했습니다.

　법을 구하기 위해서 눈 속에서 하룻밤을 서있어도, 달마 대사가 본체만체하니까 팔을 끊어서 법을 구하지 않았습니까? 팔을 잘랐으니 얼마나 고통이 따르겠습니까? 그래서 하는 말이 "마음이 불안하고 괴롭습니다." 하니, 달마 대사가 "마음을 가지고 오라. 마음을 가지고 오면 내가 편안하게 해주겠다." 그래서 혜가 스님이 "마음을 찾는데, 마음을 찾아도 마음이 없습니다. 고통스러웠던 그 마음이 안으로 찾아보니 없는 것이었습니다. 그래서 찾아도 없습니다."라고 했습니다. 달마 대사와 혜가 대사가 처음 만나서 나눈 대화입니다. 삼조 승찬 대사도 똑같이 죄를 사해달라고 합니다. 혜가 대사가 죄를 가지고 오라고 합니다. 죄를 찾아보아도 없다고 하자, 찾아도 없는 죄라면 이미 사해졌다고 하지 않았습니까? 이렇게 마음은 있는 것 같아도 찾아보면 없는 것입니다. 없다는 것이 무슨 말입니까? 마음의 실체가 없다는 말입니다. 부처님도 초기 경전에서 말씀하셨습니다. 마음이라는 것은 올 때 온 곳도 없이 왔다가 갈 때는 간 곳도 없이 사라진다고 하셨습니다. 마음의 실체는 공(空)하기 때문입니다. 본래 자성이 없다는 말씀입니다 (本無自性). 없는 것을 있는 것 같이 보는 것이 아상(我相)입니다. 내가 없는 것을 깨달으면 아공(我空) 아닙니까? 아공의 이치를 알면 마음의 실체가 없는 것을 압니다.

그래서 취할 수도 없다고 한 것입니다. 마음의 실체는 허공과 같다고 해서 무심(無心)이라고 합니다. 무심이 마음의 실상입니다. 있다고 하는 것은 유심(有心)입니다. 마음의 체(體)로 보면 무심(無心)입니다. 그러나 마음의 작용(用)으로 보면 마음이 있습니다. 마음을 쓰면 마음 작용이 있지 않습니까? 그래서 버릴 수도 없다는 말입니다. 버릴 수 없다는 것은 마음을 작용면에서 보면 있다는 말입니다. 부처님 가르침은 사견(邪見), 변견(邊見)을 없애는 데 있습니다. 중생은 '있다' 하면 있는 데 빠지고, '없다' 하면 없는 데 빠집니다. 빠지고 집착하는 것이 사견이고, 변견입니다. 마음의 본바탕은 체(體) 자리에서 보면 없습니다(無心). 텅텅 비었기 때문입니다(我空). 법도 그렇습니다(法空). 그러나 작용하는 용(用) 자리에서 보면 있다는 말입니다(妙有). 그래서 얻을 수 없는 가운데 이렇게 얻을 뿐이라고 한 것입니다(緣起). 말 없을 때 말하고, 말할 때

말 없음이여! 크게 베푸는 문을 여니 옹색함이 없다고 했습니다.

이것은 깨달은 각자가 마음 씀을 말한 것입니다. 쓰는 것은 중생을 위해서 쓰는 것입니다. 자유자재로 활용하니까 옹색함이 없는 것입니다. 중생의 근기 따라 법을 설하는 것을 말한 것입니다. 천차만별인 중생을 그 근기에 맞게 법을 설하니 막힌 것이 없다는 말씀입니다. 부처님이 중생을 제도하는 것을 말한 것입니다. 쓰는 것은 방편을 쓰는 것입니다. 근기 따라 방편도 달라진 것을 말합니다. 그래서 옹색함이 없다고 한 것입니다. 자유자재로 쓰니까 그렇습니다. 지혜 방편을 말한 것입니다. 막히면 지혜가 없습니다. 나도 공하고(我空), 법도 공(法空)해졌는데 무엇이 막히겠습니까? 탁 트여서 한눈에 볼 수가 있는 것입니다. 막히면 볼 수가 없습니다. 내가 있다고 집착을 하면 나라는 칸막이를 해놓은 것 아닙니까? 나라는 칸막이에 갇히면 법을 보지 못합니다. 나라는 주체가 없다는 것이 부처님 연기법입니다. 내가 있다는 것은 연기법을 모르기 때문입니다.

연기의 실상은 중도(中道)입니다. 부처님이나 조사님이 깨달은 것은 연기법의 실상인 중도입니다. 어느 한쪽으로 치우치면 안 됩니다. 중도는 정견(正見)을 말합니다.

정견은 연기법을 바로 본 것을 말합니다. 그래서 부처님이 사제 팔정도를 말씀하신 것입니다. 불자님들은 부처님 가르침인 연기법과 사제 팔정도를 바르게 알아야 합니다. 그래야 부처님 가르침이나 조사님들의 가르침을 바르게 알 수가 있습니다. 부처님 가르침을 이웃에게 전법합시다. 2,000만 불자가 각자 세 명씩만 불자로 만들면 불국정토가 됩니다. 타 종교에서는 노상 전도, 차중 전도, 방문 전도를 합니다. 부처님 진리가 온 누리에 퍼질 수 있도록 전법합시다. 우리가 사는 세상을 불국정토로 만듭시다. 비(悲), 지(智), 원(願), 삼심(三心)으로 부처님 말씀을 이웃에게 전하여 모두가 다 행복한 삶을 살도록 도와줍시다. 극락은 죽어가는 곳이 아니라 살아생전에 행복한 삶을 사는 것이 현실 극락세계입니다.

나의 종취는 반야바라밀이다

누가 나에게
무슨 종취를 아느냐고 물으면
마하반야의 힘이라고 말해 주리라.

혹은 옳고
혹은 그릇됨을 사람이 알지 못하고
역행 순행은 하늘도 알지 못한다.

有人問我解何宗 報道摩訶般若力
或是或非人不識 逆行順行天莫測

누가 영가 스님에게 묻기를 '스님은 무슨 종취를 알고 있습니까?' 한다면 그것은 마하반야의 힘이라고 한다고 하셨다. 반야는 지혜입니다. 지혜는 일체종지를 말합니다. 하나만 아는 지혜가 아니라 세상 모든 것을 다 환하게 아는 지혜를 말합니다. 그 지혜의 힘으로 이렇게 『증도가』를 말한다고 했습니다. 지혜의 힘이 아니면 설할 수도, 말할 수도 없다는 것입니다. 부처님이 깨달은 지혜나 영가 스님이 깨달은 지혜와 같다는 말씀입니다. 부처님께서 깨달은 지혜도 마하반야의 지혜입니다. 영가 스님이 깨달은 지혜도 마하반야의 지혜입니다. 그래서 무슨 종취냐면 반야 종취라는 말씀입니다. 반야 지혜는 공성(空性)을 깨달은 지혜입니다. 우주 만법이 다 연기법으로 되었기 때문에 공성(空性)이라는 것입니다.

그 공성의 종취를 깨달았다는 말씀입니다. 연기법의 공성에서 보면 옳다 그르다 따질 것이 없습니다. 그런데 사람들은 '옳다, 그르다'에 빠져 있습니다. 옳다, 그르다 하는 것은 잣대가 각자 마음에서 나옵니다. 내 마음에 맞으면 옳고, 내 마음에 맞지 않으면 그르다고 합니다. 그것이 잘 못되었다는 말입니다. 잘못된 것을 사람들은 모른다는 말입니다. 옳다 그르다 하는 것은 시비하는 마음입니다. 마음의 본체에서는 옳다, 그르 다가 없습니다. 그런데 옳고 그름에 시비를 하고 있으니, 마음을 모른다 는 말입니다. 옳고 그름을 나누는 것은 따지고 쪼개는 마음입니다. 나누 고 쪼개는 마음은 중생의 분별심입니다. 본래 마음자리는 시비(是非)가 없습니다. 그런데 옳다, 그르다고 하니까 본래 불성을 모른다고 한 것입 니다. 깨친 안목 반야 지혜로 보니까 그렇다는 말씀입니다. 역경계, 순경 계도 하늘에서도 헤아리지 못한다고 했습니다. 역경계는 자신의 마음에 안 맞는 것을 말합니다. 자기 마음대로 안 되는 것을 말합니다. 내 마음 은 이렇게 했으면 좋겠는데, 엉뚱한 상황이 닥치는 것을 말합니다.

마음에 거슬린다고 해서 '거스릴 역(逆)'자를 쓴 것입니다. 살다 보면 그 런 일 많습니다. 역경계는 요샛말로 하면 스트레스 받는 일입니다. 직장 에서, 사회에서, 일상생활에서 스트레스 많이 받습니다. 그것이 다 역경 계입니다. 사람마다 다릅니다. 일률적으로 이런 것이 역경계라고 말할 수가 없습니다. 마음에 스트레스로 작용하는 것이 역경계입니다. 순경계 는 역경계와 반대로 작용하는 마음입니다. 내 마음에 좋은 작용이 순경 계입니다. 자기가 하고 싶은 대로 잘 되니까 순경계라고 합니다. 마음에 잘 따라주는 경계라는 뜻입니다. 그렇다고 하면 순경계는 내가 좋다고 하는 마음 작용입니다. 역경계는 내가 싫다고 하는 마음 작용을 말합니 다. 우리 불자님들은 수행하는 사람들입니다. 그런데 마음에 좋다, 싫다 하는 마음이 남아 있으면 안 됩니다. 역경계, 순경계도 마음으로 따지면 안 됩니다. 좋다, 싫다는 마음은 중생의 마음 작용입니다. 중생의 마음이 없어져야 부처님 마음이 됩니다. 그런데 자꾸 좋다, 싫다 따지고 있으니 문제인 것입니다.

중생의 마음은 옳다와 그르다, 좋다와 싫다를 따지는 마음입니다. 그 마음을 없애야 반야 지혜인 공성을 깨닫게 됩니다. 천상에 사는 사람은 낙(樂, 즐거움만)만 있습니다. 천상 사람들은 천상의 낙을 누립니다. 고통이 없는 세계가 천상 세계입니다. 그래서 역경계, 순경계를 하늘도 헤아리지 못한다고 한 것입니다. 천상은 낙(樂)만 있지, 고통이 없기 때문입니다. 마음공부는 역경계와 순경계를 다 극복을 해야 합니다. 순경계에서 수행이 잘된 사람도 역경계에서는 잘 안 된 사람이 많습니다. 마음에서 일어나는 역순(逆順)의 작용을 없애야 합니다. 역(逆)과 순(順)은 마음 작용입니다. 마음에 맞으면 순(順, 좋다)합니다. 마음에 맞지 않으면 역(逆, 싫다)합니다. 마음공부는 무심(無心) 공부입니다. 그런데 좋다, 싫다 하면 되겠습니까? 공부하다 보면 조용한 곳은 순경계 아닙니까? 경계가 조용하니까 마음도 조용해집니다. 그런데 조용한 곳도 역경계가 될 수가 있습니다.

갑자기 사람들이 찾아와서 노래를 부르고 떠들면 조용한 곳이 시끄러운 역경계가 됩니다. 그렇다 보니 화두가 잘 안 들립니다. 그래서 화를 벌컥 냅니다. 조용했던 마음이 산만해집니다. 이렇게 경계에 끌려다니면 안 됩니다. 어떤 경계가 와도 성성적적일여(惺惺寂寂 一如) 해야 합니다. 마음이 무심해져야 합니다. 마음이 경계에 휘둘리면 평생을 공부해도 허사입니다. 그래서 옛날 진묵 대사께서는 산중에서 조용한(靜處) 곳에서 공부가 잘되니까 일부러 시끄러운 곳을 찾았습니다. 시끄러운 곳은 시골 장터 아닙니까? 시골 장터 중에 제일 시끄러운 곳이 생선 파는 어물전(魚物廛)입니다. 생선을 팔려고 고래고래 고함을 치지 않습니까?

그래서 그곳을 택한 것입니다. 매양 오일장만 서면 생선 가게 옆에다가 가마니를 깔고 좌선을 했다는 것입니다. 왜 그렇게 했겠습니까? 마음공부가 시끄러운 곳에서도 한결(一如)같은가 보기 위해서입니다. 밖에서 아무리 시끄러운 소리가 나도 진묵 스님 마음을 요지부동, 무심하여 생선 가게 소란도 흔들어놓지는 못했다는 것입니다.

그래서 진묵 스님은 매번 오일장마다 어물전에서 수행했다고 합니다. 그것도 모르고 유생들은 중이 장돌배기마냥 장날마다 온다고 흉보았다고 합니다. 선정 삼매를 얻는 수행자에게는 장소 경계가 문제될 것이 없습니다. 요처(시끄러운 곳)가 요처가 될 수가 없습니다. 마음이 선정 삼매에 들면 이렇듯 들어야 합니다. 마음의 공성인 반야의 힘을 얻으면 옳다와 그르다, 싫다와 좋다 하는 마음에 흔들리지를 않습니다. 그 점을 영가 스님께서 말씀하신 것입니다. 다 함께 부처님 됩시다.

나의 법은 조계에서 얻었다

나는
일찍이 많은 겁을 지나며 수행했나니,
부질없이 서로 속여 미혹하게 함이
아니다.
법의 깃발 세우고 종지 일으킴이여!
밝고 밝은 부처님 법, 조계에서 얻었다.

吾早曾經多劫數 不是等閑相誑惑
建法幢立宗旨 明明佛勅曹溪是

  영가 스님께서 도를 깨달은 것이 하루아침에 도를 닦아서 깨친 것이 아니라는 말씀입니다. 과거 한없는 겁을 닦아서 이렇게 깨달았다는 말씀입니다. 옛말에 "구구필유입처(久久必有入處)"라는 말이 있습니다. 오래오래 하면 반드시 깨달음을 얻어 들어감이 있다는 말입니다. "천 리 길도 한 걸음부터"라는 말이 있지 않습니까? 한 걸음, 한 걸음 걷다 보면 천리 길도 가는 것입니다. 한 걸음을 떠나서 천 리 길을 갈 수는 없습니다. 한 걸음, 한 걸음이 쌓여서 천 리 길 목적지에 갈 수가 있는 것입니다. 수행도 마찬가지입니다. 닦지 않고 깨달을 수는 없습니다. 수행은 닦음입니다. 업장이 녹아야 지혜 광명이 나타납니다. 아무리 상근 중생이라고 해도 닦음 없이 단박에 깨칠 수는 없다는 말입니다. 부처님도 전생에 수많은 세월을 보살로서 닦았습니다. 닦고, 닦고 또 닦아서 정각을 이룬 것입니다. 하루아침에 그냥 노력 없이 깨달은 것이 아닙니다. 수많은 겁을 수행하셨습니다. 영가 스님도 부처님과 같이 닦았다는 것입니다. 많은 세월을 닦아서 깨달았다는 이 말은 부질없는 말이 아니고, 또 사람을 속이는 말도 아니라는 말씀입니다. 틀림없는 말씀이라는 말입니다.

그러니 『증도가』를 보는 수행자는 마음을 너무 다급하게, 화급심을 내지 말라는 말씀입니다. 하루아침에 뚝딱 이루어보려고 하지 말라는 말입니다. 급하게 먹는 밥이 체합니다. 밥은 꼭꼭 씹어서 천천히 먹어야 합니다. 수행도 마찬가지입니다. 수행은 마음을 깨닫고자 하는 공부 아닙니까? 천 리 길 가는 나그네마냥 한 걸음, 한 걸음 걸어가라는 말씀입니다. 그렇다 보면 도착할 때가 반드시 온다는 말입니다. 이것을 시절 인연이 도래했다고 합니다. 땅에 씨앗을 뿌리는 것과 같습니다. 씨앗이 땅에 떨어져서 싹이 트고, 꽃이 피고, 열매가 맺는 것은 시절 인연이 되어야 한다는 말입니다. 수행도 똑같습니다. 선방에서 몇 철 화두 참구한다고 금방 깨달은 것이 아닙니다. 닦고, 닦고, 닦아서 시절 인연이 딱 맞아야 합니다. 그래서 옛 조사님들 깨달을 때 보면 복숭아 꽃 피는 것 보고 깨닫고, 닭 우는 소리 듣고 깨닫고, 깨달은 기연이 다 다릅니다. 깨달은 기연에 깨달음이 있는 것이 아니고, 깨달을 때가 온 것입니다. 영가 스님께서 왜 이런 말씀을 했겠습니까? 마음이 부처라고 하니까? 금방 깨칠 것 같이 화급심을 가진 스님들을 경책하신 말씀입니다. "수행은 자기와의 싸움이다. 욕망의 자기에게 지면 중생의 삶이 있을 뿐이다."

자기가 무엇입니까? 업장 덩어리이죠. 무아인 이치를 깨닫지 못하고 자아가 있다고 보는 것이 업식 자아 아닙니까? 업식에 속고 사는 것이 중생의 마음입니다. 그것을 내려놓기가 쉽지가 않다는 말씀입니다. 그래서 부질없이 사람을 속여 미혹하게 하는 말이 아니라고 한 것입니다. 그러니 수행자는 부처가 될 때까지 닦으라는 말입니다. "깨닫고 나면 깃발을 세우고, 종지를 일으킴이여! 밝고 밝은 부처님 법이 조계에서 이어졌다.”라고 했습니다. 영가 스님께서는 육조 혜능 스님 법을 이었습니다. 혜능 스님께서는 부처님 법을 잇는 분이라는 말씀입니다. 중국 선종에서는 부처님 법을 깨달아 조사가 되면 개당보설을 했습니다. 부처님 정법을 널리 중생들을 위해서 설법하는 의식입니다. 한 총림에 법주가 된 것입니다. 우리나라도 총림이 몇 개 있습니다. 총림에 방장 조실 스님이 그 총림의 법주가 됩니다. 그래서 주장자를 들고 부처님이 전한 법을 미혹한 중생을 위해서 설법, 법문합니다.

근래에는 성철 스님께서 해인사에서 법문을 많이 했습니다. 100일간 법문을 했다고 해서 백일법문이라고 합니다. 초하룻날, 보름날 해제 결제 날 그때그때 법문할 일이 있으면 법문합니다. 이런 것을 당을 열어 법을 설한다고 합니다. 영가 스님께서도 처음에는 천태 스님 문하에서 수행했습니다. 그런데 나중에 육조 혜능 스님을 뵙고 인가를 받았습니다. 그래서 육조 스님의 법을 잇게 됩니다. 육조 혜능 스님이 달마 스님 법을 이었지 않습니까. 달마 스님이 서천 28조이고, 달마 스님 법을 6번째 잇는다고 해서 육조 대사라고 합니다. 결론은 부처님 법을 영가 스님께서도 이었다는 말씀입니다. 바로 내가 부처님 법을 이었다고 할 수가 없으니까 전법의 순서를 이렇게 설명한 것입니다. 전법 스승이 없이 혼자 깨쳤다고 하면 무사외도(無師外道)가 됩니다. 부처님도 가섭 존자에게 전법하지 않습니까? 스승과 제자가 마음이 결합하여야 인가가 이루어집니다.

깨달은 안목이 같다는 말이 계합이고, 인가(認可)입니다. 그런 절차를 밟아야 정법 조사가 됩니다. 지금도 선가에서는 전법 계승의 전통이 이어지고 있습니다. 다 함께 부처님 됩시다.

부처님 법은 면면이 전해져온다

첫째로 가섭 존자가 먼저 등불을 전하니
이십 팔대는 서천의 기록이로다.

법이 동쪽으로 흘러 이 땅에 들어와서
보리달마가 첫 번째 조사가 되었도다.

第一迦葉首傳燈 二十八代西天記
法東流入此土 菩提達磨爲初祖

부처님 법을 처음 받는 분이 가섭 존자입니다. 가섭 존자 법을 아난 존자께서 전해받습니다. 그렇게 해서 보리달마 대사가 서천 28대 조사가 됩니다. 달마 대사가 인도에서 법을 받아 중국으로 오시니, 중국 선종에서는 초조(初祖)가 됩니다. 서천 28조 동토 6조 혜능 대사까지 33조사라고 합니다. 왜 이렇게 영가 스님께서 부처님 법통을 밝히느냐면 영가 스님께서 6조 혜능 스님의 법을 받았기 때문입니다. 이것을 법통(法統)이라고 합니다. 법을 받는 계보를 밝히기 위해서입니다. 영가 스님께서 도를 깨닫고 읊은 것이 「증도가(證道歌)」입니다.

그냥 읊어놓은 게송이 아니라는 말씀입니다. 부처님 법을 전해받는 혜능 스님은 법을 당신도 받았다는 것을 말하기 위해서 이렇게 전법 계보를 대놓은 것입니다. 한마디로 말하면 이 「증도가(證道歌)」는 인가를 받은 「증도가」라는 말씀입니다. 어설프게 읊어놓은 게송이 아니라는 뜻입니다. 깨치고 나서 읊은 게송(偈頌)이라는 뜻입니다. 부처님이 보는 안목이나 영가 스님이 보는 안목이나 깨친 안목으로 보면 똑같다는 말씀입니다. 조사는 깨달음에 대한 확신(確信)이 있어야 합니다. 자기가 깨달은 경지에 확신을 못 하면 안 됩니다. 긴가민가 해서는 안 됩니다. 서천 28조와 동토 6조는 앞에서 다 말했기 때문에 여기서는 생략을 합니다. 이 게송은 영가 스님이 누구에게 법을 전해 받았는가와 그 전법 계보를 밝히기 위한 게송이었습니다. 영가 스님은 육조 혜능 조사의 법을 이었습니다. 전법의 계보는 이렇게 면면히 이어져 온 것을 전한 게송이고, 깨달음의 노래입니다.

전법 의발은 육조까지만 전했다

육대로 옷 전한 일 천하에 소문이 났고,
뒷사람도 도(道) 얻음을 어찌 다 헤아리랴!

참됨도 서지 못하고 망도 본래 공함이여!
있음과 없음을 다 버리니,

공하지 않고 공하다.
이십 공문에 원래 집착하지 않으니,
한 성품 여래의 본체와 자연히 같구나.

六代傳衣天下聞　後人得道何窮數
眞不立妄本空　有無倶遣不空空
二十空門元不着　一性如來體自同

육조 혜능 스님까지는 의발(衣鉢)을 전법의 표시로 전해졌으나 그 이후
에는 전하지를 않았다고 합니다. 육조 혜능 스님께서 의발 때문에 죽을
고비를 겪었습니다. 그래서 그 이후에는 의발을 전하지 않고, 전법만 했
다고 합니다. 전법의 상징인 발우와 가사가 잘못 전해질까봐서 그런 조
치를 취한 것입니다. 부처님 법이 서천 28조 동토 6조까지 전해온 것은
천하 사람이 다 아는 사실입니다. 누구도 부정을 못 한다는 영가 스님의
확고한 말씀입니다. 그 후로도 부처님 정법을 깨쳐서 도를 얻는 사람이
수로 다 헤아릴 수가 없이 많았다는 것입니다. 그러면 그 전법의 깨친 것
이 어떤 법이냐는 것입니다. 그 법은 참됨도 서지 못하고, 망도 본래 공
한 법이라는 것입니다. 그리고 있음도 없음도 다 버리고, 공하지 않고 공

한 법이라는 것입니다.

공하지 않고 공하다는 것은 연기중도법을 말한 것입니다. 부처님께서
깨달으신 법은 연기법이고, 중도법이라는 것입니다. 진망도 떠나고, 있음
과 없음도 떠난 중도실상인 연기법을 깨달아 전했다는 말씀입니다. 연기
법으로 보면 이십 공문에도 집착하지 않는다는 것입니다. 이십 공은 『대
반야경』에 나오는 말입니다. "內空, 外空, 內外空, 空空, 大空, 小空, 勝
義空, 有爲空, 無爲空, 畢竟空, 無際空, 散空, 無變異空, 本性空, 自我
空, 共相空, 一切法空, 不可得空, 無性空, 自性空"입니다. 만법이 다 자
성이 공(空)한 것을 이렇게 표현한 것입니다. 왜 공(空)이냐는 것입니다.
만법은 실아(實我)와 실체(實體)가 없기 때문에 그렇습니다. 고정불변한
자아 실체가 없다는 말씀입니다.

연기법으로 이루어졌기 때문입니다. 부처님이 깨달은 것은 연기법입니
다. 항상 불자님들은 이 점을 명심해야 합니다. 이십 공문은 연기법으
로 보면 안으로도 공하고, 밖으로도 공하고, 그러니 안과 밖이 다 공하
고, 공하다고 하는 공도 공한 것이고, 크다는 것도 공한 것이고, 작다는
것도 공한 것입니다. 그렇게 보면 승의 진리라는 것도 공한 것이고, 유위
법도 공한 것이고, 무위법도 공한 것입니다. 필 경에 공하다는 공도 공
한 것입니다. 왜 이렇게 공하다고 했을까요? 연기법이라 공한 것입니다.
이것이 있으므로 저것이 있고, 이것이 멸하므로 저것이 멸한다는 연기법
이라서 공하다는 말씀입니다. 그래서 옛 조사님들께서 이렇게 말씀을 하
셨습니다. "자성이 공한 이치를 깨닫지 못하면 참선을 해도 헛된 일이다
(不達性空 參禪無益)."라고 했습니다. "앉아만 있으면 무엇을 하자는 것이
냐?" 이것입니다.

자기 자성이 공한 것을 깨쳐야지, 앉아 참선만 한다고 이익될 것이 없다는 말입니다. 자성이 공한 이치를 깨친 사람은 이십 공에도 집착하지 않는다고 했습니다. 만법의 근원은 같기 때문입니다. 중생은 있다고 하면 있다는 데 빠지고 맙니다. 없다고 하면 없다는 데 빠집니다. 그러지 말라는 말입니다. "만법 자성이 본래 공한 것을 깨친다."라는 말입니다. 나의 자성과 만법의 자성이 다 연기법이라 그렇습니다. 연기 자성을 보면 집착할 것이 없다는 말씀입니다. 영가 스님은 그것을 한 성품 여래의 본체와 스스로 같다고 한 것입니다. 만법 자성이 하나고, 한 말씀입니다. 법성 자리에서 보면 하나의 법계 연기라는 말입니다. 그 연기법을 부처님이 깨닫고 나서 전한 것이 육조 혜능 스님까지 전해졌고, 그 법을 영가 스님께서도 혜능 스님의 법을 얻었다고 전법 계보를 말씀한 것입니다.

마음의 때가 없어지면 참 성품이 드러난다

마음은 뿌리요, 법은 티끌이라,
둘은 거울 위의 흔적과 같음이네!

흔적인 때가 다하면 빛은 비로소
나타나네!
마음과 법 없어지면
성품이 바로 참이라네.

心是根法是塵 兩種猶如鏡上痕
痕垢盡除光是現 心法雙亡性卽眞

불교는 마음을 늘상 말합니다. '마음이 부처이다(心卽是佛)', '마음 밖에는 부처가 없다(心外無佛)' 하는 마음이 불교의 근본 뿌리가 됩니다.

마음 하나 깨치자고 수행을 하지 않습니까? 그러니 마음의 실체를 알아내야 합니다. 내가 내 마음을 모른다면 누가 알겠습니까? 내 마음의 주체는 모르면 평생 머슴으로 사는 것과 똑같다는 말입니다. 영가 스님께서 "마음은 뿌리다."라고 했고, "법은 티끌이다."라고 했습니다. 불교에서는 법을 다양하게 쓰고 있습니다. 그러면 법이란 무엇인가? 그것을 알아야 합니다. 법(法)이라는 말은 산스크리트어로 다르마(dhama)라고 합니다. '다르마'라는 말은 뭔가를 지탱한다거나 지지한다는 의미의 어원에서 파생된 말입니다. 한역(漢譯)으로 말하면 제 성품을 가지고(任持自性) 물건의 알음알이를 내게 하는 것(軌生物解)이라고 했습니다. 이 법에 대해서 근본불교에서는 75法을 말하고, 대승불교에서는 100法을 말합니다. 이렇게 법(法)이란 글자 하나에 논리적 체계가 분명한 것이 불교의 법(法) 이론(理論)입니다. 그러니 불자님들은 불교 교리를 공부해야 합니다. 지금은 절마다 교양대학이 있어서 법회에 참가하면 교리 공부를 체계적(體系的)으로 할 수가 있습니다.

불교의 법은 부처님이 가르쳐주신 교법(敎法)이라고 알면 됩니다. 그러면 부처님 교법은 무엇이 있을까요? 『청정도론』에 보면 교학적 측면에서 법(法)은 온(蘊), 처(處), 계(界), 근(根), 제(諦), 연(緣)으로 말하고 있습니다. 온(蘊)은 오온(五蘊)을 말합니다. 오온은 색(色), 수(受), 상(想), 행(行), 식(識)입니다. 색(色)은 물질(物質)이고, 수(受)는 느낌이고, 상(想)은 인식(認識)하는 것이고, 행(行)은 심리적 의지(意志)이고, 식(識)은 알음알이 분별(分別)하는 마음을 말합니다. 이것이 오온(五蘊)으로서 다섯 가지 법입니다. 처(處)는 십이입처(十二入處)를 말합니다. 십이입처는 감각 장소(感覺場所)를 말합니다. 눈, 코, 귀, 혀, 몸, 마음을 육내입처(內六入)라고 합니다. 형색, 소리, 냄새, 촉감, 마음, 법을 외육처(外六處)라고 합니다. 우리 인식 작용은 십이입처(十二入處)에서 이루어집니다. 계(界)는 12처 마음에서 여섯 가지 알음알이로 나누어진 것이 18가지가 됩니다. 안계(眼界), 색계(色界), 안식계(眼識界) 이렇게 경계로 나누어진다고 해서 18계라고 합니다.

근(根)은 22(根)이 있습니다. 22근은 『청정도론』에 자세한 설명이 되었으니 참고하십시오. 제(諦)는 사성제(四聖諦)를 말합니다. 사성제는 고(苦), 집(集), 멸(滅), 도(道)입니다. 연(緣)은 12연기법(十緣二起法)을 말합니다. 이것이 교학으로 보는 법입니다. 다음은 수행에서 보는 법이 있습니다. 37조도 품이 그것입니다. 사념처(四念處)는 마음 챙김을 말합니다. 사정근(四正勤)은 바른 노력입니다. 사여의족(四如意足)은 성취 수단을 말합니다. 오근(五根)은 기능을 말합니다. 오력(五力)은 수행에서 얻어지는 힘을 말합니다. 칠각지(七覺支)는 깨달음의 구성 요소를 말합니다. 팔정도(八正道)는 수행의 여덟 가지의 도 닦음의 길을 말합니다. 이것이 수행적 측면에서 보는 법입니다. 법이라는 개념은 진리, 법칙, 행위, 규범, 바른 것. 사물이나 존재, 부처님 가르침 등의 의미로 쓰고 있습니다. 부처님이 깨달으신 법(法)은 연기법(緣起法)입니다. 연기의 법칙으로서의 법입니다. 부처님 가르침을 소승불교에서는 5位 75法으로 분류를 했고, 대승불교에서는 5位 100法으로 분류를 하고 있습니다. 법은 이렇게 다양하게 쓰고 있습니다.

영가 스님은 법이란 티끌과 같다고 했습니다. 75법도 마음의 법이고, 100법도 마음에서 일어나는 법입니다. 마음에서 일어나는 것은 다 티끌과 같다는 말입니다. 그것이 마치 맑은 거울 위에 티끌(塵) 같다고 했습니다. 마음의 불성은 거울에 비유합니다. 마음에서 일어나는 생각 작용을 티끌에 비유를한 것입니다. 그래서 마음이라는 상(相)도 없어져야 한다는 말입니다. 티끌 흔적도 없어야 하지만 마음이라고 하는 것도 있는 것이 아니라는 말씀입니다. 선문에서는 이런 것을 쌍차(雙遮)라고 합니다. 모든 것을 다 부정을 합니다. 그 자리에서는 부처도, 조사도 없습니다. 있다고 하면 안 되기 때문입니다. 모든 법이 연기법인데, '이렇다' 하고 단정을 지어 놓으면 그것이 집착(執着)이 되기 때문입니다. 법은 고정불변한 것이 아니라서 그렇습니다. 이렇다고 하면 이런 것이 아닙니다. 왜 그렇습니까? 변하기 때문입니다. 변하는 무상한 것이 우주 만법의 실상(實相)입니다. 연기법의 실상이 중도법입니다. 중도실상을 영가 스님께서 말씀하신 대목입니다. 오늘은 여기까지입니다.

다 함께 수행하고 정진하여 부처님 됩시다.

말법 세상은 마구니만 많구나!

말법을 슬퍼하고 세상을 미워하노니!
중생은 복이 엷어서 조복 받기 어렵구나!

성인이 가신 지 오래고 사견이 깊어짐에
마구니는 강하고,
법은 약하여 원망이 많구나!

嗟末法惡時世 衆生薄福難調制
去聖遠兮邪見深 魔强法弱多怨害

말법을 슬퍼한다고 했습니다. 부처님이 『방등부대집경』에 보면 "내가 입멸한 뒤 500년 동안은 그래도 모든 비구가 나의 법에 있어서 해탈이 견고(解脫堅固)할 것이다. 그리고 다음 500년 동안은 나의 바른 법에 선정 삼매만은 견고하게 머물 것이다(禪定堅固). 이렇게 1,000년 동안은 정법(正法) 시대(時代)라고 한다. 다음 1,000년 동안은 상법(像法) 시대라고 하는데, 상법 시대 500년 동안은 나의 법을 읽고 외우며, 많이 들음이 견고한 시대라고 할 수 있다(讀誦多聞堅固). 그리고 상법 시대 남은 500년 동안은 나의 법에 있어서 탑이나 절을 많이 세움으로써 견고하게 머물 것이다(多造塔寺堅固). 그 후는 말법(末法) 시대라 500년 동안은 나의 법에 있어서 싸움과 말다툼이 일어나서 깨끗한 법은 없어지고, 그 견고한 것이 없어질 것이다(鬪爭言訟白法隱沒)."

부처님께서는 부처님이 멸한 후 1,000년은 정법 시대라고 했고, 정법 시대 후 1,000년은 상법 시대라고 했습니다. 불멸 후 2,000년 후에는 말법 시대라고 했습니다. 말법 시대에는 백 법(白法)이 몰락하고, 교파 간 종교 간에 다투고 투쟁이 있을 것이라고 예언을 하셨습니다. 우리가 사는 지금이 말법 시대입니다. 경전의 말씀대로 보면 바른 법을 닦는 자가 적고 기복이나 사술(邪見)에 빠진 자가 많다는 것입니다. 싸우고 시비, 투쟁만 일삼는다는 말씀입니다. 백 법(白法)은 깨끗한 진리를 말합니다. 부처님 진리를 깨달으려 하지 않고, 엉뚱한 짓을 한다는 말씀입니다. 영가 스님 당시에도 정법을 믿는 자는 적고, 사견에 빠진 자가 많은 것을 한탄하고 있습니다. 부처님 가신 지가 오래되었다는 것은 말법 시대라는 말입니다. 마(魔)는 강하고 법(法)은 약하다고 했습니다. 정법 수행하는 자는 적고 사법(邪法)을 정법으로 알고 수행한 자가 많다는 말씀입니다. 그러니 원망과 피해가 많다는 말입니다. 지금도 그렇지 않습니까? 절은 수행하는 곳입니다. 그런데 정법수행은 하지 않고 딴짓을 하고 있으니 문제가 많습니다. 모양만 수행자지 가짜 사이비 승이 판을 치는, 말세입니다.

부처님 정법이 변질이 많이 되었다는 말입니다. 부처님은 걸식 이후에는 늘 선정 삼매에 들었습니다. 수행이 일상이었습니다. 닦고, 닦고, 또 닦고 열반에 들 때까지 닦았습니다. 선정에서 나오시면 제자들에게 법문했습니다. 법문, 선정, 법문, 선정, 이것이 부처님 일상의 모습입니다. 그런데 지금 불교는 그러하지를 못하고 있다. 불자는 부처님 법을 배우고 닦는 사람을 말합니다. 수행이 빠진 신행(信行)은 있으나 마나 합니다. 불자는 부처님 법을 깨닫기 위해서 불자가 된 것입니다. 그런데 그러하지를 못하고 있어서 한탄스럽다는 것이 영가 스님의 말씀입니다. 절집 불사라는 내용을 가만히 들여다 보면 문제가 많습니다. 본말이 바뀌었습니다. 불자의 본은 닦음이고 수행에 있습니다. 불사가 본이 아니라는 말입니다. 불사에 대해서 쓴소리 한마디 할까 합니다. 무슨 부처님 불상을 그리도 많이 조성합니까? 만불, 십만 불 법당에는 똑같은 불상이 꽉 찼으니 도대체 무슨 짓을 하는지 모르겠습니다. 법당에 부처님은 주불 좌우 보처불이면 됩니다. 그 시주 돈으로 산부처 후원하면 안 됩니까?

목숨을 걸어놓고 토굴에서 정진, 수행하는 스님 도와주면 안 됩니까? 살아있는 부처 만들 생각은 않고, 등상불만 모셔서 무엇하자는 말입니까? 경전 공부하는 학인 스님들이나 승가 대학 스님들 후원해주면 산부처님 많이 나옵니다. 살아 있는 부처가 많이 나와야 불교가 삽니다. 중앙승가대학 초창기 때 교수님들 월급 줄 돈이 없어서 석주 학장 스님 모시고 전국에 시주 탁발 다녀봤습니다. 그런데 산부처 만드는 교육 불사에는 정말 인색합니다. 이래 가지고는 불교가 발전할 수가 없습니다. 지금은 투쟁하고 싸우는 말법 시대라 했습니다. 불자끼리도 서로 잘났다고 물고 뜯고 야단법석입니다. 불자끼리 서로 다투니, 문제가 많습니다.

불자가 연륜이 쌓이면 수행의 깊이가 깊어져야 하는데, 마음속에 시비심만 잔뜩 담아서 좌충우돌 설쳐댑니다. 그러니 타 종교에서는 불교를 얕잡아 보고 못 잡아먹어서 안달이 났습니다. 이제는 지나가는 스님 붙들고 사탄 마군이라고 불교를 헐뜯고 비방을 서슴없이 해댑니다. 훼불 방화 사건이 일어나도 그냥 당하고만 있으니 정말 큰일입니다. 이때 참다운 수행자가 많이 나와야 불교가 삽니다. 그런데 불사의 본말이 전도되어서 그것이 문제입니다. 영가 스님도 그런 점을 통탄하고 한탄하신 것입니다. 불자가 깨어나면 말법 시대가 말법 시대가 아닙니다. 말법 속에 잠겨버리면 말법이 됩니다. 말법을 정법 시대로 바꾸는 것은 불자의 몫입니다. 불자가 깨어나야 합니다. 부처님 사자후를 토할 때가 지금입니다. 시대적 구분은 불자가 수행하지 않는 데서 옵니다. 말법 시대에도 수행하면 부처가 됩니다. 불자가 정법의 안목으로 깨어나야 불교가 바로 섭니다. 시비하고 다투는 시간에 부지런히 수행하고, 정진하여 다 함께 부처님 됩시다. 부처님 마음자리에는 말법이 없습니다. 잘났다고 시비하는 그 마음이 말법입니다.

마음으로 짓고 몸으로 받는다

여래의 돈교 문 설하심을 듣고,
부숴 없애지 못함을 한탄함이로다!

짓는 것은 마음에 있으나
재앙은 몸으로 받는다.

반드시 원망하거나
사람을 허물치 말지어다.

聞說如來頓敎門 恨不滅除令瓦碎
作在心殃在身 不須怨訴更尤人

부처님께서 45년 동안을 법을 설하셨습니다. 『아함경』부터 『법화경』, 『화엄경』까지 근기에 따라 수기설법(隨機說法)을 했습니다. 처음부터 돈교 법문을 하면 중생들이 알아듣지를 못하니까 근기에 맞추어서 법을 설하신 것입니다. 부처님 설법을 응병여약(應病與藥)이라고 합니다. 병에 따라 약을 주셨다는 것입니다. 병원에 가면 의사가 환자의 병에 따라 처방을 냅니다. 병증에 따라서 약 처방을 내린 것입니다. 병에 맞는 처방이라면 약을 먹자마자 병이 낫습니다. 감기가 들면 감기약 처방을 내고, 중풍을 맞으면 중풍에 맞는 처방을 내리듯이 부처님도 중생의 근기 따라 단계적으로 깨달을 사람은 점교 법문을 합니다.

하 근기에게 돈교 법문을 해주어봤자 "개 꼬막 보기"입니다. 꼬막은 사람이 까먹기는 쉽습니다. 그러나 개가 꼬막을 보면 입으로 핥기만 하지, 까먹지를 못 합니다. 부처님 법문도 똑같습니다. 하 근기에게 돈교 법문을 설해주어봤자 개 꼬막입니다. 하 근기에게는 하 근기에 맞는 점차로 닦아가는 법문이 필요합니다. 부처님이 중생의 근기에 맞는 법문을 하다 보니『팔만대장경』이 된 것입니다. 상 근기에게 점교 법문은 필요치를 않습니다. 상 근기는 바로 들어가는 돈교 법문이라야 합니다. 마음이 부처라고 하면 상 근기는 바로 깨칩니다. 그러나 근기가 낮은 사람은 깨닫지를 못합니다. 영가 스님께서 한탄하신 것이 바로 이것입니다. 중생의 업은 몸으로 짓는 것이 아닙니다. 마음으로 짓는 것입니다. 탐진치 삼독심이 중생의 업의 근본입니다. 업장을 소멸하려면 마음에서 삼독심이 소멸해야 합니다. 욕심내고, 성내고, 어리석은 마음이 없어지면 그 마음이 부처님 마음입니다. 부처님은 누구를 원망하지를 않습니다. 미워하지도 않습니다. 앞에서도 말씀하셨습니다. 성인이 가신 오래서 삿된 견해가 깊어져서 마구니은 많아지고 정법은 약해졌다고 했습니다.

영가 스님 당시에도 그렇다는 말씀입니다. 삿된 법을 가지고 정법이라고 한 자가 많다는 말입니다. 절에도 보면 부처님 정법을 가지고 수행하는 곳도 있지만, 부처님 법이 아닌 사법(邪法)이 정법이라고 한 곳도 많습니다. 무슨 '사주를 보아준다', '부적을 써준다', '택일을 한다' 등 별의별 정법(正法)이 아닌 것이 많습니다. 불자님들은 그것을 가려 내야 합니다. 정법과 사법을 가려내는 것은 불자의 안목입니다. 안목이 없으면 수행해도 헛일이 되고 맙니다. 원효 스님이『발심장』에서 말씀하셨습니다. "밥을 지으려면 쌀로 지어야지(蒸米作飯), 모래로 밥을 지으면 안 된다(蒸沙作飯)."라고 했습니다. 수행자의 안목을 말씀하신 것입니다. 정(正)과 사(邪)를 분명하게 가리라는 말씀입니다. 사법(邪法)이 정법(正法)이 될 수가 없기 때문입니다. 수행은 날마다 쉬지 않고 해야 합니다. 오래오래 하다 보면 반드시 깨달을 때가 있다고 했습니다. 다 같이 수행하여 다 함께 부처님 됩시다.

정법을 비방하면 무간지옥에 간다

무간 업보를 부르지 않으려거든
여래의 바른 법을 비방하지 말라,

전단향나무숲에는 잡나무가 없으니,
울창하고 깊숙하여 사자가 머무는구나.

欲得不招無間業 莫謗如來正法輪
栴檀林無雜樹 鬱密深沈師子住

　무간지옥은 오역죄를 지은 사람이 가는 지옥입니다. 무간지옥은 고통
받는 것이 쉴 사이가 없다고 해서 무간지옥이라고 합니다. 하룻밤, 하룻
날에 만 번 죽고, 만 번 살아난다고 합니다. 그만큼 고통을 쉴 새 없이
받는다는 지옥입니다. 이런 지옥에 가는 사람은 아버지를 죽인(殺父) 자
나 어머니를 죽인(殺母) 자도 간다고 합니다. 수행을 한 아라한(殺阿羅漢)
을 죽인 사람도 무간지옥을 간다고 합니다. 네 번째는 승단의 화합을 깨
는 사람(破和合僧)도 간다고 했습니다. 마지막 다섯 번째는 부처님 몸에
서 피를 내게 한 사람(出佛身血)도 무간지옥을 간다고 경전에서 말씀하고
있습니다. 정법을 비방하고, 정법을 수행하는 스님이나 부처님을 상하게
하면 가는 지옥이 무간지옥입니다. 무간지옥은 한 번 가면 끝도 갓도 없
이 고통을 받는 지옥이라 아예 갈 생각을 말아야 합니다. 쉴 새 없이 고
통을 받는데, 언제 마음을 닦아서 해탈하여 벗어나겠습니까?

　아예 그런 업을 짓지를 말아야 합니다. 그런데 오늘날 세태를 보면 그

러하지를 못해서 문제입니다. 부모를 학대하고 죽이는 패륜아가 더러 있지를 않습니까? 또, 수행해서 부처님 법을 깨달은 큰스님들을 비방하는 사람도 많습니다. 책 몇 권 본 소견으로 정법을 다 깨달은 것 같이 수행자를 비방하고 헐뜯는 불자의 기본도 갖추지 못한 자가 더러 있습니다. 승단의 화합을 깨는 자도 아주 많습니다. 다 그 업보는 받게 됩니다. 옛 조사님들이 한 말씀이 있습니다. "식법자구(識法者懼)"라 했습니다. 법을 아는 자는 두려워한다는 말입니다. 법을 모르니까 설쳐대는 것입니다. 인과법을 알고 보면 그렇게 막 설쳐대지를 못합니다. 콩 심은 데 콩 나고, 팥 심은 데 팥 납니다. 인과는 이렇게 분명합니다. 벌겋게 달은 쇳덩이를 잡아보면 잡은 자가 상처를 입게 됩니다. 이것이 인과입니다. 내가 지어서 내가 바로 받습니다. 그러니 하루하루 살아가는 각자의 행동이 소중한 것입니다. 행동은 업 아닙니까? 말로 짓든지, 마음으로 짓든지, 몸으로 짓든지 다 업입니다. 그 업이 무간지옥을 갈 업이 되어서는 안 된다는 말입니다. 부처님 법을 만난 것이 얼마나 행복한 일입니까? 요새는 법문도 듣기가 아주 쉬워졌습니다.

절마다 법회 때마다 스님들이 법문합니다. 부지런히 발품만 팔면 좋은 법문 많이 들을 수가 있습니다. 얼마나 좋은 세상입니까? 이렇게 인터넷으로도 영가 대사의 『증도가』를 보지를 않습니까? 참 좋은 세상입니다. 이런 좋은 세상을 만나서 부처님 정법을 바로 깨닫지 못한다면 문제가 아닙니까? 불교는 자기만 깨닫는 것이 아니라 남도 깨닫게 해야 합니다. 부처님은 그것을 "자각(自覺), 각타(他覺), 각만(覺滿)이라고 했습니다. 나도 깨닫고, 남도 깨닫게 하고, 그 깨달음이 우주에 꽉 차게 한다는 말씀입니다. 여기서 각만(覺滿)은 우주 법계를 불국토로 만든다는 뜻입니다. 우리가 살고 있는 세상이 고토(苦土)가 아닌 정토(淨土)로 바꾸자는 말입니다. 부처님이 세상에 오셔서 우리 중생에게 전해준 원력(願力) 법문(法門)입니다. 영가 스님께서 부처님 법을 비방하지 말라고 했습니다. 그때 당시에도 불법을 비방하는 무리가 많았다는 뜻입니다.

　우리가 사는 현실도 마찬가지입니다. 부처님 정법을 비방하는 종교단체가 많습니다. 불법의 진리를 모르면서 무조건 종교적 신념 때문에 비방을 합니다. 그럴 때 불자님들이 가만히 있으면 안 됩니다. 불교 교리로 그들의 잘못된 견해를 바로 잡아주어야 합니다. 불법을 믿게 전도 전법을 해야 합니다. 그것이 부처님 법을 호법하는 것입니다. 타 종교인이 불교를 비방해도 꿀 먹는 벙어리가 되면 안 됩니다. 불교는 논리적 교리 체계가 아주 잘 되어있는 종교입니다. 그들의 종교적 교리에 배척받을 이유가 하나도 없습니다. 논리적 근거를 가지고 불교의 진리를 설파해야 합니다. 그렇게 해서 잘못된 견해와 사견을 바로 잡아주어야 합니다. 부처님 정법을 바로 펴려면 불자가 불교 공부를 해야 합니다. 그냥 절에 왔다 갔다 한다고 불자가 아닙니다. 법당에 과일 올리고, 절한다고 불자는 아닙니다. 부처님 정법을 세상에 전하는 것이 불자입니다. 부처님 정법을 비방하는 사람이 있으면 포교의 좋은 기회로 삼으면 됩니다. 불자를 만들 기회입니다. 불자 한 분, 한 분이 포교사가 되어야 합니다. 그래야 우리가 사는 세상이 불국정토가 됩니다. 다 함께 수행하여 부처님 됩시다.

사자 새끼는 어려도 사자다

경계 고요하고 숲 한적하여 홀로 노니니
길짐승과 날짐승 모두 멀리 달아나도다!

사자 새끼 사자를 뒤따름이여!
세 살에도 크게 소리치는구나.

境靜林閒獨自遊 走獸飛禽皆遠去
師子兒衆隨後--獅子兒衆隨後

수행자가 마음을 쉬면은 안과 밖이 고요해집니다. 경계가 시끄러워도 경계가 시끄러울 뿐이지, 수행자의 마음은 시끄러울 일이 없습니다. 마음이 쉬어버렸기 때문입니다. 마음을 조복 받지 못하면 육진 경계(六塵境界)에 끌려다니게 됩니다. 그래서 선문(禪門)에서는 방하착(放下着)이라고 합니다. 모든 것을 내려놓으라는 말입니다. 마음이 텅 비어 무심하면 내려놓을 것도 없습니다. 그러나 중생의 마음은 찰나, 찰나 한순간도 쉬지 않고 온갖 경계에 나고 죽고 합니다. "경계가 고요하고 숲이 한적하여 홀로 노닐다 길짐승과 날짐승이 모두 달아나네."는 바깥 경계를 말한 것도 됩니다만 수행자의 마음을 표현한 말입니다. 마음이 무심해진 것을 표현한 말입니다. 길짐승과 날짐승은 마음에서 일어나는 생멸심을 말한 것입니다.

멀리 달아났다고 한 것은 마음이 평정되어 생멸심이 일어나지 않는 것을 말합니다. 그러니 얼마나 유유자적합니까? 수행자의 담담한 일상을 말한 것입니다. 사자는 백수의 왕입니다. 사자가 한번 크게 표호하면 백수가 오금을 펴지 못한다고 합니다. 사자 새끼는 새끼 사자여도 사자라는 말입니다. 수행자가 깨달아 얻는 경계를 백수의 왕인 사자에 비유한 말씀입니다. 부처님 법문을 사자후라고 합니다. 뭇 짐승들이 사자의 울부짖음을 들으면 뇌가 깨진다고 했습니다. 부처님 법문을 들으면 중생의 견해가 없어짐을 비유한 말입니다. 중생의 사견이 부숴져야 부처가 된다는 말입니다. 수행자가 수행해서 마음 경계가 쉬어져버리면 고요한 산속 숲마냥 한적함을 노래한 것입니다. 길짐승과 날짐승이 멀리 달아났다고 한 것은 마음에 생멸심이 끊어진 것을 시적으로 표현한 것입니다. 수행에 있어서 문제는 마음이 푹 쉬어 무심한 경계가 되어야 합니다.

사량 분별심에 쫓아다니다 보면 무심하고는 멉니다. 마음이 무심해야 마음의 본바탕을 볼 수가 있는데, 쫓고 쫓기다 보면 별 볼 일이 없습니다. 대혜 스님의 『서장』에 보면 "지호자야(之乎者也)"란 말이 나옵니다. "평생지공부(平生之功夫)가 지호자야(之乎者也)"라고 했습니다. 평생을 참선 공부를 한다고 했는데, 지호자야가 되면 안 됩니다. 지호자야는 어조사(語助詞)입니다. 글자는 글자인데, 어조사라는 말입니다. 네 글자가 다 어조사라 말이 되지를 않습니다. 말을 돕는 어조사는 되는데, 뜻이 되지 않는 글자라는 말입니다. 한마디로 말하면 평생을 한 참선 공부가 헛수고(쭉쟁이)라는 말씀입니다. 농부가 농사를 지어서 가을에 수확하는데 벼나 곡식이 알곡은 없고 쭉쟁이만 가득하다면 헛농사가 되듯이, 수행자가 수행해서 깨달아 부처가 되어야지, 헛수행을 해서 쓰겠느냐는 말입니다. 수행은 다른데 마음 쓸 시간이 없습니다. 잠깐 사이에 벌써 머리가 하얗게 서리가 내렸습니다. 눈 깜박할 사이에 한평생 끝날 때입니다. 금쪽같은 시간을 아끼고 아껴 써야 합니다. 수행은 마음을 깨달아 부처가 되는 데 목적이 있습니다. 모두 다 부처님 되십시오.

여우가 법왕을 흉내내서는 안 된다

여우가 법왕을 쫓으려 한다면
백 년 묵은 요괴가 헛되이 입만 열미로다.

원돈교는 인정이 없으니 의심이 있어서
결정하지 못하거든 바로 다툴지어다.

若是野干逐法王 百年妖怪虛開口
圓頓敎勿人情 有疑不決直須爭

　법왕은 사자를 말합니다. 사자는 백수의 왕입니다. 부처님은 성인 중
의 성인입니다. 부처님은 깨달은 분이시라, 성인 가운데서 가장 뛰어난
성인이 부처님입니다. 그래서 사자를 부처님에 비유한 것입니다. 여기서
야간은 여우를 말합니다. 여우는 의심이 많은 동물이라고 합니다. 의심
이 많은 사람이 깨치지 못하고 죽고 나면 여우로 태어난다고 했습니다.
옛 선문의 전백장 후백장에 보면 여우로 500생을 산 것으로 나옵니다.
전백장이 조실로 있으면서 학인의 물음에 대답했는데, 그 대답에 만족
하지 못하고 의심을 한 과보로 여우로 태어나서 500생을 살았다는 선
화(禪話)입니다. 깨치지 못하고 법을 설하면 그 과보가 큼을 말한 것입니
다. 근래 선지식 중에 지효 선사께서는 평생을 법문하지 않았습니다. 왜
그랬느냐면 확철 대오하기 전에는 법을 설해도 그 법문이 오자(悟者)의
소리가 아니기 때문에 그렇습니다. 전 백장 스님도 백장 산에서 한 생을
조실로 살면서 후학들을 지도했습니다.

그런데 하루는 한 수행자가 찾아와서 묻기를 "깨달은 선지식도 인과에 떨어집니까? 떨어지지 않습니까?" 하고 물었습니다. 전 백장 선사가 대답하기를 "불락인과(不落因果)이라."라고 대답했습니다. 답(答)을 하고 나서 '불락인과가 정답인가?' 하고 의심을 했다는 것입니다. 자기가 답한 말에 대하여 확신을 갖지 못하고 의심을 했다는 말입니다. 그 의심을 풀지 못하고 죽어서 그 과보로 여우로 태어나게 됩니다. 여우로 태어났지만, 몸은 여우지만 늘 그 의심을 풀기 위해서 후 백장 산에 백장 선사가 법문할 때마다 법당에 와서 법문을 듣게 됩니다. 하루는 백장 선사가 법문을 다 마쳤는데도 노인 한 사람이 남아있는 것을 보고 묻게 됩니다. "노인은 누구시기에 법문 때마다 이렇게 청법(聽法)을 합니까?" 하고 물으니, 그 노인이 백장 선사에게 말을 합니다.

"제가 수행을 하다가 의심을 해결하지 못한 것이 있어서 그렇습니다. 선사께서 답을 해 주시겠습니까?" 백장 선사께서 "좋소. 물어보시오.", "깨달은 선지식도 인과에 떨어집니까? 떨어지지 않습니까?" 백장 선사가 "불매인과(不昧因果)"라고 대답했습니다. 불매인과는 말을 듣고 그 노인이 큰절을 합니다. "큰스님 법문을 듣고 500생의 여우 몸을 벗어나게 되었습니다. 저는 전생에 이 백장산에 조실로 있다가 한 수행자의 질문에 답을 했는데, 확신에 찬 답을 못하고 이렇게 여우 몸을 받아 500생을 보내게 되었습니다. 큰 스님의 법문을 듣고, 이제 그 의심을 풀고 깨달았습니다. 큰 스님께 부탁을 하나 드리오니 내일 뒷산에 여우 굴에 제 몸을 수행자의 예로서 화장을 부탁드립니다." 그래서 이튿날 백장 선사께서 대중들과 함께 뒷산에 여우 굴에 가서 보니 여우 한 마리가 죽어있어서 스님들의 다비화장으로 장례를 치뤄주었다는 선화(禪話)입니다. 전 백장은 불낙인과라고 대답을 하고 여우 몸을 받았습니다. 후 백장은 불매인과라고 대답을 하고 여우 몸을 해탈하게 하였습니다. 불락인과와

불매인과의 차이는 무엇일까요? 같은 말이면 무엇이 같고, 다른 말이면 무엇이 다를까요?

그 차이점을 찾아내는 것이 눈 밝은 수좌의 안목입니다. 전 백장이 입을 열어 후학을 제접했으나 여우 몸을 면치는 못한 것입니다. 부처님 법인 원교, 돈교, 최상승법은 이렇게 엄격합니다. 인정사정의 틈이 없습니다. 의심이 나면 그 의심을 타파해야 합니다. 그것이 원돈교의 서릿발 같은 법입니다. 명자(名字)로만 조실, 조사가 되어서는 안 된다는 말입니다. 깨치고 나서 조실도 하고, 조사도 되고, 방장 노릇도 해야지, 그렇지 않고 이름만 조실 방장이 되다 보면 여우 몸을 면하기 어렵다는 말입니다. 후 백장 스님은 바로 묻는 말에 여우 몸을 면하게 했습니다. 전백장과 후 백장의 차이점은 거기에 있습니다. 곰곰이 새겨볼 일입니다. 불교 공부는 마음공부입니다. 마음 하나 깨닫고자 죽자 사자 공부한 것 아닙니까? 전 백장 꼴이 아니 되려면 의심을 타파해야 합니다. 자기가 한 말에 확신이 없으면 전 백장 꼴이 되고 맙니다. 불자님들 부지런히 수행에 정진하여 다 함께 부처님 됩시다. 선지식은 깨달은 안목이 있어야지 미혹한 식심 입으로는 선지식이 될 수가 없다는 가르침입니다.

수행은 자성을 깨닫는 것이지, 상에 있지 않다

산승이 인상, 아상을 드러냄이 아니요,
수행하다 단견 상견에 떨어질까 걱정이로다.

그름과 그르지 않음과 옳고 옳지 않음이여!
털끝만큼 어긋나도 천 리 길로 어긋남이로다.

不是山僧逞人我 修行恐落斷常坑
非不非是不是 差之毫釐失千里

수행자가 아상, 인상이 있으면 안 됩니다. 상(相)이 끊어져야 수행의 면모가 제대로 들어납니다. '내가 나다, 내가 수좌다, 내가 큰 스님이다.' 이렇게 상에 빠져있으면 안 된다는 말씀입니다. 수행자는 사상(四相)이 끊어져야 한다고 『금강경』에 부처님이 말씀하셨습니다. 단견, 상견도 마찬가지입니다. 단견은 없다는 데 빠진 견해이고, 상견은 있다는 데 빠진 사견입니다. 사람이 죽고 나면 아무것도 없다고 보는 것이 단견입니다. 상견은 사람이 죽어도 영혼은 영원하다고 보는 것이 상견입니다. 있다, 없다에 빠진 잘못된 사견이 단견, 상견입니다. 부처님 가르침은 연기법입니다. 연기법으로 보면 이렇게 있다, 없다에 빠질 일이 없습니다. 연기법을 모르니까 이렇게 '있다와 없다', '나다와 남이다'에서 헤매고 있는 것입니다. 연기법의 실상은 중도입니다.

세상에는 이렇다고 딱 잘나서 단정을 지을만한 것이 하나도 없습니다. 이렇다고 하면 벌써 이런 것이 아니기 때문입니다. 찰나, 찰나 무상하게

영가 대사 「증도가」(永嘉大師 「證道歌」)　**287**

변하고 있기 때문입니다. 무상한 것을 항상한 것으로 보는 것이 상견(常見)입니다. 영혼이 있고, 절대자 신이 영원히 존재한다고 보는 것이 상견입니다. 단견은 상견의 반대개념 아닙니까? 없다는 주의입니다. 이 몸이 죽고 나면 세상은 끝나버리는 것이지, 몸이 있는 것도 아니고, 영혼이 있는 것도 아니라고 하는 현실 쾌락주의입니다. 부처님은 이렇게 있다, 없다의 견해가 모두 사견(邪見)이라고 했습니다. 어느 한쪽으로 치우친 견해는 그것이 우주 실상을 잘못 본 것이기 때문에 부처님께서 45년 동안 연기법으로 낱낱이 깨트린(破執) 것입니다. 그것이 『팔만대장경』 아닙니까? 있다와 없다가 상견과 단견이고, 옳다와 그르다는 상견이 옳은지 단견이 옳은지 따지는 시비(是非)가 아닙니까? 이렇게 시비하는 마음의 잣대는 보는 견해(見解) 때문입니다. 견해가 다르면 하늘과 땅만큼 차이가 납니다. 연기법은 있기 때문에 보는 것이 아니라 보기 때문에 있다는 것입니다.

있다와 없다, 옳다와 그르다고 하는 것도 다 우리 마음이 만들어낸 것 아닙니까? 단견의 견해도 마음이 만들어낸 인식입니다. 상견의 견해도 마음이 그렇게 보는 것입니다. 그래서 일체가 마음이 만든 것이라고 했습니다. 부처님은 초기 불교에서 우리 마음의 인식 과정을 아주 적나라하게 해체하여 논리적으로 풀어서 설법하셨습니다. 그것이 오온, 십이입처, 십팔계, 육식이다. 오온 십이입처, 십팔계, 육식 과정을 불자님들이 공부를 제대로만 하면 어떠한 사상도 부처님 연기법으로 다 타파할 수가 있습니다. 유신론(有神論)도, 유물론(唯物論)도 다 때려부술 수가 있습니다. 지금은 다종교사회입니다. 다들 자기가 믿는 종교가 진리라고 설쳐댑니다. 목자라는 종교 지도자가 되지도 않는 헛소리를 하고 있습니다.

이럴 때 그 장소에 불자님이 있었다면 어떻게 하시겠습니까? 그냥 꿀 먹는 벙어리가 되어 눈만 꾸벅꾸벅하면 안 됩니다. 진리를 주제로 하여 논쟁을 해서 그 잘못된 사견을 바로 잡아주어야 합니다. 그래야 불자가 아닙니까? 부처님도 살아생전에 얼마나 많은 말을 했습니까? 잘못된 사견을 바로 잡다 보니 그 말씀이 모여서 『팔만대장경』이 된 것입니다. 불자가 말이 많아야 할 때입니다. 말 많은 세상에 태어났으니, 그 많은 말을 잠재워야 할 것 아닙니까? 고주알미주알 입이 쓰도록 말을 많이 해야 합니다. 불자들도 불법을 전도해야 합니다. 자기만 믿고 그치는 신앙 생활은 소승불교에 속합니다. 나도 깨닫고 남도 깨닫게 하는 것이 대승 불자입니다. 부처님 사상은 동체 대비에 있습니다. 모두 다 함께 깨닫자는 것이 대승불교 사상입니다. 혼자만 해탈하려 하면 안 됩니다. 자비 광명이 우주에 꽉 차 넘쳐야 합니다. 그래야 불국토가 되지 않겠습니까? 다 함께 수행, 정진, 전법하여 온 세상을 불국토로 만듭시다.

참된 수행은 시비하는 데 있지 않다

옳다면 용녀가
단박에 부처가 되고 그르다 하면
산성 비구가 산채로 지옥에 떨어진다.

나는 어려서 학문을 쌓아서
일찍부터 주와 소를 더듬고 경론을 살폈다.

是卽龍女頓成佛 非卽善星生陷墜
吾早年來積學問 亦曾討疏尋經論

옳다고 보면 용녀 뱀도 부처가 된다는 말씀입니다. 그르다고 하면 출가
한 산성 비구도 지옥에 빠지고 만다고 말씀입니다. 옳다고 하는 것은 무
엇이고, 그르다고 한 것은 무엇이냐면 부처님 말씀을 옳다고 믿으면 축
생인 뱀도 성불을 한다는 말입니다. 용녀는 『법화경』에 나오는 암뱀을
말한 것입니다. 부처님이 보리수 밑에서 깨달으시고 하신 말씀이 일체
중생이 다 불성을 가지고 있다고 했습니다. 부처님 말씀이 옳다고 믿으
면 축생인 용녀도 성불한다는 것입니다. 그르다고 믿지 않으면 출가해서
부처님을 20년간 시봉한 산성 비구도 지옥에 떨어진다는 말입니다. 옳
다, 그르다 하는 것은 부처님 말씀을 믿느냐, 믿지 않느냐 하는 말입니
다. 산성 비구는 부처님을 곁에서 20년간 시봉을 하고도 부처님 말씀을
믿지를 않고, 못된 짓을 하다가 산 채로 지옥에 떨어졌다는 것이 경전에
나옵니다. 이 이야기는 『법화경』에 나온 일화입니다.

『법화경』은 일승종교(一乘終敎)라고 합니다. 『화엄경』은 일승원교(一乘圓敎)라고 합니다. 『법화경』은 회삼귀일(會三歸一) 사상을 설하는 경전입니다. 삼승을 모아서 일승으로 돌아가게 한다는 내용입니다. 성문승, 연각승, 보살승이 삼승입니다. 삼승을 모아서 일불승(一佛乘)으로 돌아가게 한다는 것이 『법화경』 사상입니다. 불자님들은 『법화경』도 꼭 보셔야 합니다. 불교 방송에서도 강의하고 있습니다. 아마 무비 스님께서 하셨을 것입니다. 시간을 내어서 꼭 경전 강의를 들어보시기 바랍니다.

영가 스님은 어릴 때부터 『경율론』의 주소와 소초까지 다 보셨다고 했습니다. 보고 난 결론은 불자라면 부처님 말씀을 믿으라는 말씀입니다. 불자나 수행자가 부처님 말씀을 믿지를 않으면 출가하여 부처님을 곁에서 20년을 시봉한 산성 비구 꼴이 된다는 말입니다. 종교는 첫째가 믿음입니다. 불자가 부처님 말씀을 믿지를 않는 것도 큰 병입니다. 그래서 옛날부터 "믿음은 도의 근원이고, 공덕의 어머니다(信是道元功德母). 믿음은 위없는 부처님 깨달음이며(信是無上佛菩提), 믿음은 영원히 번뇌를 끊는 근본이고(信能永斷煩惱本), 믿음은 속히 해탈을 증득하는 문이다(信能速證解脫門)."라고 했습니다.

첫째가 믿음입니다. 부처님 말씀을 믿고 깨달아서 확신(確信)을 가지는 것이 믿음입니다. 중생이 다 부처님이라고 해도 믿지를 못하는 것이 중생입니다. 중생이 중생 노릇을 벗어나지 못하는 것은 믿음이 없어서입니다. 부처님 말씀에 확신을 가져야 합니다. 그것이 믿음이고 불자입니다. 이름만 불자여서는 안 됩니다. 속까지 부처님 말씀을 믿어야 합니다. 그래야 불자라고 할 수가 있습니다. 신앙에 있어서 믿음은 이렇게 중요합니다. 영가 스님께서 이렇게 믿음을 강조한 것은 그때 당시도 불자라고 하면서 딴짓을 한 사람이 많았다는 뜻입니다. 부처님 가르침이 인도에서 중국으로 전해졌습니다. 순수한 부처님 가르침이 중국에 와서 좀 변색된 것을 꾸짖는 것입니다. 한국 불교도 마찬가지입니다.

한국의 토양에 적응하다 보니 순수한 불교가 많이 변색 되었습니다. 비 불교적인 것이 많다는 말입니다. 그래서 영가 스님께서『법화경』에 나오는 용녀와 산성 비구를 들어서 말씀을 하신 것입니다. 옳다고 보면 축생인 뱀도 부처가 되고, 그르다고 믿지를 않으면 부처님 곁에서 가르침을 받은 출가승 산성 비구가 된다는 말입니다.『법화경』에는 "법화칠유(法華七喩)"가 나옵니다. 부처님은『법화경』을 설하실 때 방편으로 일곱 가지 비유를 들었습니다. 첫 번째가 화택유(火宅喩)입니다. 삼계 육도 중생이 사는 꼴이 꼭 불난 집에 있는 어린아이들과 같다는 비유입니다. 두 번째는 궁자유(窮子喩)입니다. 부잣집 아들이 거지로 떠돌아다닌다는 비유입니다. 부자는 부처님을 말한 것이고, 거지로 떠도는 것은 중생의 모습입니다. 세 번째는 약초유(藥草喩)입니다. 나무나 약초가 비가 오면 빗물을 받아 열매를 맺듯이, 각자 개성과 특성에 맞게 받아들여서 수행을 견고히 한다는 비유입니다. 네 번째는 화성유(化城喩)입니다. 저쪽으로 가면 보배성이 있다고 하는 비유입니다.

보배는 마음 불성을 말하는 것이고, 화성은 방편 비유입니다. 다섯 번째는 의계주유(衣繫珠喩)입니다. 옷 속에 무가지보가 있다는 비유입니다. 옷 속 보물은 마음 부처를 말합니다. 중생은 마음이 부처라고 해도 믿지를 않습니다. 그러니 옷 속에다 보물을 넣어놨다는 비유입니다. 여섯 번째는 계주유(髻珠喩)입니다. 상투 속에 보물이 감추어져 있다는 비유입니다. 전륜성왕이 공덕이 큰 사람에게 구슬을 주는 비유입니다. 일곱 번째가 의자유(醫子喩)입니다. 독약을 잘못 먹은 아들을 구하는 비유입니다. 부처님은 삼승의 방편을 먼저 설하고 최종적으로 제법 실상인 일불승으로 중생을 이끌어서 설하는 것이『법화경』입니다. 부처님의 칠유설이 보통 재미난 것이 아닙니다. 한번『법화경』을 읽다 보면 푹 빠져들게 됩니다. 직장에서 휴가를 주는 휴가철에 휴가를『법화경』속으로 가면 마음 해탈 휴가가 될 것입니다.

평소에는 먹고 살기 바쁘지만, 휴가철을 부처님 경전을 읽는데 보낸다면 알찬 휴가가 될 것입니다. 불교 수행은 예부터 금과옥조로 이렇게 말하고 있습니다. "발심은 선후가 있지만(發心有先後) 깨달은 것은 선후가 없다(悟心無先後)." 불교를 믿은 마음은 먼저 믿을 수도 있고, 나중에 믿을 수도 있습니다. 그러나 깨달음을 얻는 것은 앞뒤가 없다는 말씀입니다. 옛 스님들은 깨달은 제자에게 도를 묻기도 했습니다. 제자도 스승보다 앞서서 깨달을 수 있기 때문입니다. 문제는 수행의 농도와 결정신이 문제입니다. 얼마만큼 간절하고 절박하게 믿고 수행하느냐에 달린 것입니다. 다 함께 정진하여 다 함께 부처님 됩시다.

남의 돈, 백날 세어도 자기 돈 아니다

이름과 모양 분별해서 쉴 줄 모르고,
바닷속 모래를 센다 해도 헛되이
스스로 피곤만 해라.

문득 부처님 꾸지람 들었으니
남의 보배만
센들 무슨 이익이 있겠는가?

分別名相不知休 入海算沙徒自困
却被如來苦呵責 數他珍寶有何益

이름과 모양에 빠지지 말라는 말씀입니다. 이름과 모양은 차별 세계를 말하는 것입니다. 세상 만물은 다 이름과 모양이 있습니다. 그 이름과 모양을 분별하고, 나누고, 쪼개는 것은 무엇이 합니까? 마음이 그렇게 차별, 분별합니다. 밖으로 마음을 향해서 쪼개고 나누고 해보았자, 마음 부처를 찾는 데는 하나도 도움이 안 된다는 말씀입니다. 마음은 안에서 찾아야지, 밖으로 찾다 보면 안 된다는 말씀입니다. 보조 스님은 그래서 마음을 밖에서 찾는 것은 외도라고 했습니다(心外覓佛 是名外道). 마음은 안에서 찾으란 말입니다. 마음 작용이 일어나는 당처(當處)를 꿰뚫어 보는 것이 참선 수행입니다. 마음 밖에서 부처를 찾은 것은 바닷속에 모래를 세는 것과 같다고 했습니다. 바닷속 모래를 어떻게 세겠습니까? 파도가 쳐도 셀 수가 없고, 폭풍이 불어도 못 셉니다. 헛되고 피곤한 일이라는 말입니다. 모양과 이름에 집착하면 그렇다는 말씀입니다. 이름과 모양은 마음이 분별해놓은 허망한 존재라서 그렇습니다. 허망한 것을 붙들고 집착하면 안 된다는 말입니다. 마음을 깨치려면 바로 마음 본래 당처를 깨치라는 말씀입니다.

　부처님 설법도 근기 따라 설했기 때문에 초기 경전에서는 근기가 낮은 하 근기에 맞은 법을 설했습니다. 최상 근기에게는 바로 마음이 부처임을 설했습니다. 방편설이 필요 없이 네 마음이 부처라는 것이 『화엄경』입니다. 바로 부처가 되는 것입니다(一超直入如來地). 참선 공부는 마음을 깨닫는 수행입니다. 영가 스님은 육조 스님을 한번 뵙고 깨달았습니다. 깨닫고 나서 읊은 게송이 바로 이 「증도가(證道歌)」입니다. 도를 증득했다는 노래입니다. 도를 깨달았다는 내용을 담고 있는 내용이 아닙니까? 그러니 밖으로 이름이나 모양에 빠져서 집착하지 말고 바로 마음이 부처임을 믿고 수행하라는 말씀입니다. 마음을 깨달으려는 사람이 엉뚱한 짓을 하니까 그것이 걱정되어서 이런 말씀을 한 것입니다. 은행 직원이 맨날 돈을 셉니다. 종일 돈을 세어도 그 센 돈이 센 사람 돈이 아니라는 말입니다. 중생의 삶이 꼭 남의 돈만 세고 있는 꼴이라는 말이죠. 몇천억, 몇조를 센다고 해도 그 센 돈이 센 사람 돈이 아닙니다(終日數他寶 自無半錢分). 한마디로 말하면 헛수고하지 말라는 말입니다.

　옛날 문경 봉암사 스님들의 참선 수행하는 일화입니다. 지금도 봉암사에서는 수좌 스님들이 참선 수행을 합니다. 봉암사 수좌 스님들은 같은 방에서 정진하던 스님의 얼굴도 쳐다볼 겨를도 없이 화두 참구에 일념으로 정진을 합니다. 그렇게 화두 삼매로 정진하다 보니, 옆에 앉아 있는 스님의 얼굴도 모른다는 것입니다. 그래서 한철 삼동을 정진하고 해제 날 봉암사 동구 밖에서 만나면 "스님은 어느 선방에서 정진했습니까?", "나는 봉암사에서 선원에서 정진했습니다.", "나도 봉암사 선원에서 정진했는데요?" 이렇게 해제 날 만행을 떠나면서 서로 통성명을 했다는 것입니다. 출가자나 재가자나 마음공부는 이렇게 간절하고 절실하게 해야 합니다. 그래야 뭐가 이루어질 것 아닙니까? 남의 일에 콩 놔라, 팥 놔라 해봤자, 마음공부에는 득될 일 없다는 말씀입니다. 옛 조사님들은 하루해가 지면 다리 뻗고 통곡을 했다는 것 아닙니까? 금쪽같은 시간을 허비했다고 하면서 자책하고, 통곡했다는 것입니다. 수행자의 진솔한 삶의 모습이 옛 조사 어록에 보면 구구절절이 마음을 일깨우게 합니다.

이왕지사 수행에 뜻을 두었으면 마음 깨닫는 것이 수행의 목표입니다. 그 목표 달성을 위해서는 딴생각 말라는 것이 영가 스님의 법문입니다. 세속적인 일에 너무 탐착하지 말라는 말씀입니다. 출가자는 수행이 본분입니다. 본분을 떠난 수행자는 사회의 지탄을 받습니다. 도박 사건도, 룸싸롱 사건도 다 출가자의 본분을 떠난 사건들 아닙니까? 그러니 영가 스님 말씀 따라 부지런히 정진, 수행하여 다 함께 부처님 됩시다.

풍진 객 노릇 몇 해이던고?

예전에는
비틀거리며 헛된 수행임을
깨달았으니,

여러 해
동안 풍진 객 노릇하였네.

성품은 삿되고
알음알이 그릇 됨이여!

여래의 원돈 법을
깨닫지 못했음이로다.

從來蹭蹬覺虛行 多年枉作風塵客
種性邪錯知解 不達如來圓頓制

　예전에 비틀거리며 헛된 수행임을 깨달았다고 했습니다. 늦게라도 잘
못된 것을 알았으니 얼마나 다행입니까? 잘못을 잘못인 줄 모르는 것
이 우리 중생들의 삶입니다. 『화엄경』에 보면 "담마 기금(擔麻棄金)"이라
는 말이 나옵니다. 나무꾼이 산에 가서 나무를 해서 한 짐 지고 내려오
는데, 길모퉁이에서 금이 번쩍번쩍 빛을 발하고 있었습니다. 그 나무꾼
은 금덩이를 주어서 나무와 함께 짊어지고 내려오게 됩니다. 그런데 금
이 워낙 큰 금덩어리라 무거워서 도저히 지고 내려올 수가 없었습니다.
나무도 한 짐인데, 금덩이까지 짊어졌으니 한 발짝 옮기는 데도 힘이 들

어서 땀을 뻘뻘 흐르다 보니, 나무꾼 욱하고 화가 치민 것입니다. 그래서 지게를 받쳐놓고 금덩이를 버리고 나무만 지고 내려왔다는 말입니다.

　부처님께서는 『화엄경』에서 왜 이런 비유를 들으셨을까요? 말씀하신 핵심은 다른 것이 아니라 중생의 속성(屬性)입니다. 값으로 따지면 금덩어리값과 나뭇값은 천지 차이입니다. 그런데 나무꾼은 금은 버리고, 나무만 지고 내려왔습니다. 금덩어리 보물을 보물로 보지 못한 나무꾼의 안목 없음을 꾸짖는 말씀입니다. 나무꾼이 금을 가지고 왔다면 금을 팔면 평생 나무를 하지 않아도 될 것입니다. 그런데 나무만 짊어지고 왔으니, 참 딱한 노릇 아닙니까? 우리 중생의 사는 모양 꼴이 딱 그렇다는 말입니다. 여기서 금덩이는 참 마음, 불성에 비유한 것이고, 땔나무는 번뇌와 망상을 말합니다. 배진종진(背眞從塵) 하는 것을 말합니다. 참 마음인 부처는 버리고, 번뇌와 망상을 짊어지고 가는 중생의 삶을 말한 것입니다.

　왜 이런 현상이 오느냐면 먼저 듣는 것을 고집하기 때문입니다(先聞固執). 자기가 먼저 듣고 알고 있는 것이 참이라고 착각을 한다는 말입니다. 그래서 남이 옳은 말을 해도 잘 듣지를 않습니다. 그것이 업병(業病)입니다. 사람은 사는 모습을 가만히 보면 천인천색(千人千色)입니다. 익혀온 업습(業習) 때문입니다. 먼저 듣고 익혀온 업력(業力) 때문에 쉽게 업습(業習)을 버리지를 못합니다. 나무꾼이 금덩이를 버리듯 말입니다. 나무의 가치가 나무꾼에게는 금의 가치를 능가한 것입니다. 그래서 버린 것입니다. 영가 스님께서도 똑같은 말씀아닙니까? "성품은 삿되고 알음알이가 그릇됨이여! 여래의 원돈법문을 깨달지 못 했음이로다." 원돈법문은 바로 깨달아 들어가는 직절문을 말합니다. 부처님 『화엄경』 말씀이 원돈법문입니다. 『화엄경』에서는 "심불급중생(心佛及衆生)이 시삼무차별(是三無差別)"이라고 했습니다. 마음, 부처, 중생이 차별이 없다는 것이 원돈법문입니다. 즉 마음이 부처라는 말씀이고, 마음이 중생이라는 말씀입니다. 마음 떠나서 부처나 중생이 없다는 말씀입니다. 조사선(祖師禪)에서 말하는 심즉시불(心卽是佛)과 같은 말입니다.

마음이 부처라고 해도, 중생이 부처라고 해도 믿지를 않고 삼승(三乘) 점문(漸門)만 고집한다는 말입니다. 요즈음 우리 불교 교단에서도 그런 불자가 많습니다. 점문 수행이 정통이라고 고집을 부립니다. 그런 고집불통 소견을 영가 스님께서 꾸짖는 말씀입니다. 불교는 주의 주장에 빠지는 것을 가장 경계합니다. 수행은 마음 성찰에 있습니다. 부지런히 마음을 안으로 챙겨 반조하여 다 함께 부처님 됩시다.

달은 손가락에 있지 않다

이승은
정진해도 도에 마음이 없고
외도는 총명해도 지혜가 없네.

어리석고 겁이 많으니,
빈주먹 손가락 위에 실다운
견해를 내는구나.

손가락을 달로 착각하여 수행을 잘못하니,
육근과 육경 가운데서 헛되고 괴이한 짓
하는구나.

二乘精進勿道心　外道聰明無智慧
亦愚癡亦小駭　空拳指上生實解
執指爲月枉施功　根境塵中虛捏怪

　이승(二乘)은 성문승(聲聞乘)과 연각승(緣覺乘)을 말합니다. 원래는 삼승(三乘)이라 해서 보살승(菩薩乘)까지를 말합니다. 그런데 영가(永嘉) 스님께서는 성문승과 연각승들은 도(道)에는 마음이 없고, 외도(外道)들은 총명은 해도 지혜가 없다고 했습니다. 성문승은 부처님 법을 직접 듣고 고집멸도(苦集滅道) 사제(四諦)의 이치를 깨달은 사람을 말합니다. 연각승은 부처님 법을 직접은 듣지 못했으나 혼자서 12인연의 이치를 관찰하여 깨달은 사람을 말합니다. 빈주먹 손가락 위에 실다운 견해를 낸다고 한 것은 부처님께서 설하신 방편설을 진리로 착각한다는 말입니다.

여기서 손가락은 달을 보게 하기 위한 방편인데, 달은 보지 않고 손가락만 본다는 말씀입니다. 부처님이 말씀해놓으신 대장경이 다 달을 가리키는 손가락 방편설이라는 말입니다. 손가락의 목적은 달을 보게 하는 데 있습니다. 가리키는 손가락을 보되, 달을 봐야지 손가락에 매달리면 안 된다는 말씀입니다. 서산 대사 제자 중에 소요 태능(消遙太能) 대사는 이렇게 말하고 있습니다.

"백천의 경전은 손가락과 같아서(百千經卷如標指) 손가락 따라 달을 보네(因指當觀月在天). 달 지고 손가락도 잊어 할 일 없으니(月落指忘無一事), 배고프면 밥 먹고, 피곤하면 잠잔다네(飢來喫飯困來眠)."라고 했습니다. 달을 보려는 사람은 달을 보아야지, 달을 가리키는 손가락에 집착해서 손가락을 달로 보아서는 안 된다는 말씀입니다. 한 마디로 방편설에 매달려 집착하지 말라는 뜻입니다. 부처님이 말씀해놓은 경전을 통해서 마음을 깨달아 부처가 되어야지, 설해놓은 경전 자구에 매달려 있어서는 안 된다는 말입니다. 부처님 말씀 경전은 마음을 깨달으라는 소리입니다. 마음 깨달을 생각은 않고, 경전 자구에만 매달려 있는 것을 꾸짖는 말씀입니다. 경은 마음을 닦아가는 데 참고서입니다. 『팔만장경』을 아무리 종횡으로 외워도 그것은 자기 살림살이가 아닙니다. 실, 참체득을 통해서 자기 마음을 깨달아야 합니다.

육근(六根) 육경(六境)은 우리 인식(認識) 작용을 말합니다. 보고, 듣고, 맛보고, 냄새 맡고, 감촉 느끼고, 요별(了別) 인식하는 것이 우리 마음의 인식 작용을 말합니다. 그런데 이 인식 작용에 속고 사는 것이 우리 중생의 삶입니다. 보는 것 하나만 보아도 알 수가 있습니다. 선문(禪門)에 보면 "허공 색은 어떤 것이 허공의 참색인가(虛空之色 何色眞色)? 허공은 무슨 색깔이냐?"라는 말입니다. 우리 눈에 들어오는 허공은 파랗다고도 합니다. 이쪽에서 저쪽 허공을 보면 파란색이 보입니다.

그리고 저쪽에서 이쪽을 보면 똑같이 파랗다고 합니다. 그런데 이쪽 바로 앞에 있는 허공 색은 저쪽 허공 색과는 다르게 보입니다. 똑같은 허공인데, 눈 바로 앞에 보이는 허공 색과 저쪽 허공 색은 다르게 인식 됩니다. 그렇다면 우리 인식은 어떤 인식이 참 인식일까요? 이렇게 눈으로 보는 허공 색 하나도 보는 위치와 각도에 따라, 보는 사람 인식에 따라 천차만별의 인식이 나오게 됩니다. 이렇게 우리 인식은 종잡을 수가 없습니다.

그래서 부처님은 "우리 인식은 허망한 것이다(識即妄)."라고 말씀하셨습니다. 허망하다는 것은 참 인식이 아니라는 말씀입니다. 중생은 이렇게 육근, 육식의 인식에 속아 산다는 말입니다. 그 점을 영가 대사께서 "육근과 육경 가운데에 헛되고 괴이한 짓하는구나."라고 말한 것입니다. 가만히 앉아서 자기 내면을 통찰하여 보면 압니다. 우리 인식이 얼마나 허무맹랑한 것인가는 수행을 해본 사람은 알고도 남습니다. 이렇게 허망한 인식에 속지 않는 것이 자기 내면을 통찰하는 참선입니다. 하루에 한 시간씩이라도 자기 마음을 챙기고 꿰뚫어 봐야 합니다. 불자는 누가 뭐라고 해도 수행이 본분입니다. 안으로 마음을 살펴보는 것이 자기 살림살이를 챙기는 최상의 방법입니다. 초발심에 보면 백 년 재물을 탐하는 것은 하루아침 티끌이고, 삼 일만 마음을 닦아도 천 년의 보물이라고 했습니다(百年貪物一朝塵三日修心千載寶). 도끼눈 뜨고 평생 못된 짓 해서 모아놓은 재산을 죽을 때 가져가는 사람 하나도 없습니다. 마지막 입고 가는 옷에는 주머니가 없습니다. 인생에 남은 것은 수행에서 얻어진 깨달음과 해탈뿐입니다. 부지런히 마음을 챙겨서 살펴보십시오. 부처님은 선정을 통해서 깨달은 각자(覺者)가 되셨습니다. 불자는 부처님을 따르는 것이 불자입니다. 다 같이 수행 정진하여 다 함께 부처님 됩시다.

깨닫고 나면 업장은 본래 공한 것이다

한 법도 볼 수 없음이 곧 여래니
그것을 이름하여 관자재라고 한다네.

깨치면 업장이 본래 공하고
깨닫지 못하면 도리어 묵은 빚 갚아야 한다.

거짓으로 있는 것 원래 있는 것 아니고,
거짓으로 없는 것 그것도 없는 것이 아니네.

열반과 빚 갚음의 뜻이
한 성품이라 다시 다름이 없다.

不見一法卽如來 方得名爲觀自在
了得業障本來空 未了還須償宿債
假有元非有 假滅亦非滅 涅槃償債義
一性更無殊

   한 법도 볼 수 없음이 곧 여래라고 했습니다. 여래(如來)는 부처님을
말합니다. 여래(如來) 십호(十號) 중의 하나입니다. 진여(眞如)의 세계, 열
반(涅槃)에 다 다른 깨달은 사람이라는 뜻으로 부처님을 달리 표현한 말
입니다. 깨달은 여래의 세계에서 보면 한 법도 볼 수가 없다고 했습니다.
부처님이 깨달은 법은 연기법입니다. 연기법으로 보면 공성(空性)이기 때
문에 그렇습니다. 실아, 실체가 없는 것을 말한 것이고, 한 법도 없기 때
문에 보는 것이 자유자재하다고 했습니다. 깨달으면 본래 공하고, 깨달

지 못하면 묵은 빚을 갚는다고 했습니다. 묵은 빚을 갚는다는 것은 해탈하지 못했으니 다시 업보대로 태어난다는 말입니다. '있다', '없다', '빚 갚는다', '열반이다' 하는 것이 다 한 성품에서 비롯됐다는 말입니다. 우리 마음 본성을 깨달으면 해탈하는 것이고, 깨닫지 못하면 빚 갚으려고 다시 태어나야 한다는 말입니다. 그러니 부지런히 수행 정진하여 마음의 본 성품을 깨달아서 해탈하라는 말입니다. 해탈은 중생의 번뇌로부터, 생사의 번뇌로부터 벗어난 것을 말합니다. 그래서 열반은 곧 해탈이고, 해탈이 구경열반입니다.

수행의 궁극은 모든 중생이 다 열반 낙을 얻게 하는 데 있습니다. 나도 깨달아 열반을 증득하고, 모든 중생이 다 함께 열반을 성취하는 데 있습니다. 그것이 부처님의 대자대비 사상입니다. 수행은 망상이 금물입니다. 번뇌 망상에 휩쓸리면 중생의 굴레를 벗어날 수가 없습니다. 중생의 굴레를 벗어난 것이 해탈입니다. 업장에 묶여서 꼼짝 못 하는 것이 중생의 삶의 모습입니다. 열반을 증득하여 해탈하느냐,못하느냐는 각자 마음에 달렸습니다. 해탈은 중생의 번뇌로부터 벗어나는 것을 뜻합니다. 묶는 것도 자기 마음이 묶는 것이고, 벗어나는 것도 각자 마음이 벗어나는 것입니다. 중생과 부처는 마음 하나 쓰는 데 달려있습니다. 깨달으면 부처이고, 깨닫지 못하면 묶인 중생이 됩니다. 안으로 부지런히 마음을 챙겨서 다 함께 부처님 됩시다.

불 속의 연꽃은 시들지 않는다

굶다가 임금님
수라상 받아도 먹을 수 없으니,

병 들어서 의왕을
만난들 어찌 나을 수가 있겠는가?

욕망 속에서 참선하는 지견의
힘이여!

불 속에서 연꽃 피니
끝내 시들지 않는구나.

飢逢王膳不能飡 病遇醫王爭得差
在欲行禪知見力 火中生蓮終不壞

임금님 수라상을 받아도 먹을 수 없다는 것은 굶었기 때문입니다. 너무 오래 먹지 않으면 진수성찬도 먹을 수가 없습니다. 굶어본 사람은 압니다. 나는 단식을 45일 정도 해보았습니다. 곡기를 끊고 물만 먹어도 사람 목숨은 끈질기게 죽지를 않습니다. 기운만 없지 정신은 엄청나게 맑아집니다. 단식할 때는 4일이 고비입니다. 먹고 싶은 식욕이 요동을 칩니다. 그런데 7일 정도 지나면 먹고 싶은 식욕이 차츰 사라집니다. 20일이 넘어지면 식욕이 완전히 사라집니다. 물만 먹어도 기력이 솟아납니다. 이렇게 오래 굶다가 밥을 먹으려고 하면 밥이 먹히지를 않습니다. 단식하다가 바로 밥을 먹으면 큰일납니다. 처음에는 멀건 쌀 물을 먹어서 차츰차츰 음식물과 위가 적응하는 기간이 필요합니다. 단식을 트고 4일이 큰 고비입니다. 4일 정도 멀건 죽만 먹다 보면 식욕이 발동합니다. 온 천하에 음식을 배 속에다 다 넣고 싶은 식욕 충동이 일어납니다. 그때 음식 조절을 잘못 절제하면 단식 부작용이 일어나서 죽을 수도 있습니다.

우리 인간의 욕망은 다섯 가지 욕망이 꿈틀대지 않습니까? 그중에 식욕도 하나의 욕망입니다. 영가 스님께서 굶다가 임금님 수라상을 받아도 먹을 수가 없다고 하는 것은 굶지 말고 매일 매식 때마다 먹으라는 말입니다. 이것은 수행에 비유를 든 것입니다. 수행자가 수행을 하려면 매일 밥 먹듯이 수행을 하라는 말씀입니다. 불꽃 속에서 연꽃은, 인간의 욕망 불꽃 속에서 마음 불성의 연꽃을 피우라는 말입니다. 중생의 마음속에서 부처님의 참 성품을 찾으라는 말씀입니다. 부처님 마음 찾기가 쉽지 않습니다. 부처님 참 마음을 찾으려면 게으름 피우지 말고 매일 매 순간 자기 내면의 마음을 통찰하라는 말입니다. 마음을 챙기고, 통찰하고, 꿰뚫어보는 것이 수행입니다.

수행하는 방법은 여러 가지가 있습니다. 화두 참선을 하는 것도 수행이고, 염불하는 것도 수행이고, 주력하는 것도 수행입니다. 자기 근기에 맞는 수행 방법을 택해서 쉬지 않고 꾸준히, 끝까지 수행하면 됩니다. 오늘은 여기까지입니다. 옛 조사 스님 말씀에 "구구필유입처(久久必有入處)라고 했습니다. 쉬지 않고 오래오래 하면 반드시 깨달아 든다고 했습니다. 문제는 게으름 피우지 않고 꾸준하게 수행하는 데 있습니다. 다 함께 수행 정진하여 다 같이 부처님 됩시다.

우바리 반딧불이여! 괴롭고 괴롭다

용시 비구는
죄를 짓고도 남이 없는 법 깨달았으니
벌써 부처 되어 지금에 있음이로다.

사자후 두려움 없는 설법이여!
어리석은 완피 달은 몹시도
슬퍼하네.

중죄를 범하면 깨달음을 막는 줄만 알뿐이지
부처님이 비결 열어 보인 것 보지 못하는구나.

어떤 비구는 음행과 살생을 저지르니
우바리는 반딧불로 죄의 매듭을 더하였네.

유마 대사는 단박에 의심을 없애주니
빛나는 해가 서리 눈 녹임과 같네.

부사의
해탈의 힘이여! 항하사 모래 같아서
써도 다함이 없네!

勇施犯重悟無生 早是成佛于今在
獅子吼無畏說 深嗟懞懂頑皮靼

只知犯重障菩提 不見如來開秘訣
有二比丘犯婬殺 波離螢光增罪結

維摩大士頓除疑 還同赫日消霜雪
不思議解脫力 妙用恒沙也無極

　정업장경(淨業障經)에 보면 무구광불(無垢光佛) 재세 시에 용시 비구가 있었는데, 그는 얼굴이 아주 잘 생겨서 탁발 걸식을 나가면 여자들이 반해서 좋아했다고 합니다. 그런데 장자의 딸이 용시 비구를 보고 나서 상사병이 드러눕고 말았습니다.

　딸을 애처롭게 생각한 그 어머니가 딸 소원을 들어주려고 계책을 세웠는데, "제 딸이 부처님 법을 배우려고 하니, 스님께서 부처님 법을 설해주십시오." 하고 간청을 했습니다. 그 집에 가서 법을 설하다 보니 그만 여자의 유혹에 빠져서 음행을 저지르고 말았습니다. 용시 비구와 관계를 알아챈 여자의 남편이 용시 비구를 죽이려고 하자, 용시 비구는 겁이 나서 독약을 그 여자에게 주었습니다. 그리하여 여자는 남편 음식에 독을 타서 죽이고 말았습니다. 음행과 살생을 범한 관계로 용시 비구는 출가 수행자로서 죄책감에 몸부림치다가 비국다라 존자를 만나게 됩니다. 비국 존자는 경책하여 말하기를 "모든 법은 거울 속의 그림자 같다. 강물 속에 떠있는 달과 같다. 범부들은 어리석고 미혹된 마음으로 어리석음, 성냄, 탐냄을 분별하는구나! 모든 법은 언제나 모양이 없고, 고요하여 근본이 없는 것이요, 그지없어 취할 수가 없나니, 음욕의 성품 또한 그러하다." 용시 비구는 비국 존자의 설법 듣고 무생(無生)의 이치를 깨닫고 보월여래(寶月如來)가 되었다고 합니다. 음행과 살생을 하면 불교 교단에서는 바라이 죄(波羅夷罪)에 속합니다. 바라이 죄는 수행자에게 사형선고나 다름이 없는 무거운 죄입니다. 승단에서 쫓아내기 때문입니다.

이러한 무거운 죄를 지은 용 시 비구가 비국 존자의 설법을 듣고 깨달아 보월여래가 되었다고 했습니다. 부처님 당시에 일어난 사건으로 어떤 두 비구는 도반을 맺고 깊은 수행처를 잡아서 공부합니다. 탁발 걸식은 한 사람씩 나가서 얻어오기로 했습니다. 그중에 한 비구의 속가 여동생이 친오라버니가 출가해서 열심히 수행한다는 소리를 듣고 토굴 수행처를 찾아와서 보니, 오라버니 스님은 탁발을 나가고 없었습니다. 탁발해서 토굴에 돌아와서 보니, 도반 스님과 여동생이 그 사이에 눈이 맞아 음계를 범한 것을 눈치채고, 수행 잘하는 도반 비구를 파계한 여동생을 추궁하다 보니, 여동생이 도망가다가 절벽으로 떨어져서 죽고 맙니다. 한 비구는 음계를 파했고, 한 비구는 살생계를 저지르고 맙니다.

　그래서 두 비구는 부처님 계율을 제일 잘 지키는 우바리 존자를 찾아가서 자초지종을 말하고, 참회할 방법을 묻게 됩니다. 우바리 존자는 두 비구의 이야기를 듣고 말씀하기를, "그대들 지은 죄는 살생과 음행 죄를 범하였다. 그대들이 지은 죄는 뜨거운 물에 씨앗을 삶는 것과 같다." 우바리 존자의 말을 듣고 비탄에 빠진 두 비구를 보고 있던 유마 거사가 두 비구에게 읊어준 게송이 『천수경』에 있는 참회게입니다. "내가 옛적에 지은 악업은 다 탐진치 삼독심 때문에 그러했네. 몸으로, 입으로, 뜻으로 지은 삼 업을 내가 오늘 진심으로 참회하나이다(我昔所造罪惡業 皆由無始貪嗔癡 從身口意之所生 一切我今皆懺悔)." "우리 자성에는 원래 아무런 죄악이 없고, 분별하는 마음 따라 일어난다. 분별하는 마음 없어지면 죄도 또한 없어진다. 죄도 없어지고, 분별하는 마음도 함께 없어지면 이것을 참으로 참회했다고 한다(罪無自性從心起 心若滅時罪亦亡 罪亡心滅兩俱空 是爲名謂眞懺悔)." 앞에 참회게는 사참게이고, 뒤에 참회게는 이참게입니다. 우리 청정무구한 자성자리에서 보면 죄가 없다는 말입니다.

그런데 선과 악으로 분별하는 분별심을 내면 죄어놓은 업에 묶기고 맙니다.

부처님은 중생의 번뇌에서 벗어나라고 했습니다. 중생심을 떠나는 것이 해탈입니다. 묶는 것도 중생심이 묶는 것이고, 묶여있는 것도 중생심 때문입니다. 우바리는 반딧불로 죄의 매듭을 더했는데, 유마 거사는 햇빛 같은 지혜 광명으로 단박에 두 비구의 의심을 소멸케 하였다는 것입니다. 영가 스님께서 두 사례를 들어서 이참 참회를 하면 죄지은 죄업도 멸해진다는 것을 아주 여실하게 설명을 하고 있습니다. 지은 죄가 삶은 씨앗과 같다고 한다면 그 씨앗은 심어도 나지 않는 씨앗이 되고 맙니다. 지은 죄의 굴레를 벗어나겠습니까? 그래서 "부사의하게 해탈케 하는 힘이여! 항하사 모래 같아서 써도 다함이 없다고 했다." 이 말은 용 시(勇施) 비구를 죄망(罪網)에서 벗어나게 한 비국다라 존자와 두 비구를 음살(淫殺)과 계망(戒網)에서 해탈(解脫)케 한 유마 거사의 해탈 법문을 칭송한 말입니다. 속탈(俗脫), 법탈(法脫)이 조사선(祖師禪)입니다. 세속적인데 묶여도 안 되지만, 그렇다고 출세법(出世法)에 묶여도 안 된다는 말씀입니다. 부지런히 수행 정진하여 다 같이 부처님 됩시다.

깨닫고 나면 만 냥의 황금도 녹일 수 있다

네 가지 공양을 수고롭다 사양하랴?
만 냥의 황금이라도 녹일 수 있다네.

뼈가 가루 되고 몸이 부서져도
다 갚을 수 없으니

한마디에 요연히 백억 법문
뛰어넘네.

四事供養敢辭勞 萬兩黃金亦銷得
粉骨碎身未足酬 一句了然超百億

사사공양(四事供養)은 출가 스님들께 올리는 네 가지 공양물입니다. 스님들이 입는 의복과 음식과 탕약과 와구를 말합니다. 지금도 남방 불교권에서는 부처님 당시 율법대로 수행합니다. 그런데 북방 불교권에서는 그렇게 하지를 못합니다. 그것은 기후 조건 때문이기도 합니다. 인도나 태국이나 스리랑카는 기후 조건이 인도와 같기 때문에 부처님 가르침과 같이 탁발 걸식으로 승단 교단을 지속할 수가 있었지만, 북방 불교권에서는 혹한 겨울철이 있어 기후 조건과 지역 특성에 맞추다 보니 부처님 율장에 근거는 하되, 그 지역 특성에 맞추다 보니, 조금 계율도 좀 느슨하게 된 것입니다. 그 점을 불자님들은 아셔야 합니다. 영가 스님께서 "네 가지 공양을 수고롭다 사양하랴? 만 냥의 황금도 녹일 수 있다."라고 했습니다. 출가 수행자는 신도님들이 받친 공양물로 살아가니까 쌀

한 톨이라도 시은에 감사하는 마음으로 써야 하지만, 황금으로 된 만 냥의 시주물도 받아 녹여낼 수가 있어야 한다는 말씀입니다. 평생 혼자만 산다면 몰라도 천 명, 만 명을 거느리는 조사(祖師) 선지식(善知識)이 되면 그 많은 출가 수행자를 먹여 살려야 합니다. 옛날 어떤 선지식이 도를 깨닫고 보니, 자기 입에 들어가는 밥 한 그릇도 겨우 먹을 정도였다고 합니다. 그래서 숙명통으로 자기 전생을 보니, 닦아놓은 복이라고는 하나도 없어서 금생에 도는 통했지만, 때 끓일 복도 못되어서 천 명 대중이 사는 사찰에 들어가서 공양주(供養主) 노릇 10년하고 나니까 한 총림을 꾸려도 오는 대중을 다 먹이고도 남았다고 합니다. 불교 수행은 복혜(福慧) 쌍수(雙修)입니다. 부처님 열반하신 지 근 3천 년이 되었는데도, 절에 가보면 먹을 것, 입을 것이 넘쳐납니다. 이것이 다 부처님의 복력(福力) 때문입니다. 그래서 영가 스님께서 응공 자격이 없는 수행자는 시은 갚으려면 뼈가 가루가 되어도 갚을 수가 없으나 도를 깨닫고 나면 깨달은 한 마디 법문이 백천 억겁의 법문(빚)도 뛰어넘는다고 했습니다.

내가 지은 복으로 들어온 황금 시은도 많은 사람에게 회향하여 녹여낼 수가 있어야 합니다. 삭발 사찰인 해인사에 들어갔더니 수행 잘한 선지식 스님의 다 떨어진 누비옷이 나에게 인연이 되었습니다. 얼마나 오랫동안 입었던 옷인지, 성한 곳이 하나도 없이 솜이 이곳저곳에서 비실비실 터져 나왔습니다. 틈만 나면 꿰매고 꿰매도 여전히 천이 삭아서 솜이 터져나온 누비옷 한 벌로 살다가 서울에 올 일이 생겨서 고속버스를 탔는데, 문제가 생겼습니다. 옆자리가 비어있었는데, 탈 사람이 아주 젊은 여자 분이 앉지를 않는 것입니다. 왜냐하면 누비옷이 산속 절에서 수행할 때는 괜찮지만, 세속에 나와서 입다 보니 딱 거지 형색이었기에 앉기를 주저한 것입니다. 그것 또한 생각 못 한 나의 불찰입니다. 성인(聖人)도 여세추(與世追)라 하지 않았습니까? 나의 불찰(不察)입니다.

세상은 온통 호마이카 시대 아닙니까? 속이야 다 녹슬고 썩었어도 겉포장만 그럴듯하게 칠해놓으면 통하는 시대라서 겉포장을 꾸미지 못한 출가 수행자의 탓이 큽니다. 그래서 그 여자 분에게 누비옷을 입어서 미안하다고 했습니다. 이런 말을 왜 하느냐면 세상이 속은 텅 빈 알맹이가 없는 세상이라 그렇습니다. 겉모양만 가지고 평가하는 세태라 남의 월세방에 살아도 외제 승용차를 끌고 다닌다고 합니다. 그러니 절집에서 대대로 내려온 누비옷이 오늘날 도시 속에 옷으로는 대접을 못 받는 옷이 되고 말았습니다. 영가 스님께서 "황금 만 냥도 녹일 수 있다네!"라고 한 것은 게으름 피우지 말고 부지런히 정진하여 깨달음을 얻는 큰선지식이 되라는 말씀입니다. 큰 선지식이 되고 나면 복도 커집니다. 복이 커지면 부처님같이 중생들에게 복을 회향하면 됩니다. 시주 은혜에 눈치나 보는 수행자가 되지 말고, 도를 통해서 하루에 천만금을 녹여내는 불자님들이 됩시다.

깨닫고 난 자리는 나도, 남도 없다

법 가운데 왕이며, 가장 높고 수승함이여!
강모래같이 많은 여래가 똑같이 증득하였다.

내 이제 이 여의주를 설하노니
믿고 받는 이 모두 상응하리로다.

깨닫고, 깨닫고 보면 한 물건도 없음이여!
그 자리는 사람도 없고 부처도 없네!

대천세계는 바다 가운데 거품이고
모든 성현은 번갯불 번쩍임과 같다네.

法中王最高勝 河沙如來同共證
我今解此如意珠 信受之者皆相應

了了見無一物 亦無人兮亦無佛
大千世界海中漚 一切聖賢如電拂

부처님이 깨달은 법은 연기법입니다. 부처님이 깨달은 연기법은 세상
만법 가운데 가장 수승한 진리라는 것입니다. 이러한 수승한 법을 부처
님 혼자만 깨달은 것이 아니라 시방제불과 역대 조사님들 중에 똑같이
깨달음을 증득한 분이 항하사 모래와 같이 많다고 했습니다. 아무리 수
승한 법이라도 부처님 혼자만 깨달았다고 하면 문제가 많습니다. 남은
깨달을 수가 없는 법이라면 그것은 진리가 아닙니다. 깨달음도 보편타당

성이 입증되어야만 하기 때문입니다. 부처님 당시에도 부처님 가르침을 받고 수행하여 부처님과 똑같은 깨달음을 증득한 아라한들이 많았습니다. 여의주는 뜻과 같이 갖고 있으면 무슨 일이든지 원하는 대로 이뤄진다는 영묘 불가사의한 구슬을 말합니다. 우리 마음의 성품 자리, 진리를 깨달은 우리 마음을 여의보주라고 합니다. 여의보주인 마음을 깨달은 사람은 확신하고 믿으면 이는 모두 상응할 것이라고 했습니다. 어떻게 상응할까요? 깨닫고 보면 그 자리는 한 물건도 없다고 했습니다. 부처도 없고, 중생도 없고, 삼천 대천 세계도 바다 가운데에 물거품 같고, 모든 성현도 번갯불 번쩍하는 것과 같다고 했습니다. 모든 것이 무상(無常)하다는 것 아닙니까? 깨달은 법이 항상(恒常)하다고 하면 그것은 부처님의 깨달음이 아닙니다. 제불 조사의 깨달은 말씀이 다 삼법인(三法印)을 말하고 있습니다. 표현하는 방법은 달라도 내용은 똑같습니다.

영가 스님의 「증도가」도 부처님과 똑같은 법을 설하고 있습니다. 증처(證處), 오처(悟處)가 같기 때문입니다. 삼천·대천세계가 물거품 같다는 것은 제행이 무상하다는 부처님 말씀과 같은 내용 아닙니까? 성현이 번갯불 같다는 것도 무상(無常) 무아(無我)의 이치를 말씀하신 것입니다. 금쪽같은 제불 조사님들의 가르침을 마음속 깊이 반조하여 다 함께 부처님 됩시다.

코끼리 길에는 토끼가 놀지 않는다

=무쇠 바퀴 머리 위에서 돌릴지라도
선정과 지혜가 두렷이 밝아서
끝까지 잃지 않는구나.

해는 차갑고, 달은 뜨거움이여!
모든 마군들이 부처님 참 말씀을
깨트릴 수가 없다.

코끼리는 수레를 끌고 위풍 당당히
길을 가거니,
버마재비 수레 길 막는 것을 누가
보겠는가?

큰 코끼리는 토끼 길에서 노닐지 않고
큰 깨달음은 작은 예절에 구애되지
않나니

대통으로 본 소견으로 창창한 하늘을
비방하지 말라.

깨닫지 못한 그대를 위해
결단하여 주리로다.

假使鐵輪頂上旋 定慧圓明終不失
日可冷月可熱 衆魔不能壞眞說
象駕崢嶸漫進途 誰見螳螂能拒轍
象駕崢嶸漫進途 誰見螳螂能拒轍

大象不遊於兎徑 大悟不拘於小節
莫將管見謗蒼蒼 未了吾今爲君決

　보통 사람들은 쇠몽둥이로 치려고 하면 혼비백산하겠지만, 수행을 많이 하여 무아(無我)의 이치를 깨달은 수행자는 눈 하나 깜짝하지를 않습니다. 승조 법사께서는 칼로 목을 쳐도 어디 눈 하나 깜짝했습니까? 선정과 지혜가 원명하기 때문입니다. 무아(無我)의 진리(眞理)를 체득(體得)했기 때문에 그렇습니다. 해는 차다고 하고, 달은 뜨겁다고 할지라도 이렇게 연기법 진리를 깨달은 부처님 말씀이나 조사님들의 말씀은 누가 깨트릴 수가 없다는 확증(確證)의 소리입니다. 조사(祖師) 어록(語錄)에 보면 "바른 사람이 삿된 법을 설하면 삿된 법이 정법이 된다(正人說邪法邪法悉歸正)."라고 했습니다. 반대로 "삿된 사람이 정법을 말해도 정법이 다 사법이 된다(邪人說正法正法悉歸邪法)."라고 했습니다. "해는 차다, 달은 뜨겁다."라는 말이 그 말입니다. 『초발심자경문』에 보면 똑같은 말을 하고 있습니다. "소가 물을 마시면 우유를 만들고(牛飮水成乳), 뱀이 물을 마시면 독이 된다(蛇飮水成毒)." 똑같은 물인데 소와 뱀의 차이는 독과 우유가 된다는 말씀입니다.

　마치 깨달은 부처님 세계는 코끼리가 길을 가는데, 그 앞을 사마귀가 못 가게 막고 있는 꼴이라는 말씀입니다. 어떻게 코끼리 수레를 사마귀가 막을 수가 있겠습니까? 부처님이 깨달은 진리가 세상 어느 진리보다도 뛰어나다는 말씀입니다. 코끼리는 토끼의 길에서 놀지를 않는다고 했습니다. 가는 길이 다름을 말한 것입니다.

　불교 수행은 마음을 깨달아서 부처가 되어 중생을 제도하는 것이 수행의 목적입니다. 옛 부처님이나 모든 선지식이 다 마음 하나 깨달고자 정진하고 마음공부를 했습니다. 부처님이 설하신『팔만대장경』도 결국에는 마음(心) 하나 깨달아 부처 되라는 말씀입니다. 마음을 떠나서 부처를 찾는 것을 외도 사도라고 했습니다. 그러니 우리 불자님들은 제불 조사님이 말씀하신 마음 수행을 해야 합니다.

그 마음을 밖에서 찾으면 모래로 밥을 짓는 것과 같다고 했습니다. 수행의 방향이 잘못되었다는 말입니다. 동쪽으로 갈 사람이 서쪽을 향해서 가는 꼴이죠. 그동안 여여법당에서는 페이스북에 불교 교리를 초기불교에서부터『심우도』,「법성게」,『신심명』,「증도가」, 오도송 등 선교(禪敎)에 대한 법문들을 매일 주제를 가지고 페친 법우(法友)님들을 뵈었습니다. 영가 스님『증도가』는 이 60회로 마치게 됩니다. 제불 조사님들의 금쪽같은 말씀을 마음에 반조하여 다 같이 부처님 됩시다. 고맙습니다. 혹여 번역과 해설에 오류가 눈에 띄면 바로 갈 수 있도록 꾸지람을 주셨으면 합니다.

여여법당(如如法堂) 화옹거사(和翁居士) 이계묵(李啓默) 합장_(())_

삼매三昧 체麗로 거른
'깨달음의 노래'

펴 낸 날 2019년 3월 15일

지 은 이 이계묵
펴 낸 이 최지숙
편집주간 이기성
편집팀장 이윤숙
기획편집 이민선, 최유윤, 정은지
표지디자인 이민선
책임마케팅 임용섭
펴 낸 곳 도서출판 생각나눔
출판등록 제 2008-000008호
주 소 서울 마포구 동교로 18길 41, 한경빌딩 2층
전 화 02-325-5100
팩 스 02-325-5101
홈페이지 www.생각나눔.kr
이 메 일 bookmain@think-book.com

• 책값은 표지 뒷면에 표기되어 있습니다.
  ISBN 978-89-6489-966-3 03220

• 이 도서의 국립중앙도서관 출판 시 도서목록(CIP)은 서지정보유통지원시스템 홈페이지
  (http://seoji.nl.go.kr)와 국가자료공동목록시스템(http://www.nl.go.kr/kolisnet)에서
  이용하실 수 있습니다(CIP제어번호: CIP2019007641).

Copyright ⓒ 2019 by 이계묵, All rights reserved.
· 이 책은 저작권법에 따라 보호받는 저작물이므로 무단전재와 복제를 금지합니다.
· 잘못된 책은 구입하신 곳에서 바꾸어 드립니다.